비주류경제학과
대안경제학 I

홍 태 희

박영사

자신들의 길을 떠나는 김성진과 김성일에게
이 책을 드리며
다가와서 같이 있어 준 모든 순간을 고마워하고,
지내면서 보여준 아름다움과 너그러움을 고마워하고,
어미 됨이 미숙해 저지른 독재와 만행을 견뎌주어서 고마워하니,
그대들 얼마나 멋진 존재인지 언제나 잊지 말길
하여,
천지신명이여! 지켜주시길,
별빛과 달빛 그리고 햇빛이여! 그 길을 언제나 비쳐주시길.

책을 열며

경제학의 세계에 발을 들인 후 산천이 몇 번이나 변했다. 그 시간 동안 미련한 머리로 배움 자리를 찾아 이리저리 떠돌았다. 선지식을 찾아다니며 진리의 한 자락을 잡으려 애쓰기도 하고, 세상의 주린 배를 채우려고 오병이어의 묘기를 염원하기도 했다. 그러나 돈오의 타고난 혜안도 점수의 근기도 없으며, 스승의 바른 가르침을 제대로 알아듣는 귀도 없는 탓에 머리에 서리만 앉았고, 기억은 희미해진다.

점차 흐려지는 기억을 부여잡아 흐르는 시간에 못 박으려는 부질없는 욕심으로 순례기를 묶어 출판한다. 경제학은 먹어야 사는 인간이 쌀을 구하고 밥을 만드는 처절한 삶의 현장에 대한 인간 이성의 기록이다. 지은이가 이 책에서 만난 경제학의 선지식과 그 제자들은 빛나는 이성의 빛으로 어떻게 하면 그 삶의 현장을 아름답게 만들 수 있는지를 가르쳐주었다. 그러나 어떤 가르침은 교만한 마음에 귀를 닫았고, 어떤 가르침은 입맛에 맞지 않아 스스로 내쳤다. 어떤 가르침은 사람을 너무 비참하게 하여 아예 눈 감아버렸고, 어떤 가르침은 가르쳐주어도 알아듣지 못하는 세계이기도 했다.

이 책에서 지은이는 그나마 이해한 여덟 개의 비주류경제학을 소개하려고 한다. 비주류경제학이란 무엇인가? 주류경제학이나 정통경제학이 아닌 경제학이다. 주류경제학계에서 무시되고 제외되고 파문당한 이단들의 경제학이다. 그러나 이들은 돈과 힘 그리고 그것으로 얻는 쾌락을 향해 치열하게 달리는 것이 세상을 살아가는 최선의 방책이라고 주장하며, 하늘도 땅도 사람도 돈벌이로 망가져 가는 세상에 면죄부를 발행하는 경제학과는 분명히 다른 경제학을 제시한다.

이렇게 주류와 다르다는 것 외에 이들 사이의 연결 고리는 사실 느슨하다. 이들 사이에 공통점이 있다면 무엇보다 경제를 바라보는 시각이 비슷하다. 이들은 눈앞에 벌어지는 경제 현상을 대할 때 수학적 모델링만을 고집하기보다 역사적 배경, 계급 관계, 성별, 인종, 문화적 차이 등을 살핀다. 그렇게 해야 경제 현실을 제대로 설명할 수 있다고 생각하기 때문이다. 그래서 이들은 호모에코노미쿠스가 아니라 현실 속에서 살아가는 사람의 경제 문제를 해명하는 경제학을 만들려고 한다.

이들이 가지는 두 번째 공통점은 삶의 태도에 있다. 주류의 꽃길 대신 사서 가시밭길을 걷는 이들은 연구실 밖을 나와 사회 문제에 대한 자신의 소신을 몸소 실천하는 것에 주저하지 않는 용감한 성품을 지녔고, 학구적이며, 비판적이지만 겸손하고, 개방적인 성품을 가졌고, 가르침에도 열정적인 학자들이다. 이런 멋진 영혼들 덕분에 지은이의 여행은 충분히 신이 났었다.

이 책의 1장에서는 다원주의 경제학의 세계로 들어간다. 경제학의 실용 학문으로의 특징을 보여주는 비주류경제학의 연대를 꿈꾸는 세계이다. 만약 현실 경제 문제가 지금까지의 방법으로 해명도 안 되고, 대안도 제시하지 못한다면 남아 있는 다른 방법을 쓰면 된다. 그렇게 유연하게 해결하면 된다고 다원주의 경제학은 말해주었다. 2장에서는 맑스경제학의 세계를 방문했다. 많은 이의 가슴을 뛰게 했던 이 세계에 이제 남은 것이 고작 묘지명뿐이라고 해도, 그 앞에 서서 다시 푸른 꿈을 꾸는 이들이 있다는 것을, 그리고 그 가르침은 자본주의와 함께 영원하다는 것을 확인했다.

3장에서는 제도경제학의 세계로 들어갔다. 인간이 사회 속에서 사는 한 제도주의는 늘 옳다. 그래서 그들의 이야기는 틀릴 수가 없다. 그러나 좋은 제도와 나쁜 제도를 돈의 양으로 구분할 수만은 없고, 제도는 저절로 좋은 방향으로 가지 않아서 제도주의는 늘 미완이었다. 4장에서는 포스트 케인지언 경제학의 세계를 여행했다. 이들은 케인즈와 맑스에게서 얻은 횃불을 들고 한 발짝 한 발짝 새로운 대안경제학을 만들어가고 있었다. 그러나 그들만의 리그에서는 논쟁이 한창이었으나 그 세계를 벗어나면 여전히 위험한 소수 의견이었다.

5장에서는 질서자유주의 경제학의 세계를 돌아보았다. 질서자유주의 경제학자들은 겸손히 경제학의 역할을 제한하고, 엄격히 말과 행동을 가렸으며, 진지하게 경제학이란 나라의 헌법을 제정하려고 애썼다. 그러나 이 또한 게르만 제국을 벗어나면 신기루처럼 사라지는 비주류였다. 6장에서는 오스트리아학파 경제학의 세계를 여행했다. 비엔나의 과학 정신은 그들 속에 서릿발처럼 살아있었지만, 고향을 떠나 풍찬노숙할 수밖에 없던 이들 학자의 현실은 다양한 미래를 열었다. 자유는 인간이 추구해야 할 최고의 가치이지만 자유는 누구만을 위한 자유가 아니어야 한다는 배움을 얻고 그 세계를 떠났다.

7장에서는 만난 세계는 이 세상 절반의 사람들을 위한 경제학, 여성주의 경제학이다. 늦게 시작했지만 분명한 목표를 가진, 그래서 나머지 절반이 조금은 불편해하는 경제학의 세계는 존재할 충분한 이유가 있었고, 그 자체로 아름다웠다. 여성이 인간으로 완전히 대접받을 때 사라질 이 경제학파의 세계를 둘러보며, 학파의 종말이 빨리 오게 하려면 무엇을 해야 할지를 생각했다. 마지막 8장에서는 사회경제학의 세계로 들어갔다. 경제학에는 고향 같은 이 세계에서는 사회에서 경제 문제만 분리해 볼 수가 없다는 말을 들었다. 맞는 말이다. 함께 사는 사람들의 경제학은 사회경제학일 수밖에 없다고 수긍하며 사회경제학의 세계를 떠났다.

이렇게 다녀온 순례기는 대부분은 경제학 학술지에 논문으로 출판했다. 이를 묶으며 독자들의 이해를 돕고, 단행본으로의 특징을 살리기 위해 수정하고 최근 자료도 조금 보충했다. 어려운 말을 쉽게 쓰면서 인용과 각주도 많이 사라졌다. 본문 내용에 의문이 생기면 아래 논문을 참조하기 바란다. 그리고 출판에 앞서 논문의 사용을 허락해주신 한독경상학회, 한국사회경제학회, 한국여성경제학회, 한국질서경제학회의 관계자 여러분에게 진심으로 감사를 전한다.

1장 다원주의 경제학의 전개 과정과 대안경제학으로서의 가능성. 『사회경제평론』, 34권 3호. 2021. pp. 189-214

2장 맑스경제학의 전개 과정과 대안경제학으로의 가능성과 한계. 『경상논총』, 39권 3호. 2021. pp. 23-41.

3장 제도경제학의 전개 과정과 대안경제학으로의 가능성. 『경상논총』, 39권 1호. 2021. pp. 23-41.

4장 포스트 케인지언 경제학의 전개 과정과 대안 경제학으로서의 가능성. 『사회경제평론』, 29권 1호. 2016. pp. 31-70

5장 질서자유주의 경제학의 함의와 한계. 『질서경제저널』, 제21권 4호. 2011. pp. 1-17.

6장 오스트리아학파 경제학의 정체성과 현대경제학에 대한 기여와 한계. 『여성경제연구』, 18권 4호. 2022. pp. 21-43.

7장 여성주의 경제학의 대안적 연구 동향과 비전. 『질서경제저널』, 제18권 4호. 2015. pp. 81-104; 여성주의 경제학의 시각과 대안 경제학으로의 가능성. 『여성경제연구』, 1권 1호. 2004. pp. 23-46.

8장 사회경제학의 정체성과 현대경제학에 대한 기여와 한계.『경상논총』, 40권 2호.
2022. pp. 25-45.

길의 끝은 또 다른 길의 시작이다. 여행의 노독이 풀리면 다시 길을 떠나려 한
다. 다음 여행지로는 더 잘 알려지지 않은 경제학의 세계를 가보고 싶다. 구조주
의 경제학, 행동경제학, 복잡계 경제학, ABC 경제학, 진화경제학, 실험경제학, 생
태경제학의 세계를 여행하고 싶다. 물론 더 여력이 생기면 미운 정, 고운 정든 주
류경제학의 세계도 찬찬히 둘러보고 싶다.

붓을 놓으며 이 책이 온전한 모습으로 세상에 나오도록 애써준 박영사의 안상
준 대표님, 편집부의 김민조 선생님과 관계자분들에게 감사하다. 이 책의 남은
모든 허물은 지은이의 몫이다.

2022년 여름 반지하에 물이 차오르던 서울을 바라보며 지은이 씀

차례

●●●
표 차례

● ● ●
그림 차례

제1장

다원주의 경제학
Pluralist Economics

"만국의 경제학도여 단결하라!(Economics students of the world, unite!)" 2014년 5월 5일 클레어 존스(Claire Jones)가 《*Financial Times Money Supply Blog*》에 쓴 글이다. 기존의 경제학 강의실에서 현실 경제 문제를 해명할 경제학을 배우지 못하자, 21세기에 들어서 지구촌 곳곳에서 무능한 스승을 몰아내고, 진짜 경제학을 배우려는 학생들의 움직임이 '후 자폐적 경제학 운동(Post-Autistic Economics Movement)'으로 나타났다. 새로운 경제학에 대한 요구는 특정 경제학의 독주는 막자는 잠정적 합의를 이끌었고, 이와 함께 다원주의 경제학이 등장했다.

인류는 다신교에서 일신교로 가는 과정을 겪었다. 누군가 유일신을 제시하고, 그가 제법 힘이 있는 사람이면 많은 이들이 그 신을 따라 모시는 일도 종종 벌어졌다. 그러나 유일신이 아무리 겁을 주어도 그 많은 다른 신들이 다 없어지는 것은 아니었다. 그들이 보이지 않는다면 유일신의 그늘에 그저 가려졌을 뿐이었다.

우리가 사회를 이해하는 방식도 이것저것을 제시하다가 이성이 발전하면서 점점 하나의 결정적인 원인이나 하나의 결정적인 근거를 찾게 되었다. 그러나 조금 더 이성이 개발되고 세상을 제대로 이해해가면서 하나의 결정적인 것은 없다는 정말 결정적인 사실 앞에 서게 되었다. 다원론에서 일원론으로 다시 다원론으로 인류의 역사와 학문은 걸어갔다.

그렇게 우리는 이 책의 1장에서 다원주의 경제학과 만난다. 다원주의 경제학은 경제학이 하나의 결정론이나 하나의 방법론을 강조하면서 오히려 경제 문제에 대한 설명력이 떨어졌다는 반성에서 출발한 대안경제학이다. 이는 경제 현상이 여러 원인으로 생기니 여러 방법을 통해서라도 경제 현상을 바로 이해하자는 결의이기도 하다. 이 결의는 다원주의 방법론을 지지하며 비주류경제학끼리 연대해서 대안경제학을 제시하려는 학문 운동으로 발전한다. 놀라운 일은 교육 피라미드의 가장 밑바닥에 있는 학생들이 이 운동을 시작했다는 것이다.

제1장
다원주의 경제학
Pluralist Economics

Ⅰ. 다원주의 경제학의 세계로 들어가며

사회과학인 경제학은 태생적으로 다원적일 수밖에 없는 학문이다. 각 공동체의 경제적 여건은 물론 제도나 역사와 문화가 다르므로 경제 문제도 다르고, 문제 발생의 원인이 다르니 이를 해석하는 학문 작업이 다를 수밖에 없기 때문이다. 이 조건 속에 놓인 모든 공동체에는 시대를 장악한 주류적 의견과 그에 반대하는 비주류 의견이 공존한다. 그러면서 각 공동체가 경제적 위기에 직면하면 주류와 비주류의 교체 작업이 시도되었다. 사실 경제학은 이 과정을 거치며 발전했다.

이러한 경제학의 발전 양상은 근대경제학 태동 이후에는 조금 다르게 진행되었다. 자본주의 경제체제와 함께 근대경제학이 등장하고, 고전파경제학을 이은 신고전파경제학에 와서는 실증주의와 과학주의라는 학문 이념이 자유주의 시대정신과 함께 주류로 자리 잡았다. 이후 신고전파 주류경제학은 자본주의 경제체제의 세계적 확장 과정에서 체제의 작동방식을 설명하는 경제학으로 채택되면서 입지를 확실히 굳혔다. 이렇게 대세가 된 '주류경제학(Mainstream Economics)'은 영국 고전파경제학을 뿌리로 하는 신고전파경제학, 통화주의 경제학 그리고 새고전학파 경제학 전체를 말한다. 넓게 보면 새 케인즈 학파도 주류경제학에 포함된다. 주류 미시경제학의 핵심 모형은 레옹 왈라스(L. Walras)의 일반균형 모형이고,

주류 거시경제학의 핵심 모형은 'DSGE(동태적 최적화 모형)'이다. 그리고 이를 떠받치는 신념은 시장주의이다. 이론적 기반으로는 합리적 기대 가설(합리적인 경제인의 효용 극대화), 시장의 자기조절기능, 케인지언 총수요의 부정, 장기의 화폐 중립성 가설 등을 가지고 있다. 이렇게 주류경제학은 과학주의, 자본주의, 시장주의라는 이념의 비호 아래 '정통경제학(Orthodox Economics)'이 되었다.

이러한 신고전파 주류경제학 일변도의 경제학계에도 다양한 비주류경제학(Non-Mainstream Economics), '이단경제학(Heterodox Economics)'이 등장했다. 그러나 주류경제학을 넘어선 대안경제학을 제시할 동력이 부족했다. 정통경제학의 힘과 여유를 가지게 된 신고전파 주류경제학은 오히려 다원적인 색채를 가미하여 신고전파종합의 틀 속에 케인즈경제학의 자리를 마련하기도 했고, 경제학의 신생 분야인 게임이론, 실험경제학, 행동경제학, 법경제학 등에도 손을 내밀었다.

이후 20세기 후반 동구권 몰락과 더불어 '자본주의밖에 대안이 없다(There are no alternative, TINA)'라는 시대정신은 그나마 대안이던 맑스경제학을 무력화시켰고, 경제학은 신고전파 주류경제학의 시장주의 신념 밑으로 더 결집하게 됐다. 그러나 2008년 글로벌 금융위기, 2010년 유럽의 재정위기와 이후 지속적 불황과 양극화로 심각한 도전을 받았고, 2020년 코로나19 팬데믹 경제위기까지 맞으며 혼돈의 21세기가 전개되었다. 세계 경제가 직면한 문제가 단기적인 시장의 교란으로 발생한 것이 아니며, 자본주의의 작동 메커니즘에 근본적이고 구조적인 문제가 발생했다는 것에는 경제학계 내에서 큰 이론은 없다. 문제는 이를 해명하고 해결할 대안이 있느냐는 것이다.

그래서 이 책의 첫 장에서는 대안을 만들자는 경제학, '다원주의 경제학(Pluralistic Economics)'의 세계로 들어간다. 다원주의 경제학은 특정 경제학파라기보다는 비주류경제학이 연대한 학문 운동이라고 할 수 있다. 이는 주류경제학 일원론을 비판하며 경제학 연구, 교육, 연구 주제, 연구방법론, 연구 주체 등에서 다원주의를 받아들여야 한다는 주장이자 학문적 시도이다(Schneider, 2017; Garnett, Olsen & Starr, 2013; 홍태희, 2007).

21세기 위기의 시대를 맞아 대안을 찾기 위해 비주류경제학들이 많은 노력을 하고 있지만 그중에 특히 다원주의 경제학의 발전은 눈에 띈다. 최근 다원주의 경제학에서는 운동을 넘어선 학문적 완결성을 갖기 위한 작업이 많이 이루어졌다. 국내에서 다원주의 경제학은 후 자폐적 경제학 운동과의 관계에서 소개되기도 했고(홍태희, 2007), 다원주의 경제학의 경제학 교육과 관련해서 연구되기도 했다(안현효, 2013). 아울러 릴리안 피셔 등(L. Fischer et al.)이 쓴 다원주의 경제학 입문서도 번역되었다(Fischer et al. 2017). 그러나 국내에서의 관심과 연구 축적은 다른 나라에 비해 상대적으로 적고, 대부분 선진국에 있는 학생들의 다원주의 경제학 네트워크도 한국에는 없다.

그래서 조금은 생소하지만, 경제학의 민주주의적 합의체라는 점에서 의미가 있는 다원주의 경제학의 세계를 만나보는 것은 특별히 소중한 경험이라고 생각한다. 이에 따른 1장의 순서는 다음과 같다. 먼저 다원주의 경제학의 전개 과정을 그린다. 다음으로 다원주의 경제학이 무엇을 말하며 이 경제학이 지향하는 원리가 무엇인지 알아본다. 그리고 다원주의 경제학이 경제학에 이룬 성과가 무엇인지를 살펴보며, 이를 통해 과연 다원주의 경제학이 대안경제학이 될 수 있는지를 가름해본다. 1장의 마지막에서는 다원주의 경제학의 한계와 대안경제학으로 거듭나기 위해서 해결해야 할 과제에 관해서 이야기한다.

Ⅱ. 다원주의 경제학의 전개 과정

1. 다원주의 경제학의 전개 과정

다원주의 경제학의 역사는 경제학의 역사와 더불어 있었지만, 이 책에서는 신고전파 주류경제학이 형성된 후인 현대경제학 시대의 다원주의 경제학을 살펴본다. 현대경제학에서 다원주의 경제학은 20세기와 21세기에 걸쳐 크게 세 단계의 발전과정을 거쳤다(Garnett, Olsen & Starr, 2010). 아래의 <표 1-1>은 다원주의 경제학의 이러한 전개 과정을 보여준다. 대개 1950년대까지는 다원주의 경제학 운동의 전 시기라고 할 수 있다. 양차 세계대전과 1920~30년대 대공황을 거치며 자본주의의 문제점과 신고전파 주류경제학의 한계가 드러나자 전후의 사회변혁 운동과 함께 경제학의 개혁도 시도되었다. 이 과정에서 케인즈경제학은 주류경제학과 결탁하여 신고전파종합을 만들기도 했다.

이 시기의 또 다른 특징은 신고전파 주류경제학에 대항하는 다양한 비주류경제학파가 등장했다는 점이다. 여러 비주류경제학 가운데 제도경제학, 포스트 케인지언 경제학, 맑스경제학, 스라피언 경제학, 오스트리아학파 경제학 등이 자리를 잡아갔다.

다원주의 경제학 제1의 물결은 1960~70년대에 일었다. 당시에는 베트남 전쟁과 68운동, 그리고 70년대의 불황으로 대안경제학에 대한 사회적 요구가 거셌다. 이 시기의 비주류경제학파들은 각각 주류와 대항하는 고유의 '대항경제학(counter economics)'을 만드는 것에 주력했다. 따라서 다른 학파와 연대하기보다는 경쟁하며, 자신들의 이론적·실증적 영향력을 키워가려고 했다.

제2의 다원주의 물결은 1980년대 후반 동구권 몰락과 함께 일기 시작했다. 현실 사회주의가 몰락하자 신고전파 주류경제학의 입지는 다시 강화됐다. 이에 대한 전략적 대응으로 각 비주류경제학파는 다른 학파의 중요한 주장과 학문적 성과에도 포용적인 자세를 갖기 시작한다. 이는 특정 학파 단독으로는 주류경제학을 대체하는 대안경제학이 되기 힘든 현실을 인지했기 때문이기도 했고, 새로운 계량경제의 기법, 복잡계 경제학, 게임이론 등의 등장에 따라 자기 변화를 모색해야 했기 때문이기도 했다. 또한, 제2의 물결의 시기에 비주류경제학파들은 그동안 이룬 학문적 성취와 세력을 바탕으로 학파 존립의 정당성을 저마다 강조했다. 그러나 경제학계 전체를 보면 들뢰즈의 천 개의 고원에서 보는 다원적 세계, 포스트모던의 세계가 경제학 내에 펼쳐졌다고 할 수 있었다.

이러한 흐름 속에서 1992년에 제프리 호지슨(G. Hodgson), 우스칸디 막키(U. Mäki), 디어드리 매클로스키(D. McCloskey)가 주축이 되어 《아메리칸 이코노믹 리뷰(*American Economic Review*)》에 다원주의 지지 성명을 내면서 변화의 계기가 마련되었다(Hodgson, Mäki, McCloskey et al. 1992). 이 성명서가 큰 사회적 반향을 올리자 1993년 호지슨, 존 애덤스(J. Adams), 테리 닐스(T. Neals) 등이 주축이 되어 '국제다원주의 경제학 연합(International Confederation of Associations for Pluralism in Economics, ICAPE)'을 설립했다. 이와 함께 다원주의 경제학은 더 체계적으로 활동할 수 있게 되었고, 각 비주류경제학파 사이의 연대가 원활해졌다. 이 시기에 여성주의 경제학, 진화경제학, 생태경제학 등도 다원주의 물결에 합류했다.

| 표 1-1 | 다원주의 경제학의 전개 과정

세대	시기	역사적 계기	주장과 활동	주요 학파와 학자
맹아기	– 1950년대	• 세계 대공황 • 세계대전	• 신고전파 일원론에 반대하는 비주류경제학 등장 • 각 비주류학파는 자신 중심의 일원주의 주장	• 맑스경제학, 포스트 케인지언 경제학, 스라피언 경제학, 제도경제학 • 케인스(J. M. Keynes) • 로빈스(J. Robins) • 민스키(H. Minsky) • 스라파(P. Sraffa)
제1의 물결	1960년대 – 1970년대	• 스태그플레이션 • 1971년 시드니 대학교 캠페인	• 스태그플레이션에 대해 주류경제학 무력 • 비주류경제학의 발전 • 다원주의 경제학 강의 시작	• 오스트리아학파 경제학, 맑스경제학, 스라피언 경제학, 포스트 케인지언 경제학, 제도경제학, 새고전학파 경제학 • 스틸웰(F. Stilwell) • 킨(S. Keen)
제2의 물결	1980년대 후반 – 1990년대	• 동구권 몰락 • 1992년 《American Economic Review》에 성명서 발표 • EAPE(1988) 설립 • feed(1992) 설립 • ICAPE(1993) 설립	• 포스트모던의 시대, 반실증주의 존재론과 인식론 • 실용주의, 포스트모더니즘, 맑스주의, 신제도주의, 후기구조주의, 여성주의, 실재론, 현상학 등이 결합	• 오스트리아학파 경제학, 맑스경제학, 스라피언 경제학, 포스트 케인지언 경제학, 제도경제학, 여성주의 경제학, 사회경제학, 생태경제학 • 호지슨(G. Hodgson) • 마키(U. Mäki) • 매클로스키(D. McCloskey)
제3의 물결	2000년대 – 현재	• 2000년 프랑스 École Normale Supérieure에서 후자폐적 경제학 운동 • 2008년 글로벌 경제위기, 2010년 유럽 재정위기, 신자유주의 경제의 한계 표출 • New Economic Thinking(INET) 설립 • Rethinking Economics 설립	• 경제학의 자폐성에 대한 학생들의 개혁 요구 • 경제학과 커리큘럼 개편 요구 • 다양한 다원주의 연구 조직과 학생 조직 등장 • 다원주의 경제학 핸드북, 사전 발간	• ABC경제학, 진화경제학, 제도경제학, 사회경제학, 사회정치경제학, 생태경제학, 여성주의 경제학, 개발경제학, 슘페테리언 경제학, 구제도경제학, 신제도경제학, 포스트 케인지언 경제학, 폴라니언경제학, 맑스경제학, 행동경제학, 신오스트리아학파 경제학 • 풀부룩(E. Fullbrook) • 스티글리츠(J. Stieglitz) • 크루그먼(P. Krugman) • 피케티(T. Picketty) • 바로파키(Y. Varoufakis)

자료: Garnett, Olsen & Starr 2010; Kapeller & Springholz, 2016; Dobusch & Kapeller, 2012

다원주의 경제학 제3의 물결은 2000년 프랑스에서 학생들의 주도로 시작된 '후 자폐적 경제학 운동'과 함께 일기 시작했다. 이 운동은 이후 다원주의 경제학과 경제학 교육의 모태가 되었다. 사실은 후 자폐적 경제학이라고 명명한 것이 자폐인에게 모욕감을 준다는 사회적 비난이 일자 다원주의 경제학으로 개명했다. 학생들의 경제학 교육의 다양성에 대한 요구는 경제학 일반의 개혁에 대한 요구로 이어졌고, 서유럽과 미국을 중심으로 다원주의 경제학을 지지하는 학생들과 연구자의 모임이 온라인과 오프라인으로 생겨났다(홍태희, 2007).

이런 가운데 누구보다 헌신적으로 다원적인 경제학의 세계를 열어 간 프리드리히 리(F. Lee)가 2003년 창간한 비주류경제학의 소식지 《*Heterodox Economics Newsletter*》는 2014년 리가 세상을 떠난 이후에도 꾸준히 발행되면서 비주류경제학계의 연대를 돕고 있다. 2000년에는 ICARE와 영국이 중심이 된 '다원주의 경제학 협회(Association for Heterodox economics)'가 통합했고, 학술지 《*Review of Political Economy*》가 발행됐다(Garnett, Olsen & Starr, 2010, pp. 2−4). 후 자폐적 경제학 운동을 이끈 에드워드 풀부룩(E. Fullbrook)이 중심이 되어 창간한 학술지 《*International Journal of Pluralism and Economics Education*》도 2009년부터 발행되었다(홍태희, 2007).

다원주의 경제학은 2008년 경제위기 이후 더 주목받게 되었다. 비주류경제학계는 경제위기의 배경에 주류경제학, 특히 신자유주의 경제정책과 시카고학파 경제학이 있다고 주장했다. 주류경제학도 주류경제학의 한계를 인정하고 변화를 시도하게 되었다. '새로운 경제사상 연구소(Institute for New Economic Thinking)' 같은 연구 단체도 만들었고, 좌파 색깔이 많이 나지 않은 비주류경제학자는 주류경제학도 인정하고 포용하기도 한다. 대표적인 사례가 2014년 전미경제학회에 『21세기 자본(*Capital in the Twenty−First Century*)』을 쓴 토마스 피케티(T. Piketty)를 초청하여 강연하게 한 것이다.

이런 가운데 21세기 내내 불황이 지속되고 양극화가 심화되자 사회적 불안이 증폭되면서 사회는 점점 보수화되어 간다. 자연히 나라마다 극우 세력이 준동하며, 자국 이익 우선주의, 보호무역의 움직임이 강해지고 있다. 반면에 사회 진보 운동은 쇠락하고, 반자본주의 운동에 대한 반감이 커졌다. 자연히 맑스경제학보다 포스트 케인지언 경제학과 제도경제학에 공간이 더 많이 생기는 상황이 발생했다. 또한 경제 사상 스펙트럼의 오른쪽 끝을 차지하며 자유주의를 옹호하는 오스트리아학파 경제학도 득세하게 되었다. 이 과정을 통해 이제까지 맑스경제학이 주도하던 비주류경제학에서 다원화하는 경향이 생겼다.

나라마다 차이는 있지만, 비주류경제학은 다양한 정책 대안을 제시했다. 소득주도 성장, 기본소득, 선물경제, 착한 소비, 협동조합, 보편적 복지, 지속 가능한 성장, 저탄소 경제, 사회적 연대 경제, 양성평등 경제 등이 경제 문제 해결 대안으로 등장했고, 학계와 사회의 관심을 받게 되었다.

이런 대안을 종합하자는 시도는 먼저 학자들의 연구로 나타났고, 다원주의 경제학 관련 연구와 다원주의 경제학을 학파로 정립하려는 노력이 생겨났다. 2019년에는 사무엘 데커(S. Decker) 등이 편집한 다원주의 경제학 교육서인 『경제학 교육 원리와 다원주의: 현실에 맞게 적용되는 과학을 위하여(*Principles and Pluralist Approaches in Teaching Economics: Towards a Transformative Science*)』가 출판되었다(Decker et al. 2019). 또한, 조태희(T.-H. Jo)가 비주류경제학 핸드북도 편집해서 출판했다(Jo, 2019). 2020년에는 앤드류 미어만(A. Mearman), 세바스찬 베르거(Sebastian Berger), 다니엘 귀조(D. Guizzo)가 16명의 비주류경제학자를 만난 후 쓴 『비주류경제학은 무엇인가?(*What is Heterodox Economics?*)』가 출판되었고 (Mearman, Berger, & Guizzo, 2020), 2021년에는 다원주의적 관점에서 경제학을 소개하는 입문서 『경제의 원리와 문제점: 다원주의 입문(*Economic Principles and Problems: A Pluralist Introduction*)』이 제프리 슈나이더(G. Schneider)에 의해서 출판됐다(Schneider, 2021). 이렇게 다원주의 경제학은 꾸준히 경제학 내에 영향력이 미치는 범위를 넓히고 있다.

2. 국제다원주의 경제학 연합과 국제다원주의 경제학 학생 협회

1993년 설립된 '국제다원주의 경제학 연합(ICAPE)'은 다원주의 경제학 운동의 추진 주체라고 할 수 있다. 이 연합은 경제학 방법론, 경제이론, 경제정책, 경제학 교육 등에 다양성을 주고, 이를 통해 경제학을 혁신하려는 30여 개의 국제적 경제학 단체가 만든 컨소시엄이다. 따라서 다원주의 이념을 기반으로 다양한 비주류경제학이 연대하여, 경제학의 원래 목적에 합당한 경제학을 만들고 이를 통해 사회적 영향력을 증대시키려고 한다(ICAPE, 홈페이지).

그렇지만 ICAPE는 자신들이 주장하는 다원주의가 '어떤 방법이든지 좋다

(Anything goes)'가 아니라고 한다. 이는 '반방법론'을 주장한 파울 파이어아벤트 (P. Feyerabend)의 과학철학에서 보여주는 과도한 실용주의나 지적 허무주의와는 선을 긋는다는 것이다. 각 경제학파가 자신의 정체성을 지키지만 다른 학파의 학문적 성과를 수용할 가능성을 제공하고, 비주류학파 간의 불필요한 갈등이나 소모적인 논쟁을 지양하며, 현실 경제 문제 해결을 위해 연대한다는 것이다. 이런 입장은 ICAPE의 창립 당시 제시한 활동 목표에 잘 나타나 있다. 경제학파 간 교류의 가능성 증대, 다원주의의 학문 정신 함양, 연구 성과의 출판과 경제학 교육의 다원주의 가능성 함양, 비주류경제학자나 경제학 단체의 활동 지원이 목표이다(ICAPE, 홈페이지).

제3의 물결 다원주의 경제학의 또 다른 추진축은 학생 조직이다. 2014년 학생들은 '국제다원주의 경제학 학생 협회(ISIPE, International Student Initiative for Pluralism in Economics)'를 창립했다. 그리고 2016년 현재 31개 국가의 82개 단체가 연대하여 활동하며, 2015년과 2016년에 '다원주의 경제학 국제 행동의 날' 행사를 진행했다. 이들은 주류경제학의 문제점과 그에 따른 경제학 교육의 폐해를 지적하며, 현실 경제 문제를 이해할 수 있는 경제학 교육을 요구한다. 특히 경제이론과 경제학 연구방법론 및 학제 간 연구를 통한 다원주의의 실현을 지지하며 대학의 교수진과 강의 및 교과서 등의 다양성을 요구한다.

| 표 1-2 | 국제다원주의 경제학 연합

참가 경제학 단체	관련 경제학파
• ABC경제학회 (Agent-Based Computational Economics, ACE)	• ABC경제학
• 진화경제학회 (Association for Evolutionary Economics, AKEE)	• 진화경제학
• 비주류경제학회 (Association for Heterodox Economics, HAE)	• 이단경제학
• 제도주의학회 (Association for Institutional Thought, ADIT)	• 제도경제학
• 사회경제학회 (Association for Social Economics, ASE)	• 사회경제학
• 사회·정치경제학회 (Association for Social and Political Economy, APSE)	• 사회정치경제학
• 벨기에-네델란드 국제·정치경제학회 (Belgian-Dutch Association for Institutional and Political Economy, AIPS)	• 환경경제학 • 여성주의 경제학
• 완전고용과 물가 안정 센터 (Center for Full Employment and Price Stability, CFES)	• 개발경제학
• 경제변동 컨퍼런스 (Conference on Problems of Economic Change, COPER)	• 슘페테리안경제학
• 국제정치경제학자회의 (Congress of Political Economists International, COPE)	• 구제도주의경제학
• 빈곤 완화 경제학자 연합 (Economists Allied for Arms Reduction, EMAAR)	• 신제도주의경제학

• 유럽진화정치경제학회 (European Association for Evolutionary Political Economy, EAEPE)
• 유럽경제사상사학회 (European Society for the History of Economic Thought, ESHET)
• 세계 개발과 환경 연구소 (Global Development and Environment Institute, G−DAE)
• 세계궤이커연구소 (Home Rule Globally, HRG)
• 국제제도·사회 연구소 (Institute for Institutional and Social Economics, iiso)
• 국제여성주의경제학회 (International Association for Feminist Economics, IAFFE)
• 국제경제와 철학회 (International Economics and Philosophy Society, IEPS)
• 국제슘페터학회 (International Joseph A. Schumpeter Society, ISS)
• 국제경제발전저널 (International Journal of Development Issues, IJDI)
• 국제경제학방법론네트워크 (International Network for Economic Method, INEM)
• 국제정치경제저술회 (International Papers in Political Economy, IPPE)
• 국제응용경제학리뷰 (International Review of Applied Economics, IRAE)
• 국제진화경제학회 (International Society for Ecological Economics, ISEE)
• 국제신사상교류회 (International Society for the Intercommunication of New Ideas, ISINI)
• 국제신제도경제학학회 (International Society for New Institutional Economics, ISNIE)
• 국제베블렌학회 (International Thorstein Veblen Association, ITVA)
• 국제가치론연구회 (International Working Group on Value Theory, IWGVT)
• 일본진화경제학회 (Japan Association for Evolutionary Economics, JAFEE)
• 포스트 케인지언 저널 (Journal of Post Keynesian Economics, JPKE)
• 칼 폴라니 정치경제연구소 (Karl Polanyi Institute of Political Economy, KPIPE)
• 포스트 케인지언 연구회 (Post−Keynesian Economic Study Group, PKESG)
• 지역 경제와 사회발전 (Regional Economic and Social Development, RESD)
• 맑스주의 연구회 (Rethinking Marxism, RM)
• 행동경제학진흥학회 (Society for the Advancement of Behavioral Economics, SABE)
• 사회경제학진흥학회 (Society for the Advancement of Socio−Economics, SASE)
• 오스트리아학파 경제학 진흥학회 (Society for the Development of Austrian Economics, SDAE)
• 정치경제학회 (Society of Political Economy, SEP)
• 급진경제학연합 (Union for Radical Political Economics, URPE)
• 미국 환경경제학회 (US Society for Ecological Economics, USSEE)

• 포스트 케인지언 경제학
• 폴라니언경제학
• 맑스경제학
• 행동경제학
• 신오스트리아학파 경제학
• 진화경제학
• 개발경제학
• 급진정치경제학
• 생태경제학

자료: ICAPE 홈페이지 참고

이와 함께 '리싱킹 이코노믹스(Rethinking Economics)'의 활동도 주목할 만하다. 이 단체는 신고전파 주류경제학에 대한 비판적인 학생, 교수, 연구자들이 모인 국제단체로 2021년 현재 전 세계 36개 국가 88개 단체가 연대하여 활동한다. 이 들은 경제학 교육의 개혁, 주류경제학에 비판적 경제학자의 국제 연구 공동체 구성, 경제학의 다양화와 탈식민지화를 목표로 삼는다. 또한, 이들은 신고전파경제학 위주의 연구와 교육이 성별, 인종, 성 정체성에 따른 차별, 경제적 불평등, 기후변화 등의 문제를 도외시하게 하고, 결국 사회의 민주주의적 발전에 해악이 된다고 본다. 이 단체는 2021년 7월에 3일간 학술제를 개최하여 전 세계가 함께 경제학의 미래를 고민하는 장을 열었다(Rethinking Economics, 홈페이지 참고). 이러한 다양한 단체의 활동에 힘입어 다원주의 경제학 운동은 더욱 강력하게 주류경제학에 도전장을 내밀고 있다.

Ⅲ. 다원주의 경제학의 정체성과 특징

1. 다원주의 경제학의 정체성

'다원주의(pluralism)'는 세상과 사물을 파악할 때 발생하는 차이를 배척하지 않고, 관심, 신념, 문화, 전통 등에 따라 나타나는 다양성을 인정하자는 세계관이다. 이는 민주화된 공동체가 가져야 할 기본적인 덕목으로 개인이나 집단이 자신과 다른 타자의 인식과 이해를 인정하는 태도이다. 학문적으로 다원주의가 특히 중요하게 거론되는 분야는 신학이다. 각기 다른 유일신을 주장하는 종교 사이의 갈등을 조정하는 문제에 대한 종교 간 논의가 종교 다원주의의 주제이며 신학의 중요한 연구대상이기 때문이다(Race, 2015).

사회과학 영역에서 다원주의는 분석할 사회 현상의 발생 원인이 하나가 아닐 수 있고, 그에 따른 결과도 다양하게 나타난다는 것을 강조하는 사조이다. 따라서 연구할 때 일원론과 결정론을 거부한다(McLennan, 1995). 이를 경제학으로 적용하자면 경제학은 순수과학이 아니라 사회과학이므로 지식조차 사회적으로 만들어지며 그 영향력도 사회적 역학 관계 속에서 결정된다는 것이다. 따라서 다원주의 경제학은 현재의 신고전파 주류경제학이 자신들만 옳다고 주장하는 배타성을 비판하고, 경제적 실재를 제대로 파악하기 위해 좀 더 다양한 관점에서, 특히 다양한 비주류경제학의 성과를 인정하며 경제학을 만들어야 한다고 한다. 자연히 경제학 방법론도 실증주의와 과학주의에 따른 양적 방법뿐 아니라 질적 방법 또는 혼합적 방법도 포용해야 한다는 것이다. 이렇게 다원주의를 수용하는 이유는 간단하다. 그래야만 경제 현상을 제대로 설명할 수 있다는 것이다(Rothschild, 2001; Dobusch & Kapeller, 2012).

이처럼 다원주의 경제학은 자원의 희소성이라는 조건 속에서 최선을 선택하는 학문으로 경제학을 정의함으로 나타나는 주류경제학의 오류를 지적한다. 그리고 환경, 습관, 관습, 역사적 배경 아래서 계급과 성별을 가지고 환경의 제약을 받는 개인과 사회의 경제적 결정에 도움을 주는 학문으로 경제학을 이해한다. 실러 다우(S. Dow)는 이러한 다원주의 경제학의 특징을 '열린 체제(open system)'로 규정한다. 닫힌 체제인 신고전파경제학과 다르게 열린 체계에서는 다른 경제학파도 인정하여 경제학 내에 민주적인 공존의 공간을 만들어야 한다는 것을 강조한다. 그러나 모든 경제학과 연구 방법이 다 허용되는 것은 아니라며 다원주의가 가질 수 있는 지적 회의주의를 경계한다(Dow, 2004).

ISIPE는 아래의 <표 1-3>에서 보는 것처럼 다원주의를 이론적 다원주의, 방법론의 다원주의, 학제 간 다원주의로 나누며, 특히 경제학 교육 커리큘럼에 이러한 다원주의를 적용할 것을 강조한다. 그러나 이들은 주류경제학의 방법론을 전적으로 배척하지는 않는다. 다만 주류경제학이 채 담지 못하는 학문 방법론도 채택한다. 즉 ISIPE는 양적 실증 분석 외에도 질적 분석, 역행 추론이나 비판적 실재론, 수사적 방법, 학제 간 연구 등에도 우호적이다.

| 표 1-3 | 다원주의 경제학의 범위

종류	관점	사례
경제학 방법론 다원주의	• 질적 연구와 양적 연구의 혼합 방법 • 수사적 방법	• RCT, 행동 실험 • 이론 모델링 • 계량경제학
경제이론 다원주의	• 비주류경제학의 성과와 방법론을 상호 수용	• 슘페터의 경제성장론 • 진화적 게임이론
학제 간 다원주의	• 타 학문과 연대 • 학제적 다원주의	• 물리학, 신경 과학, 진화생물학, 뇌과학

자료: Lee, 2010; ISIPE 홈페이지 참고

2017년 국제다원주의 학회가 제시한 다원주의 경제학의 원리에는 다원주의 경제학의 정체성과 지향점이 잘 나타난다. 아래 <표 1-4>는 이를 슈나이더가 10가지 원리로 정리한 것이다(Schneider, 2017).

| 표 1-4 | 다원주의 경제학의 10가지 원리

	원리	내용
1	사회적 권한 설정의 원리	• 국민의 삶을 보장하는 것은 경제체제의 의무, GDP의 크기나 시장 활동을 넘어선 일 • 구성원의 의식주 해결은 경제체제의 의무이지 주류경제학이 말하는 희소성의 조건 속에 선택이 아님
2	노동 중심의 원리	• 노동은 노동시장에서 판매되는 상품 이상의 의미가 있음 • 노동은 삶과 공동체의 중심
3	인종, 성별, 계급의 원리	• 인간이 인종, 성별, 계급 등에 따라 다른 경제 현실을 경험한다는 것은 인지해야 함
4	조직 구성의 원리	• 인간은 집단과 조직을 만들어 생활하므로 개별적으로 분리된 개인으로 연구하면 안 됨
5	현실적 사람을 주인공으로 하는 경제의 원리	• 인간을 합리적이기도 하고 비합리적이기도 하고, 경쟁기도 하고 협력하기도 함 • 인간의 제도적 환경인 문화를 중요하게 인식해야 함
6	역학 관계 인지의 원리	• 경제적 결과에 영향을 미치는 역학 관계를 인지 • 자본주의의 폐해를 확인하고 대안을 제시해야 함
7	경제체제 진화의 원리	• 경제는 균형으로 가는 것이 아니며 언제나 변함 • 기술의 변화는 경제체계의 변화를 이끎 • 경제학과 경제학자는 시장에서의 단기 균형보다 불균형 상태는 물론 위기를 맞아 변화하는 것에 관심을 두어야 함
8	생태주의 원리	• 자연은 경제의 근간 • 환경을 배제한 경제 분석을 지양하고, 기술변화를 인지하고 자원의 남획을 막아야 함
9	정부의 역할 중시의 원리	• 정부는 경제적 결과를 더 좋게 할 수 있음 • 시장실패의 해결을 위해 경제정책을 펴고, 경제위기에는 경기안정화 정책을 써야 함
10	경제적 관계의 불확실성에 대한 원리	• 경제적 관계는 불확실함 • 화폐, 물가, 인플레이션, 실업 관계도 불확실하며, 화폐는 외생적·내생적 경로로 만들어지며 완전고용은 저절로 도달되지 않음 • 유효수요는 매우 중요하며 사회생산함수는 지나치게 단순하여 경제성장의 동학을 채 다 설명하지 못함

자료: Schneider, 2017, pp. 106-108

위의 10가지 원리 외에도 다원주의 경제학 연구의 기본 수칙으로 슈나이더는
다음 두 가자를 제시한다. ① 경제학은 가치중립적이지 않다. 모든 경제 분석에
는 사상이 착근되어 있다는 것을 인지하고 연구한다. ② 다원주의는 좋은 것이
다. 왜냐하면, 다원주의는 연구자의 통찰력을 높이고 다양한 양적이며 질적 연구
방법을 사용하므로 더 다양한 경제 분석이 가능하게 한다(Schneider, 2017). 이
원리를 통해 경제학의 가치 편향을 인정하고 이를 제어하는 방법으로 다원주의
를 제시했다고 할 수 있다.

| 표 1-5 | 풀브룩의 다원주의 경제학의 10가지 원리

	원리	내용
1	다원주의 원리	다인과적 현실 이해
2	반(反) 모형 원리	모형화보다 경제적 실재에 대한 존재론적 접근
3	실재론 원리	실재 강조
4	반 균형 원리	현실의 불균형 인정
5	반 시장청산 원리	시장이 늘 청산된다는 주장의 비현실성을 인지
6	반 극대화 원리	합리적 판단과 안정적 선호 체계에 따른 극대화 거부
7	창발성 원리	연구의 창발적 특성 강조
8	반 에르고딕 원리	경제학 공리와 경제적 현실은 다름
9	반 경제중심주의	경제는 사회 현상의 부분
10	반 실증주의	규범과 실증의 구분

자료: Fullbrook, 2013; Rosenberg, 2014

후 자폐적 경제학 운동을 주도한 풀부룩은 다원주의를 바탕으로 한 경제학의 새
로운 패러다임으로 <표 1-5>에서 보는 것처럼 10가지 원리를 제시한다. 그는
다원주의의 다인과적 경제 현상 이외에도 신고전파 주류경제학의 기본전제나 방법
론, 그리고 경제학의 연구 목적까지 인정하지 않는 것을 다원주의 경제학으로 이해

한다(Fullbrook, 2008).

　이처럼 슈나이더의 원리가 다원주의 경제학이 가져야 할 사회적 인식론에 집
중되어 있다면, 풀부룩의 원리는 신고전파 주류경제학에 대항하는 다원주의 경제
학의 정체성이 강조되어 있다. 이 같은 다원주의 경제학의 정체성은 다원주의 경
제학 운동의 추진 목표로 잘 확인된다. 다원주의 경제학은 장기적으로는 다양한
비주류경제학의 연대로 주류경제학의 정상과학의 지위를 흔든다는 목표를 가지
고 있다. 그렇다면 다원주의 경제학은 고유의 경제학파라기보다 비주류경제학의
연대로의 성격을 갖는다고 할 수 있다. 이 연대의 경제학적 범위와 정체성은 여
전히 모호하지만, 맑스·케인즈·스라파·베블렌의 연대라고 할 수 있다. 그 중심
에는 맑스경제학과 포스트 케인지언 경제학이 있다(홍태희, 2016a).

2. 다원주의 경제학과 주류경제학

　다원주의 경제학의 지향점을 아래 <표 1-6>에서 정리한 것처럼 주류경제
학과의 비교를 통해 살펴보자. 두 패러다임의 바탕이 되는 인식론과 존재론의 차
이는 경제 현상을 달리 해석하게 한다. 신고전파 주류경제학의 학문적 가치의 기
준인 도구주의는 완전경쟁 시장이나 일반균형의 존재 여부와 상관없이 유용하기
때문에 인정한다. 그러나 다원주의는 실재와 실제적 사실, 경제적 현상의 실재
등을 강조하는 실재론의 관점에서 경제 현상을 포착한다. 아울러 유용성은 물론
진리성도 확보하려고 한다(Lawson, 2006).

　주류경제학은 사회의 구성에 대해서는 사회계약설을 지지하며, 사회과학 연구
에서는 방법론적 개인(개체)주의를 기반으로 한다. 그러나 다원주의 경제학은 사
회를 무엇에 의해 구성되는 것이 아니라 그 자체로 존재한다는 관점을 가진다.
따라서 개체주의가 가질 수밖에 없는 '구성의 오류'를 지적하며 사회유기체론, 방
법론적 전체론을 강조한다. 이런 전체주의적 관점은 이들이 사회와 역사를 이해
하는 방식을 결정한다.

　특히 다원주의 경제학이 이해하는 경제와 경제학의 주체는 합리적인 경제인이
아닌 인간이다. 이 인간은 주어진 환경의 제약 속에서 살아가는 보통 사람이다.
이런 보통 사람은 합리적이지만은 않고, 많은 제약 속에서 경제적 선택을 한다고
다원주의 경제학은 설명한다.

| 표 1-6 | 주류경제학과 다원주의 경제학의 비교

	주류경제학	다원주의 경제학
진리관	도구론	실재론
존재론	현실과 가상에 존재하거나 존재해야 할 것	실재
사회구성	개인주의	전체주의
학문 방법론	실증 일원 주의	다원주의
세계 이해	폐쇄 체제	개방 체제
경제인의 특성	합리적 경제인	보통 사람
자본주의에 대한 태도	인류에게 자연스러운 제도, 문제 있어도 다른 대안이 없음	여러 제도 중 하나, 대안을 찾아가는 것이 학문의 역할

자료: Dobusch & Kapeller, 2012; 홍태희, 2016a

주류경제학과는 분명히 차이가 나게 다원주의 경제학의 고유성이 잘 드러나는 분야는 경제학 교육이다. 다원주의 경제학은 주류경제학에 대한 일방적인 주입식 교육이 아니라 학생들에게 경제 문제를 이해하고 해결할 방안을 다양하게 고민할 수 있는 폭넓은 경제학 교육을 해야 한다고 주장한다. 이 점에서 다원주의 경제학과 후 자폐적 경제학 운동의 접점이 나타난다(홍태희, 2007; 안현효, 2013).

다원주의 경제학과 주류경제학을 임레 라카토슈(I. Lakatos)의 '과학적 연구프로그램 방법론(Methodology of Scientific Research Programmes, MSRP)'을 통해 살펴보자(Lakatos, 1978). 라카토슈는 학자들은 진리를 탐구한다거나 학문한다거나 하는 거창한 소리를 하는데, 기실 자신에게 주어진 '연구프로그램(Scientific Research Programmes)' 속에서 자신의 역할을 하는 것이라고 보았다. 또한, 각 분과과학에는 나름의 주로 사용되는 MSRP와 그 외의 MSRP가 있다. 연구프로그램의 교체는 주류 MSRP에 관한 반증 사례가 쌓이고, 이를 해명해주는 대안적 MSRP가 등장해서 기존의 MSRP의 '중핵(hard core)'이 폐기되어야만 가능하다고 한다. 여기서 중핵은 일반적인 가설의 형태를 취하고 있으며, 연구의 기본원리가 되는 명제의 조합이다. '보호대(protective belt)'는 중핵이 가진 본질적 구조가 사실들에 의해 반증되지 않도록 보호하는 기능을 하고, '발견지침(heuristics)'은 연구가 바람직하도록 연구자에게 제공되는 연구지침을 말한다. 중핵과 보호대는 '발견지침'으로 지지된다. '부정적 발견지침(negative heuristics)'은 반증되는 사실이나 예외 상황, 반박 등에 대한 연구지침을 말하고, '긍정적 발견지침(positive heuristics)'은 연구프로그램이 지지하는 신념에 부합한 보호대로 만들기 위한 지침을 의미한다(홍태희, 2009, pp. 190−192).

라카토슈는 '퇴보적' MSRP는 '사이비 과학적(pseudoscientific)'이므로 거부해야 한다고 했다(Lakatos, 1978). 그러나 거부하려면 대안이 있어야 한다. 경제학은 여러 학파가 경쟁하며 발전하고 있다. 그 가운데 현재 신고전파 주류경제학은 250여 년의 근대경제학 역사에서 정상과학, 혹은 주류 연구프로그램의 지위를 잃지 않고 있다. 아직 대체할 대안이 없기 때문이다(홍태희, 2009; Backhouse, 1994).[1]

주류경제학의 연구프로그램을 라카토슈의 MSRP를 통해 살펴보자. 주류 MSRP를 대체할 대안적 MSRP가 되려면 학파가 함께 지켜야 할 신념과 중핵을 가졌는지가 중요하다. 주류경제학은 시장주의라는 신념과 일반균형이라는 중핵을 가지고 있고, '사실(novel facts)'을 통해 이를 검증하고, 사실이 검증이 안 되면 반증주의로 진리성을 확보한다. 이렇게 반증되면 보호대를 만들어 중핵의 붕괴를 막으며 주류 MSRP의 지위를 꾸준히 누렸다(홍태희, 2009; Lakatos, 1978).

---

1) 라카토슈의 MSRP는 사회과학 철학으로 인지도가 높지만, 문제점과 한계도 많다(Backhouse, 1994; 홍태희, 2009). 그러나 토마스 쿤(T. Kuhn)의 과학혁명론과 정상과학론이나 칼 포퍼(K. Popper)의 반증주의, 폴 파이어아벤트(P. Feuerabend)의 반방법론보다 경제학파 사이의 갈등을 잘 해명할 수 있어서 채택했다. 그러나 이를 활용한 본격적인 해석은 이 책에서는 다루지 않는다.

| 그림 1-1 | **주류경제학의 연구프로그램**

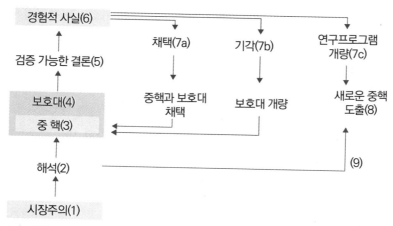

자료: 홍태희, 2009, p. 193

이를 <그림 1-1>을 통해서 살펴보자. 주류경제학의 신념(1)은 시장주의다. 이에 대해 주류경제학 내부의 균열은 없다. 방법론적 개인주의를 배경으로 주류경제학의 중핵(3)은 일반균형이다. 이런 중핵과 보호대는 부정적 발견지침과 긍정적 발견지침으로 지지되거나 위협을 받는다. 가설에 대한 검증(5) 과정에서 주류경제학은 가설·연역법에 따라 검증한다. 대개는 실증분석을 사용한다. 경험적 사실을 정형화된 사실(6)로 확인하는 과정을 거치거나 실증한다. 그 결과에 따라 가설은 채택되거나(7a), 기각된다(7b).

이 과정을 반복해서 거치며 중핵이 장기적으로 이론적이나 경험적으로 '새로운 사실들(novel facts)'에 부합되지 못한 상황이 잦아지면 연구프로그램의 신뢰가 떨어진다(7c). 그 결과 새로운 중핵이 등장(8)하거나, 연구프로그램이 개량된다(9) (홍태희, 2009; Backhouse, 1994).

주류경제학은 이런 과정에서 중핵에 위배되는 '새로운 사실들'이 나타나면 이를 '예외 법칙'으로 정리하며 일반균형의 중핵과 시장주의의 신념을 지켰다. 이를 통해 더욱 유연해진 주류경제학은 주류적 MSRP의 지위를 꾸준히 유지하고 있다.

다음으로 다원주의 경제학의 MSRP를 살펴보자. 다원주의 경제학이 대안적 MSRP로 인정되려면 학파가 함께 지켜야 할 신념과 중핵을 가졌는지가 중요하다.

다원주의를 신념으로 삼더라도 중핵을 설정하기는 어렵다. 물론 각 비주류경제학에는 주류경제학의 주장이 진리성을 확보하지 못한다는 많은 가설, 즉 부정적 발견지침이 개발되어 있다. 그러나 이런 발견이 중핵을 일관되게 보호하지 못하고 있다는 것이 문제이다. 따라서 다원주의 경제학은 주류를 대체할 대안적 MSRP를 완성하지 못했다고 볼 수 있다.

다원주의 경제학이 주류 연구프로그램이 되려면 다원주의 경제학 내부를 정리하여 완성도 있는 연구프로그램으로 거듭나야 한다. 그리고 다양한 비주류경제학 상호 간의 논쟁을 통해 통일된 관점과 신념, 방법론, 범주를 정리할 필요가 있다. 무엇보다 시장주의와 일반균형에 대체할 신념과 중핵을 설정해야 한다(홍태희, 2009, p. 193; Lakatos, 1978).

다원주의 경제학의 핵심 신념과 철학은 다원주의이다. 이 신념은 제도경제학이나 사회경제학의 연구로 보강할 수 있다. 다원주의 경제학의 중핵은 가령 '경제적인 실재'나 '정형화된 사실'을 사용하면 된다. 그리고 다원주의 경제학이 제시한 원리를 중핵의 '보호대'로 이용하면 일단 기본 골격은 짜인 것이다. 여기에 포스트 케인지언 경제학, 여성주의 경제학, 진화경제학, 맑스경제학, 생태경제학, 스라피언 경제학 등이 찾은 주류경제학의 한계를 '부정적 발견지침'으로 정리하고, 이들 비주류경제학파의 학문적 성과를 '긍정적 발견지침'으로 삼으면 다원주의 경제학 연구프로그램이 얼추 만들어진다. 긍정적 발견지침으로 사용될 대표적인 성과로는 맑스경제학의 권력관계 분석, 포스트 케인지언의 불확실성과 내생적 화폐론, 여성주의 경제학의 성인지적 관점, 제도경제학의 역사적 시·공간, 행동경제학의 인간 심리와 의사결정, 생태경제학의 지속가능성, 복잡계 경제학의 분석 도구 등이 있다(Fischer et al. 2017, pp. 13-14).

이를 바탕으로 더 다양한 연구방법론, 특히 비판적 실재론을 사용하여 선험적 실재를 데이터로 증명하려는 강박에서 벗어나고, 이론적이나 경험적으로 주류경제학이 '사실들'에 부합되지 못한 상황을 더 자주 드러내면 주류경제학의 한계를 넘어 대안적 MSRP로 진보해 나갈 수 있다(홍태희, 2009; 홍태희, 2016a). 이 과정을 단기간에 도달하지 못한다고 해도 목표를 향해 꾸준히 연구하고 교육해야 한다.

| 그림 1-2 | **다원주의 경제학의 연구프로그램**

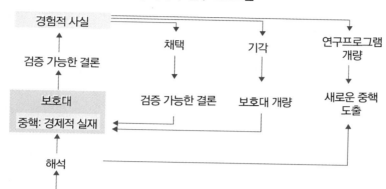

자료: 홍태희, 2009, p. 193; 홍태희, 2021a

IV. 다원주의 경제학의 기여와 한계 그리고 과제

1. 다원주의 경제학의 기여

첫째, 다원주의 경제학은 현재의 주류경제학을 대체할 경제학으로의 가능성을 보여주었다. 사실 다양한 비주류경제학의 느슨한 연대 정도로 이해되던 다원주의 경제학은 제3의 물결이 인 시기에 와서 새로운 패러다임으로 발돋움한다. 비주류 경제학 사이의 연대는 이전 시기보다 강했고, 대항경제학의 가능성도 보여주었다. 특히 각 비주류경제학파의 발전도 눈에 띄는데 대표적으로 포스트 케인지언 경제학은 비주류경제학으로 가졌던 한계를 극복해나가면서 학파 자체로도 새로운 정통경제학으로의 가능성을 보여주고 있다(Sinha & Thomas, 2019). 아울러 여성주의 경제학, 생태경제학 등도 각자의 관점에서 경제 현실을 분석하며 경제학의 범위를 넓혔다. 이처럼 다양한 비주류경제학과 연합하면서 경제학의 설명력을 높여준 것은 다원주의 경제학의 기여이다.

둘째, 다원주의 경제학의 기여는 21세기의 민주화된 사회의 다양성에 대한 포용의 원리에 걸맞은 경제학 내의 민주적인 결합이라는 점이다. 이에 따른 학문적 성과도 나왔다. 대표적인 예로 민스키-베블렌 경기변동론을 들 수 있다. 야콥 케펠러(J. Kapeller)와 베른하르트 슈체(B. Schütz)는 이를 통해 제도경제학과 포스트 케인지언 경제학의 연대를 시도한다. 이 시도에 만도 케인즈의 유효수요론, 민스키의 금융불안정 가설, 베블렌의 과시적 수요론 등의 이론이 융합되어 있다 (Kapeller & Schütz, 2013). 프랭크 팰겐드래허(F. Felgendreher)는 오스트리아학파 와 포스트 케인지언 경제학의 융합을 시도했고(Felgendreher, 2016), 조태희의 미 시경제학 분야에서 진화경제학과 포스트 케인지언 경제학의 기업이론에 대한 융 합도 그 대표적인 사례이다(조태희, 2006). 최근에는 이런 시도가 더 활발해지고 있다.

셋째, 경제학 교육에서도 만족할 정도는 아니지만, 성과가 나오고 있다. 전 세 계적으로 다양한 학생 조직과 학생들이 주도한 다원주의 경제학 교육이 확인된 다. 이러한 연대와 혁신은 주류경제학의 견고한 울타리를 해체할 그나마의 가능 성인 것은 분명하다.

2. 다원주의 경제학의 한계와 과제

인간을 위한 경제학에 대한 염원과 다원주의 경제학의 노력과 성취에도 현재 까지 주류경제학의 입지는 흔들리지 않고 있다. 다원주의 경제학의 이러한 처지 는 학술지의 인용에서 잘 나타난다. 비주류경제학자들은 주류경제학을 인정하고 인용하지만, 주류경제학자들은 비주류경제학의 학문적 성과와 연구자를 무시하 고, 제외한다(Lee, 2010). 다원주의 경제학이 가지는 문제점은 다음과 같다.

첫째, 다원주의 자체에 대한 문제이다. 이 문제는 다원주의라는 말에도 이미 내 포되어 있다. 다원주의 경제학은 먼저 다원주의의 개념을 분명히 밝혀야 한다. 다 원주의의 경계는 매우 모호하다. 사실 모든 면을 고려할 수 있다는 것은 어떤 결론 이나 대책도 내려놓을 수 없다는 뜻이기도 하다. 특히 다원성은 때로 학문 작업이 가져야 하는 논리적 일관성을 방해하며, 변화의 동력을 저해하기도 한다(Dobusch & Kapeller, 2012).

둘째, 정체성과 지향점 문제이다. 주류경제학을 대체할 새로운 정상과학인지, 주류경제학을 포함하지만 다양한 시각도 인정하는 경제학인지, 아니면 다원주의 철학을 적용한 경제학인지를 명확하게 해야 한다. 즉 다원주의 경제학의 목표가 경제학의 점진적 개혁인지, 혁명적 변화인지 분명히 해야 한다. 이에 따라 신고 전파 주류경제학이 가진 문제점을 해결하고 보완할지, 새로운 경제학의 정상과학으로 등극할 것을 목표로 하는지, 단지 경제학 방법론의 하나인지를 분명히 해야한다.

셋째, 다원주의 방법론 문제이다. 다원주의 경제학자들이 주장하듯이 모든 것이 다 되는 것이 아니라면 안 되는 것이 무엇인지 분명하게 제시해야 한다.

넷째, 주류경제학과의 관계를 명확하게 설정해야 한다. 즉 다원주의가 주류경제학을 포함한 다원주의를 말하는지, 주류경제학을 배제한 다원주의를 말하는지를 분명히 해야 한다. 사실 주류경제학을 완전히 배제한 다원주의 경제학을 단기간에 만드는 것은 불가능하며, 학문이 가지는 문화적 특성을 생각하면 완전히 배제할 수도 없다. 이 점에 대한 명확한 인식과 이에 다원주의 경제학의 통일된 의견이 제시되어야 한다.

다섯째, 다원주의 경제학은 오스트리아학파 경제학과의 관계 설정도 고민해야한다. 오스트리아학파 경제학은 대표적인 비주류경제학이고 국제다원주의 경제학 연합에 속해 있다. 그러나 그 속에서 적극적 역할을 하고 있다고 보기 어렵다. 또한, 다원주의 경제학 운동에 주도적인 역할을 하는 이들이 오스트리아학파를 인정하지 않기도 한다. 그러나 완전히 대립된 사상이라는 편견에서 벗어나 공통점을 찾는다면 오스트리아학파의 학문적 성과를 다원주의 경제학에 포함할 여지가 있다(홍훈, 2000).

여섯째, 다원주의 경제학의 문제점 중의 하나는 자본주의와의 관계 설정이다. 많은 한계를 보임에도 주류경제학이 건재한 것은 자본주의가 건재하기 때문이다. 그리고 경제학이 시장주의를 포기한다는 것은 자본주의의 근간을 흔드는 일이다. 이 문제에 대한 일관성 있는 대응 없이는 다원주의 경제학 운동의 장기적 동력을 갖기 어렵다. 임기응변적 대응과 느슨한 연대는 언제나 깨어질 수 있다.[2]

이에 따른 다원주의 경제학의 앞으로의 과제는 다음과 같다.

첫째, 목표를 분명히 해야 한다. 목표를 어떻게 잡느냐에 따라 학파가 추진해나갈 방향이 다르다. 만약 주류경제학의 문제점을 보완하는 보조적 역할로 잡는다면 현재와 같은 연대 속에 더 긴밀한 공동 작업을 하면 된다.

---

[2] 경제위기가 발생하면 정부의 개입을 요구하지만, 경제위기가 끝나면 다시 시장의 자유를 요구하는 것이 일반적인 상황이다. 예를 들어 코로나 19 팬데믹 경제위기 속에 국가의 역할이 강조되고 강력한 정부개입을 요구한다. 그러나 이는 단기 처방 정도로 여겨지고 있고, 일단 위기가 지나면 바로 작은 정부론이 고개를 든다.

둘째, 다원주의 경제학은 단기적으로 성취할 것과 장기적으로 도달할 것을 전략적으로 분리할 필요가 있다. 단기적으로는 '주류와 싸우기', '주류와 연대하기', '주류를 무시하기'를 동시에 하며 점진적 개혁을 해야 한다. 이는 존 킹(J. E. King)이 포스트 케인지언 경제학에 대해 주문한 내용이지만 다원주의 경제학에도 적용된다(King, 2013). 따라서 소모적인 주류경제학 비판을 넘어서서 좀 더 실용적인 관점에서 연구를 축적하고 이론을 개발해 나가야 한다.

셋째, 국제다원주의 경제학 연합의 선도적 역할 아래 비주류경제학파 사이의 교류를 강화하고, 지역 학회를 조직하며 학술지를 발간하고 자체 네트워크 활동을 강화하면서 대안 경제정책의 적극적으로 개발하여 사회적 영향력을 늘려 가야 한다.

넷째, 다원주의 경제학 운동의 핵심에는 다원주의 경제학 교육이 있다. 경제학 교육 커리큘럼 속에 다원주의 교육 포함하고, 다원주의 경제학 교과서를 집필하며, 온라인과 오프라인 속에서 학습할 여건 마련해 주어야 한다. 또한, 학문 후속 세대가 다원주의 경제학자로 성장할 수 있도록 대학원 프로그램, 발표 및 출판 기회, 연구 및 교수직 제공 및 연구 기금 마련에도 힘써야 한다. 이러한 노력의 축적으로 장기적인 과제인 현재의 왜곡된 경제학을 정상적인 학문으로 바꾸는 작업이 성과를 만들 수 있다.

Ⅴ. 다원주의 경제학의 세계를 떠나며

1장에서 우리는 다원주의 경제학을 소개하며 다원주의 경제학의 정체성과 가능성 그리고 문제점을 살펴보았다. 그리고 그에 따른 앞으로의 과제를 제시했다. 다원주의 경제학의 제3의 물결이 어떤 변화를 가져올지는 아직 판단하기 이르다. 2008년 금융위기 이후 경제학에 대한 사회적 불만이 고조되고 마치 곧 세상이 변할 것같이 여겨졌지만, 찻잔 속 태풍처럼 무력화되었고, 세계가 점점 보수화되면서 경제학도 다시 보수화되는 경향도 보였다. 이와 함께 비주류경제학의 입지는 더욱더 좁아져서 교육의 기회는 물론 출판의 기회나 일자리 그리고 연구 지원이 더 적어지고 있다.

이 협소한 지형에서 대안을 찾고 있는 다원주의 경제학은 현재까지는 특정 경제학이라기보다는 비주류경제학 연합이며, 주류경제학의 문제점을 극복하기 위한 학문 운동의 성격이 강하다. 그러나 비주류경제학의 특성으로 이러한 연대는 느슨하기 마련이다. 특히 주류경제학을 통해 경제학을 배우고, 주류경제학이 지배적인 문화 속에서 연구하는 비주류경제학자들이 가지는 현실적 어려움을 생각해보면 이러한 느슨한 연대는 쉽게 무너질 수도 있다.

그렇지만 사회과학에서 다원주의라는 덕목은 사회에서 민주주의만큼 정당하다. 학문의 본질은 진리 탐구이고, 탐구를 위해 여러 관점에서 연구해보는 것은 언제나 옳다. 어렵더라도 다양한 비주류 학문 전통 사이의 튼튼한 연대를 통해 현실 경제를 분석하고 대안을 제시하는 학문 운동을 지속해서 해가야 한다. 학문의 역사가 말해주듯이 시대를 주름잡던 이론도 현실에 부합하지 못하면 결국 영향력을 상실했다. 따라서 현실에 부합한 경제학 연구를 꾸준히 해나간다면 변화는 오기 마련이다. 이런 희망을 가슴에 품고 다원주의 경제학의 세계를 떠난다.

제2장

맑스경제학
Marxian Economics

"지금까지 철학자들은 세계를 이렇게 저렇게 '해석'이나 해왔을 뿐이다. 그러나 우리에게 중요한 것은 세계를 '변화'시키는 일이다."라고 칼 맑스(K. Marx)는 1845년에 쓴 『포이에르바흐에 관한 테제(*Thesen über Feuerbach*)』의 마지막 테제에서 말했다. 그리고 그는 세상을 변화시킬 방법으로 경제학을 선택했다. 그러나 세상은 위대한 경제학자이고 사상가이며 선동가인 그가 세계를 변화시키는 것을 쉽게 허락하지 않았다.

1849년 맑스가 발행하던 《신라인신문(*Neue Rheinische Zeitung*)》이 발행금지 처분을 받자 그 폐간사에 맑스는 페르디난트 푸아일그라트(F. Freiligrath)의 시를 실었다.

"이제 안녕, 이제 안녕, 너 투쟁하는 세계여,

(Nun Ade, nun Ade, du kämpfende Welt)

이제 안녕, 너희들 전쟁을 벌이는 군대여!

(Nun Ade, ihr ringenden Heere!)

이제 안녕, 너 포연으로 그을린 전장이여,

(Nun Ade, du pulvergeschwärztes Feld,)

이제 안녕, 너희들 칼과 창이여!

(Nun Ade, ihr Schwerter und Speere!)

이제 안녕 - 그러나 영원히 이별은 아니지!

(Nun Ade - doch nicht für immer Ade!)

정신이 파멸되지 않았으니, 형제들!

(Denn sie tödten den Geist nicht, ihr Brüder!)

이제 곧 나는 떨치고 일어나,

(Bald richt' ich mich rasselnd in die Höh,)

전열을 가다듬어 돌아가리!

(Bald kehr' ich reisiger wiede!)"

경제학은 경제 현상 배후의 논리를 찾는 학문이지만, 그 논리가 현상이 가진 경제 문제의 해결해주지 못한다면 소용없는 학문이다. 그런 의미에서 맑스는 경제 문제를 해결할 길을 명확하게 알려준다. 그 길은 실현되지 못할 신기루와 같은 것일 수도 있었으나, 시대와 지역에 따라 종종 현실에 답을 찾지 못한 사람들에게 희망의 길이기도 했다. 앞으로 그 길은 다시 열릴 것인가? 2장에서 우리는 파문당한 영혼이 돌아오려고, 전열을 가다듬고 있는지, 이미 영원히 이별해서 돌아오지 못하는지를 살펴본다.

제2장
맑스경제학
Marxian Economics

I. 맑스경제학의 세계로 들어가며

2장에서 우리는 맑스경제학의 세계로 들어간다. 자유·평등·박애는 근대 시민 사회의 변화를 이끈 프랑스 혁명의 이념이다. 맑스는 유럽에서 일련의 혁명 과정을 겪으면서 이런 이념이 실현된 사회를 희망했다. 그러나 맑스는 19세기의 유럽에서 프랑스 혁명의 이념은 실현되지 않았다고 보았다. 그리고 그 이유 중 하나로 새롭게 등장한 자본주의라는 경제체제를 주목했다. 맑스는 자본주의가 중세의 봉건제와는 다르지만 여전한 계급적 질서를 가지고 있으며, 프랑스 혁명의 실질적 실현을 저해하는 요소를 가지고 있다고 보았다. 이렇게 자본주의를 비판적으로 평가한 맑스는 어떻게 자본주의가 작동하는지를 알기 위해 경제학 연구를 시작했다.

이렇게 비판적 시각에서 그가 자본주의를 분석했다는 점에서 자본주의의 효율성을 증명한 고전파경제학과는 출발이 달랐고, 분석 방법, 분석 도구뿐 아니라 연구의 목적 자체도 달랐다. 그리고 그는 1844년 『경제학 철학 수고(*Ökonomisch -philosophische Manuskripte*)』, 1857년 『정치경제학 비판 요강(*Grundrisse der Kritik der Politischen Ökonomie*)』, 1867년 『자본론(*Das Kapital: Kritik der politischen Ökonomie*)』 1권 등을 집필하면서 자신의 경제학을 집대성했다. 이렇게 등장한 맑스경제학은 19세기의 고전파경제학과 산업자본주의의 정당성을 뿌리부터 흔들었고, 때로는 세계의 역사를 바꾸어 놓을 만큼 강력한 영향력을 발휘했다.

이러한 맑스경제학에 대해서는 『자본론』 출간 150주년이 지난 현재까지 수많은 해석과 평가가 나왔다. 현실 사회주의의 탄생의 기반으로 사용되기도 했으며, 이후 현실 사회주의의 몰락과 함께 거센 비판 앞에 서기도 했다. 이 과정에서 그의 경제학은 학문적으로나 사회적으로 늘 논란의 중심에 있었다. 많은 추종자와 비판자를 가졌고, 그에 따른 각종 분파도 등장했으며, 시대와 지역, 세대와 역사, 국가와 체제 및 그 경제적 조건에 따라 변형되기도 했다.

이런 험난하면서도 영광스러운 과정을 거쳐 21세기 현재 맑스경제학은 대부분 자본주의 국가에서 주류경제학은 물론 다른 비주류경제학, 특히 포스트 케인지언 경제학이나 제도경제학 등에 비해서도 관심을 받지 못하는 처지에 놓였다. 그러나 맑스가 해결하려 했던 경제 문제가 풀린 것도 아니다.

이 책의 2장에서는 21세기 현재에 맑스경제학이 가질 수 있는 의미와 대안경제학으로의 가능성을 찾아본다. 이는 그의 경제학이 현대경제학과 사용 언어와 방법론에서 차이가 있더라도 그의 자본주의 분석은 현대의 경제 문제를 해결할 대안적 경제학을 만들기 위해 충분히 주목할 가치가 있다고 판단하기 때문이다. 특히 역사적이며 전체적 관점에서 자본주의 경제를 분석한 그의 방법론은 여전히 유효할 수 있기 때문이다.

이런 까닭에 우리는 기대와 긴장을 가지고 2장에서 맑스와 그의 친구들이 만든 경제학의 세계를 둘러본다. 먼저 맑스경제학의 전개 과정을 살펴보면서 맑스경제학의 세계에 발을 내민다. 다음으로 맑스경제학의 특징을 자본주의 경제의 구조와 동학으로 나누고, 노동가치론과 이윤율의 경향적 저하 법칙을 중심으로 살펴본다. 마지막으로 맑스경제학이 기여한 것과 앞으로의 세상에 대안이 되려면 풀어야 할 과제를 알아보고, 맑스의 세계를 떠난다.

Ⅱ. 맑스경제학의 전개 과정

1. 맑스의 경제학과 맑스주의 경제학

맑스경제학이란 무엇인가? 맑스경제학에 관한 정의는 간단하다. 맑스가 중심이 되어 있는 경제학이다(Desai, 2019, p. 580). 그러나 한 걸음 더 들어가서 살펴보면 정의는 그리 간단하지 않다. 맑스경제학의 외연이 모호하기 때문이다. 맑스경제학을 분석할 때 생기는 첫 번째 걸림돌은 '맑스의 경제학(Marx's economics)'과 '맑스주의의 경제학(Marxist economics)'의 모호한 경계이다. 맑스는 자신은 맑스주의자가 아니라고 할 만큼 자신의 이론이 왜곡되어 전달되고, 자신을 추종하는 이들에 의해 변질하는 것을 경계했다. 그래서 흔히 맑스 생전의 경제학은 맑스의 경제학이라고 하고, 맑스주의 경제학은 맑스를 추종하는 후계자들에 의해서 전개된 경제학이라고 나눈다. 그러나 이런 경계도 분명하지 않다. 맑스의 경제학도 사후에 후계자에 의해서 출판되기도 했고, 공동 작업도 있다.

여기에다가 또 다른 걸림돌도 있다. 그의 경제학에서 왜곡된 부분을 찾아내야 하는 일이다. 맑스경제학은 시대의 주류 세력에 대항하는 '대항경제학'의 성격이 강하다.[1] 그래서 다른 경제학보다 시대의 역동적인 변화 속에서 왜곡되어 해석되면서 변형된 부분이 많다. 맑스경제학이 계급적 이해를 대변하는 사상으로 받아들여지고, 주류 세력이나 주류 경제체제에 대한 비판이나 전복을 위한 이데올로기로 작동하면서 무조건적 비판과 무조건적 지지가 이루어진 것도 사실이기 때문이다.

이런 여건 속에 맑스경제학의 현재가 있다고 인정하고 그의 경제학이 시대와 함께 변화하고 발전하는 과정도 살펴보아야 한다. 맑스경제학은 그의 변증법적 방법론이 말해주듯이 완결된 학문체계가 아니라 비판과 보완을 수용하며 변화하는 열린 체계이다.[2] 따라서 이 책에서는 맑스의 경제학과 맑스주의 경제학을 합

---

1) 맑스경제학을 이해하려면 먼저 맑스경제학을 주류경제학의 대안경제학의 한 종류로 분류하여, 주류경제학의 잣대로 평가하는 것이 옳은가 하는 점을 판단해야 한다. 맑스경제학은 역사와 사회 그리고 경제에 대한 인식론적·존재론적 출발이 주류경제학과 다르고, 학문적 진리성을 확보하기 위한 방법론도 다르다. 그리고 학문적·사회적 성과와 영향력이 여타 비주류경제학과 다르다. 이 책에서는 이런 문제를 인지하지만 다원주의 경제학의 관점에서 맑스경제학을 큰 틀에서 대안경제학의 일종으로 보며 기술한다.

하여 맑스경제학(Marxian economics)이라고 정한다. 그러나 가능한 맑스 자신의 경제학에 집중하여 설명한다.

2. 맑스경제학의 전개 과정

인류 역사에서 자본주의의 역사는 길게 잡아서 500여 년이 되었다. 그리고 자본주의를 분석한 맑스가 경제학에 관한 연구로 1844년『경제학 철학 수고』를 출판한 것을 기준으로 대략 180여 년의 시간이 지났다. 이 과정에서 맑스경제학은 역사적·사회적·정치적 변동과 함께 대략 다섯 시기를 거쳐 현재에 이르렀다. <표 2-1>은 이 과정을 정리한 것이다.

첫 번째 시기는 맑스가 직접 연구하고 활동하던 시기이다. 그는 독일을 떠나 프랑스를 거쳐 영국으로 망명하면서 19세기 산업화 과정을 겪고 있는 영국 자본주의를 직접 목격하였고, 노동자들의 비참한 삶에 충격을 받았다. 그리고 시민혁명이 정치적으로는 성공했는데도 현실에서 자유·평등·박애의 이념이 실현되지 못하는 이유를 찾기 위해 자본주의를 분석한다. 이 시기의 중요한 경제학적 연구 성과는『자본론』출판이었다(Wood, 1987).[3]

맑스경제학의 두 번째 시기에 와서 맑스의 경제학은 자본주의를 비판하는 다양한 사회 운동의 핵심적 이데올로기로 사용된다. 맑스 사후에는 더 넓게 영향력을 발휘하며 그의 경제이론은 사회주의 정당의 이념이나 노동 운동에 활용된다. 이 시기에 맑스의 추종자들은 맑스주의자로 자리 잡았고, 맑스의 경제학은 맑스주의 경제학으로 확장된다. 특히 맑스주의 경제학은 1857년, 1871년 글로벌 경제위기가 발생하자 제국주의론으로도 응용되었다. 이 시기를 흔히 고전적 맑스주의 시기 혹은 정통 맑스주의 시기라고도 한다. 이때 활동한 맑스주의자에는 칼 카우츠

---

2) 맑스주의는 경제학의 영역에서뿐 아니라 철학이나 사회학, 역사학 같은 다른 학문에서도 중요한 위치를 차지한다. 경제학만 분리해서 살펴보는 것에는 한계가 있지만, 이 책에서는 경제학에 집중해서 설명한다.

3) 맑스는 1867년에『자본론』1권만 직접 출간했고, 맑스 사후에 2권은 1885년, 3권은 1894년 프리드리히 엥겔스(F. Engels)에 의해 출판되었다. 맑스는 원래 4권을 계획했는데 1904년 칼 카우츠키(K. Kautsky)에 의해서『잉여가치학설사(*Theorien über den Mehrwert*)』란 제목을 달고 출판되었다.

키(K. Kautsky), 레온 트로츠키(L. Trotsky), 블라디미르 레닌(V. Lenin), 오토 바우어(O. Bauer), 어거스트 베벨(A. Bebel), 에두아르트 베른슈타인(E. Bernstein), 루돌프 힐퍼딩(R. Hilferding), 로자 룩셈부르크(R. Luxemburg) 등이 있었다. 이들은 주로 유럽의 중부와 동부 지역에서 활동하였다(Howard & King, 1989).

맑스경제학의 세 번째 시기는 러시아에서 발생한 사회주의 혁명이 주도했다. 낙후된 농업 국가에서 사회주의 혁명이 성공한 것은 맑스의 판단과는 달랐지만, 맑스주의는 혁명의 당위성을 제공했고, 이후 러시아와 동유럽의 사회주의 국가의 통치 이념으로 활용되었다. 이 시기에 들어서면서 맑스주의는 지역과 시대에 따라 레닌주의, 스탈린주의, 마오주의 등으로 변형되었고, 2차 대전 이후의 신생 독립 국가들에도 큰 영향을 미쳤다. 이후 동서 냉전의 시대가 오자 사회적 영향력이 더 커졌다. 특히 자본주의 국가에서는 체제를 위협하는 이념으로 간주하여 탄압받았고, 학문적 발전과 사회적 확장에 강한 제약을 받았다(Howard & King, 1992; Howard & King, 1989).

맑스경제학의 네 번째 시기는 1960년대부터 유럽에서 본격적으로 전개된 사회 변혁 운동과 함께 등장한다. 이 시기 서구 사회는 2차 대전의 상흔에서 어느 정도 벗어났지만, 수정자본주의의 필요성이 구체화될 만큼 자본주의의 폐단이 심해졌다. 공산주의와 체제 경쟁 속에서 금지된 사상은 오히려 사회 변혁의 실마리로 이해되어 68운동과 반전 운동의 깃발 아래 맑스는 다시 호출되었다. 그러나 이 시기의 맑스경제학은 자본주의 체제에서 학문의 자유를 보장받는 범위 내에 머물면서 현실 정치와 거리를 두고 학문적 연구에 집중한다. 대표적인 집단이 '프랑크푸르트학파(Frankfurt School)'로 불리던 '비판이론가' 그룹이다.[4] 이들 학자도 대학에 교수직을 가지게 되었고, 맑스경제학도 종종 정식 교과목으로 채택된다. 또한, 후진국에 관한 관심이 생기면서 '제3세계 경제학', '종속이론', '세계체제론' 등이 맑스경제학을 배경으로 등장한다(Howard & King, 1992).

이 시기에는 맑스경제학의 비판적 성격이 주류경제학에도 영향을 미쳤다. 이때 등장한 경제학자들이 영국 케임브리지를 중심으로 활동한 포스트 케인지언과 네오

---

4) 당시의 서구 지식인 사회에서는 맑스주의에 우호적인 철학자가 많이 활동했다. 대표적인 학자는 안토니오 그람시(A. Gramsci), 허베르트 마르쿠제(H. Marcuse), 장 폴 사르트르(J. -P. Sartre), 루이스 알튀세르(L. Althusser)이다. 이들은 대부분 작가이며, 철학자이며 사회운동가들이다.

─리카디언(neo-Ricardian)이다. 이들의 경제학은 맑스경제학과 차이는 있었지만, 공통적인 점은 자본주의를 불안정한 체제로 보았다는 점이다. 대표적 학자로는 미하엘 칼레츠키(M. Kalecki), 피에로 스라파(P. Sraffa), 조안 로빈슨(J. Robinson) 등이 있었다.

이들은 신고전파경제학자들과 자본의 한계생산물을 두고 가치 논쟁(Cambridge capital controversy)을 벌였다. 로빈슨, 피에란젤로 가레냐니(P. Garegnani), 루이지 파시네티(L. Pasinetti) 등의 포스트 케인지언은 신고전파 주류경제학의 오류를 지적했고, 영국의 모리스 돕(M. Dobb)은 리카디언과 맑스주의의 융합으로 맑스 가치론의 한계를 극복하려고 했다(Piker & Stockhammer, 2009, pp. 57-72; Howard & King, 1989).

마지막 시기는 20세기 말의 현실 사회주의 몰락 이후부터 21세기인 오늘날까지의 시기이다. 20세기 말 동구권이 무너지자 '자본주의 말고는 대안이 없다'가 시대정신이 되고, 주류경제학은 더욱 강력해졌고, 맑스경제학의 영향력은 급격히 약화된다. 노동자와 노동조합의 세력이 약화되고, 실물경제의 저성장을 해결하기 위해 금융이 주도된 축적 구조로 바뀌자, 이와 함께 도입된 신자유주의 경제정책으로 금융 자유화와 세계화가 진행되었다. 이런 과정에서 투기자본이 쉽게 시장을 교란했고, 세계 경제는 더욱 불안정하게 되었으며, 더욱 첨예화된 불평등과 양극화, 저성장은 물론 경제위기가 일상이 되었다.

신자유주의 정책과 금융주도 자본주의의 합작으로 2008년 글로벌 금융위기, 2010년 유럽의 재정위기가 연이어 터지고, 경기 침체가 이어지고 2020년 인류는 전례 없는 전염병의 확산으로 팬데믹 경제위기에 빠지게 되었고, 자유·평등·박애는 커녕 생존 자체를 위협받는 상황도 겪는다. 이에 세계는 각성하기 시작했다. 시대를 이끌던 주류경제학에 대한 비판이 일고, 신자유주의와 세계화에 대한 반대 운동이 등장했다. 점점 대안경제학의 필요성이 커지면서 맑스경제학에 대한 관심도 다시 커졌다.

이에 화답하듯 맑스경제학은 '카지노 자본주의', '금융주도 자본주의', '지대 추구 자본주의' 등으로 불리는 이 시대의 자본주의를 비판하고 분석할 도구를 주었다. 이러한 변화에 중심에 로버트 브레너(R. Brenner), 제나르 뒤메닐과 도미니크 레비(Dumenil, G. & Levy, D.), 앤드류 그린(Glyn, A), 데이비드 하비(Harvey, D) 등이 있다(Piker & Stockhammer, 2009, p. 85). 맑스경제학은 주류경제학의 발전에 뒤지지 않은 수학과 통계학의 수준을 가진 경제학이 되려 했고, 논란이 많은 맑스의 가설에 대해 모형을 만들어 실증작업을 해갔다(류동민, 2016). 그러나 이런 노력이 법과 제도, 그리고 돈이라는 실질적 힘을 가진 기득권 세력과 주류경제학을 약화시킬 수 있을지는 미지수이다.

이 다섯 시기를 거치면서 맑스경제학은 주류경제학에 정면으로 대항하는 대항경제학이 아니라 주류경제학의 외곽에 있는 여러 비주류경제학 중 하나로 고착된다(Piker & Stockhammer, 2009, pp. 54-57). 맑스경제학에 대한 연구도 점점 더 체제에 위협이 되지 않는 학문의 영역에 머물게 되었다. 자연히 사회적 영향력도 줄어들었다.

| 표 2-1 | 맑스경제학의 역사적 전개 과정

시기	연대	주요 역사적 사건	내용	주요 학자
1기	맑스 생전	• 프랑스 시민혁명 • 영국 산업혁명	• 유물론으로 자본주의 분석 • 노동가치설, 잉여가치설 • 이윤율의 경향적 저하 법칙	• 맑스(K. Marx) • 엥겔스(F. Engels)
2기	맑스 사후	• 사회주의 정당 등장	• 고전적 맑스주의의 등장 • 개량주의 등장5)	• 카우츠키(K. Kautsky) • 트로츠키(L. Trotsky)
3기	20세기 전반기	• 러시아 혁명 • 동서 냉전	• 맑스-레닌주의 • 맑스를 기반으로 각종 사회주의 이데올로기 등장 (트로츠키주의, 마오주의, 서구 맑스주의, 레비안 사회주의)	• 그람시(A. Gramsci) • 레닌(V. Lenin)
4기	20세기 후반기	• 68운동 • 베트남 전쟁	• 사회 변화의 기반으로 신 맑스주의 (Neo-Marxian economics) • 사회제도론, 전형 문제, 장기파동론, 사회적 축적론	• 칼레츠키(M. Kalecki) • 스탠들(J. Steindl) • 바란(P. A. Bara) • 스위지(P. Sweezy) • 만델(E. Mandel)
5기	21세기 - 현재	• 현실 사회주의 몰락 • 2008년 금융위기	• 맑스경제학의 현실화 • 다원주의 경제학 운동	• 뒤메닐(G. Dumenil) • 레비(D. Levy) • 폴리(D. Foley) • 파인(B. Fine) • 브래너(R. Brenner)

자료: Fine, Saad-Filho & Boffo, 2013; Pirker & Stockhammer, 2009; Howard & King, 1992; Howard & King, 1989

Ⅲ. 맑스경제학의 정체성과 특징

1. 맑스경제학의 미시경제학적 특징

맑스가 경제를 설명하기 위해 만든 발명품은 사회의 경제적 틀인 '생산양식 (Produktionsweise)'이다. 맑스는 모든 공동체는 살아가기 위해서 생산하고 분배 하는 문제를 결정하는 제도를 두고 있다고 했다. 이런 관점은 현대경제학에서 경 제체제를 경제 문제를 해결하는 제도로 파악한 것과 다르지 않다. 다만 주류경제 학이 초역사적 공간에서 희소한 자원을 가장 효율적으로 배분하고, 그렇게 만든 생산물을 분배하는 것을 목표로 하는 것과는 다르게 맑스는 역사적 사실로부터 경제체제를 분석했다. 그리고 그 역사적 사실의 중심에는 인간사회의 불평등이 있었다.

맑스는 모든 공동체에는 생존에 필요한 것을 생산하기 위해 일하는 집단과 일 하지 않고도 이를 누리는 집단이 있다는 것을 주목했다. 이는 일하는 사람이 자 기가 필요로 하는 것보다도 더 많은 일을 해야 한다는 것을 의미한다. 그는 이런 불평등을 정당화하는 경제 제도로 노예제나 봉건제 등을 찾아냈다. 그리고 근대 자본주의 사회에도 일하는 이들과 일하지 않아도 잘사는 이들이 있다는 점에서 불평등하다고 했다. 물론 근대사회의 구성원들은 인신적 구속이나 신분 때문에 일을 하지는 않는 자유인들이다. 그렇지만 이 자유인들이 살아가기 위해서는 억 지로 일을 해야 하므로 사실 자유롭지도 않다고 보았다.

이렇게 자본주의 사회에는 자신의 노동을 상품으로 팔아서 살아가는 계급과 이를 사서 생산을 하여 돈을 버는 계급이 있다는 것이다. 맑스는 한 계급이 직접 일을 하지 않고도 살아가고, 점점 더 잘 살아가려면 다른 계급이 그들이 누리는 가치도 잉여로 생산해야 한다고 보았다. 맑스는 이런 현실을 주목하며 상품으로

---

5) 카우츠키는 자본주의가 내재적 모순에 의해 스스로 붕괴한다고 본다. 그러나 베른슈타 인은 독점화된 자본주의는 과잉생산을 조정할 능력이 생기고 붕괴를 막을 조정 능력이 있다고 보았다. 이를 개량주의라고 한다. 이런 흐름은 공유경제, 협동조합 운동 등 자본 주의에 대항하는 다양한 운동과 연관된다. 이에 비해 카우츠키의 추종자 중에는 가속주 의자들이 있는데 이들은 자본주의의 파국을 가져오기 위해 발전한 기술 시스템을 가져 와 자본주의의 모순을 가속해야 한다고 주장한다(김수행·신정완, 2002; Howard & King, 1989).

의 노동력과 이를 통해 만든 상품을 유통하고 이 과정의 재생산을 통해 잉여를 만들어내는 자본주의를 분석한다.

이를 위해 맑스가 찾은 실마리는 '사회적 총노동'이라는 개념이다. 한 사회는 그 사회가 가용할 수 있는 사회적 노동의 총량을 가지고 있는데 자본주의 이전에는 신분제 같은 제도가 사회적 총노동을 배분했다. 즉 전 근대사회는 가령 '사농공상' 같은 계급이 있고, 이에 따라 누가 얼마나 일하는지가 결정된다. 근대에 와서 고전파경제학은 근대사회의 경제 문제 해결은 시장이 한다고 했다. 시장이 효율적이고 안정적으로 생산과 분배의 문제를 해결한다는 것이다. 그러나 맑스는 이런 시장의 능력을 인정하지 않았다(Fine & Saad-Filho, 2017, pp. 60-61).

이러한 인식을 가진 맑스는 한 사회의 경제체제의 핵심 구조를 생산양식으로 보았다. 이 생산양식은 생산력(Produktivkräfte, 생산수단과 생산수단을 운용하는 노동력)과 생산 관계(Produktionsverhältnisse, 생산과 관계된 일련의 사회적 관계)로 이루어진다고 했다. 맑스는 그의 책 『정치경제학비판 요강』에서 "특정 경제체제에는 고유의 생산양식이 있는데 이는 생산력과 생산관계로 설명된다. 이 생산양식이 한 사회의 하부구조를 만든다. 그리고 이를 배경으로 법적이고 정치적인 상부구조가 있다. 그리고 생산력과 생산관계가 변하면 상부구조가 변하여 혁명이 일어난다."라고 했다(Marx 1859, pp. 8-).

이런 맑스의 생각을 따라가 보자. 자본주의에서는 자본의 유무에 따라 각자의 계급이 결정되며, 생산수단을 가진 자본계급과 노동력을 가진 노동계급이 계약에 따라 생산 관계를 맺으며 노동력을 제공하고 생산한다. 여기서 자본가의 생산 목적은 이윤이지만 노동자의 노동 목적은 생존을 위한 돈을 버는 것이다. 그러나 인신적 구속이 있던 전근대와는 다르게 노동자는 자발적으로 자기 노동력을 팔며, 누구에게 팔지를 결정할 수 있다고 했다. 그렇지만 살아가기 위해서는 노동을 안 팔 수도 없다는 것이 맑스가 바라본 자본주의에서의 노동계급의 삶이다.

이렇게 생산 관계가 결합하여 상품을 생산할 조건은 노동을 사서 상품을 생산해서 판매할 때 자본에게 이윤이 생겨야 한다. 즉 생산과정을 통해 잉여가치가 만들어질 때만 이 계약은 실행되고, 이것은 노동의 잉여노동 수행으로만 가능하다. 즉 잉여가치를 통해 이윤이 생기려면 노동자가 필요노동 이상을 노동해야 한다. 이렇게 맑스는 자본주의의 특징을 이윤을 남기기 위해 상품을 생산하며 생존하기 위해 임금을 받고 노동하는 제도로 보았다(Fine & Saad-Filho, 2017, pp.

61–62).

맑스는 자본주의라는 제도를 또 다른 각도로 분석하기 위해 '가치론 (Werttheorie)' 을 꺼내 든다. 먼저 가치의 개념을 정리하고 이를 잣대로 삼아, 노동가치론과 잉여 가치론으로 자본주의의 작동방식을 해명한다. 자본주의 사회는 자본주의적 생산양 식을 통해 자원의 배분과 분배 문제를 결정한다. 즉 사회적 노동을 배분한다. 그는 이 전체 과정에 관한 분석을 상품에 대한 분석으로 시작한다(Marx, 1867, p. 49). 왜냐하면, 자본주의라는 역사적 제도에는 다른 제도와는 다르게 노동과 자본이라 는 주인공이 등장하는데 이 둘이 얽힌 관계가 만든 집결체가 상품, 즉 인간의 노동 력으로 만들어지고 시장에서 판매되는 생산물이다.

자본주의는 동일한 상품에 대해서는 누가 만들었든지 간에 동일한 가치를 인 정한다. 이 '일물일가의 법칙'에 따라 어떤 상품을 만들기 위한 사회적 평균 노동 의 크기가 결정되고, 다른 상품과의 교환을 통해 사회적 총노동을 배분한다. 따 라서 어떤 상품의 다른 상품과의 교환 비율이 변동하면 사회적 노동의 배분이 변 한다. 이렇게 서로 교환할 수 있는 (판매될 수 있는) 상품 가치의 실체는 상품 속 에 있는 사회적 노동이며, 가치의 화폐적 표현이 그 상품의 가격이다.

다른 방식으로 설명해보자. 맑스는 가치를 교환가치와 사용가치로 나눈다. 사 용가치는 어떤 물건의 물리적 속성과 유용성에서 나오는 가치이다. 즉 인간의 욕 망을 충족시키는 유용성이다. 이에 비해 교환가치는 그 상품을 만들기 위해 사회 가 필요로 하는 평균 노동시간, 즉 '사회적 평균 노동시간'이 결정한다. 그런데 자본주의에서의 상품을 생산하는 일은 교환을 전제로 타인의 사용가치가 만드는 것이다. 따라서 교환가치는 다른 종류 상품의 사용가치와 교환될 때의 상대가격, 즉 두 상품의 교환 비율이다. 그런데 이 교환될 두 상품에 공통으로 담겨있는 것 이 노동이며, 각 상품의 가치의 크기는 각 상품 생산을 위한 사회적 필요노동의 크기이다. 이 사회적 필요노동의 크기는 노동 생산성에 반비례한다. 여기서 상품 의 가격은 화폐 형태로 표현된 교환가치이며, 화폐는 사회적 노동의 크기를 표현 하는 단위이다.

이렇게 자본주의는 각자 필요한 상품을 사기 위해 자신의 상품 (노동력 포함)을 파는 과정을 통해 그 사회의 사회적 필요노동을 배분한다고 맑스는 주장한다. 특 정 상품의 생산에 투하되는 사회적 평균노동의 크기가 같지만 생산해서 판매하 며 얻을 수 있는 이윤의 크기는 다를 수 있는데, 임금의 크기가 이를 결정한다.

즉 이윤이 클수록 임금은 작아진다. 이렇게 노동이 만든 가치가 노동에게 온전히 돌아가지 않고 이윤으로 전가되는 것을 맑스는 '착취(ausbeutung)'라고 했다.

맑스의 노동가치설은 착취를 가시화시키므로 노동자를 대변하는 측면이 있어서 사회주의 혁명의 정당성을 설파하는 것에 사용되었다. 그러나 이윤의 근원이 노동만이 아닐 수 있는 현실 경제를 외면한 이론으로 받아들여지면서 비판의 대상도 되었다. 이후 맑스경제학의 과제는 가치와 가격을 어떻게 현대의 학문 수준에서 해석하느냐에 맞추어졌다.

1960년대 서구에서 맑스주의가 다시 관심을 받게 되자 맑스의 노동가치론에 대한 여러 종류의 재해석이 이루어졌으며, '전형 문제(transformation problem)'도 중요한 연구 과제가 되었다.[6] 수학적 도구를 사용한 접근도 시도되었지만 맑스경제학 내에서 이를 명쾌하게 풀어내지 못했다. 당연히 다양한 비판이 나왔다. 주류경제학자인 폴 사무엘슨(P. Samuelson)뿐 아니라 네오-리카디언인 이안 스테드만(I. Steedman)도 가치가 가격 속에 논리적이고 수학적으로 장착되지 않는다고 비판했다(Steedman, 1977). 이후 노동가치설은 주류경제학계에서 현실을 지나치게 단순화한 오류로 여겨졌고, 착취 개념도 함께 힘을 잃었다.

1970년대 선진국의 장기침체는 맑스경제학에 대한 관심을 다시 불러일으켰고 전형 문제에 대한 여러 가지 대안이 나왔다. 70년대 모리스 돕의 연구 이후 1980년대에 던컨 폴리(D. K. Foley)에 의해 'MELT(Monetary Expression of Labor Time)' 개념이 등장한다. MELT는 사회적 노동시간의 화폐적 표현이다. 즉 1시간의 사회적 노동시간의 화폐적 표현이다. 생산된 상품의 총가치, 가령 GDP를 총노동시간으로 나누면 된다. MELT 값보다 평균임금이 적다면 착취가 발생했다고 할 수 있다는 것이다(Foley, 1986). 이런 노력에도 노동가치론은 충분한 설득력이

---

6) 전형 문제는 맑스경제학의 이후 존립을 흔드는 주제 중 하나이다. 맑스경제학이 논리적으로 비정합적이라는 근거로 전형 문제가 등장했고, 맑스경제학과 비판자들 사이의 논쟁은 물론 맑스경제학 내부에서도 다양한 논쟁과 재해석이 이루어졌다. 맑스는 '총계일치 명제'를 통해 총가치와 총생산가격, 총잉여가치와 총이윤이 일치하므로 논리적 문제가 없다고 했다. 그러나 20세기에 들어서 라디슬라우스 보르트키비츠(L. von Bortkiewicz)가 이 주장의 수학적 비논리성을 지적하자 이후 전형 논쟁이 시작된다. 이 문제를 해결하기 위해 맑스경제학 내에서는 뒤미엘과 폴리의 '신해석'과 이를 발전시킨 '단일체계해석', 프레드 모슬리(F. Moseley)의 '거시화폐적 해석' 등이 등장한다(박지웅, 2004; Moseley, 2017; 류동민, 2016).

갖지 못한다고 평가되었고, 안토니오 네그리(A. Negri)를 이은 '자율주의적 맑스주의(autonomism)'는 가치론을 아예 폐기한다.

여기에 풀어야 할 과제는 증가했다. 그간 가치문제에서 제외된 가사노동의 가치에 대한 논쟁도 등장했고, 선진 자본주의국과 후발국에 대한 설명이 다를 수 있다는 문제와 함께 세계체제론, 주변부 자본주의론, 제3 세계 경제론 등이 등장하며 세계적 차원의 착취 문제로 번졌다. 이런 상황 속에서도 맑스의 노동가치론을 실증하려는 시도는 꾸준히 전개되고 있다. 대표적인 작업이 안와르 사이크(A. Shaik)와 아르메트 토닉(A. Tonak)이 미국의 노동가치를 계산한 것이다(Shaik, 1978; Shaik & Tonak, 1994; Piker & Stockhammer, 2009, pp. 72−74).

2. 맑스경제학의 거시경제학적 특징

19세기의 잦은 경제위기를 직접 체험한 맑스는 자본주의의 동학을 분석하기 위해 자본의 축적 과정을 살펴보며 '자본의 유기적 구성 증대'와 '이윤율의 경향적 저하 법칙'으로 자본주의의 거시적 작동방식을 설명한다. 자본의 목표는 이윤이며, 이를 위해 자본주의 시스템은 작동한다. 이 작동과정은 노동과 자본 간의 힘의 불균형으로 자본에 유리하게 작용한다. 자본의 이윤은 생산과 유통과정에서 발생하는 잉여가치로 보증된다. 만약 잉여가치를 만들지 못한다면 아예 생산하지 않거나, 노동시간을 늘이거나 노동 강도를 높이거나, 임금을 삭감해야 한다. 다른 방법은 노동 생산성을 높이거나 자본재 투자로 노동을 기계로 대체하는 것이다.

이윤을 더 남기고 자본 간의 경쟁에서 살아남기 위해 자본은 발생한 이윤 중 일부는 소비하지만, 일부는 재투자하여 자본축적을 한다. 이렇게 해서 '자본의 집적과 집중(Konzentration und Zentralisation des Kapitals)'이 이루어지면 한편에선 자본이 축적되고 다른 편에서는 임금 노동을 하기 위해 대기하는 노동이 축적되는 일반법칙이 작동한다고 맑스는 보았다.

이 과정에 관한 맑스경제학의 설명을 좀 더 자세히 살펴보자. 자본축적으로 자본의 총량이 증대되면 자본의 내적 구성이 변한다. 불변자본의 비율이 가변자본보다 점점 높아진다. 이를 맑스는 '자본의 유기적 구성 고도화'라고 했다. 그러나 자본축적으로 자본의 유기적 구성이 높아지는데 잉여가치율의 변화가 없으면 이윤율은 떨어진다. 이것이 '이윤율의 경향적 저하 법칙'이다. 이 과정에서 이윤율

저하를 이윤량의 증대로 막지 못하면 자본주의의 재생산에 위기가 발생한다.

아울러 유기적 구성의 고도화는 기계와 인간을 대체한다는 것이므로 이에 따라 실업(산업예비군)이 증가하고 노동자는 점점 가난해진다. 맑스는 이를 '노동 궁핍화 법칙'과 '산업예비군 증가 법칙'으로 설명했다. 이윤율이 떨어진 상황에서도 잉여가치의 실현을 위해서는 더 많이 판매하여 이윤 총량이라도 증가해야 한다. 따라서 자본은 매출을 늘리기 위해 세계시장으로 진출할 수밖에 없다.7)

이러한 맑스경제학의 가설은 당연히 검증의 대상이 되었다. 2차 대전 이후에서 1980년까지는 서구 자본주의에서는 이윤율 저하가 어느 정도 작동한다고 하지만 이윤율이 상승하는 현상도 많이 발생했다. 게다가 경제위기를 맞아도 다시 회복되는 자본주의의 복원력을 묵과할 수도 없었다. 물론 맑스 자신도 이윤율의 저하를 상쇄하는 힘이 자본주의에는 있다고 했다. 1970년대에 등장한 '오키시오 정리(Okishio Theorem)'에 따르면 실질임금과 자본재의 생산성이 일정한 경우 노동절약적인 기술혁신이 발생하면 이윤율이 상승할 수도 있다(Okishio, 2001). 이는 맑스경제학 내부에서 이윤율의 경향적 저하 법칙을 허무는 주장이었다. 자본주의적 축적체제의 성격에 따라 이윤율 하락을 상쇄하는 조정 능력이 다르다는 주장도 등장한다.

토마스 와이스콥(T. Weisskopf)는 아예 가치론이나 경제위기론 없이 이윤율을 추계하는 시도를 했다(Weisskopf, 1979). 샤이크와 토낙(1994)이 노동가치론의 실증작업을 시도하자 기술 발전의 영향을 고려한 축적과 이윤율에 관한 연구가 제러드 뒤메닐과 도미니크 레비에 의해 이루어졌다(Dumenil & Levy, 1993; Howard & King, 1992). 그리고 자본주의의 관계의 한 축인 자본 간의 경쟁에서 발생하는 가격 인하로 인한 이윤율 저하에 대하여 브레너가 연구했다(Brenner, 2006). 이처럼 이윤율의 경향적 저하를 확인하기 위한 실증작업이 많이 이루어졌다. 그러나

---

7) 이윤율을 구하는 방식은 학자들에 따라 다르다. 이윤율을 이윤몫과 자본산출비율의 곱으로 보는 것도 그 한 방법이다. 이때 이윤몫이 일정하지만 자본산출비율이 하락하면 이윤율은 감소할 수 있다(Duménil & Lévy, 1993). 대표적인 방법은 다음과 같다.

상품의 가치 $= c($불변자본$) + v($가변자본$) + s($잉여가치$)$

$$이윤율\ (r) = \frac{s}{c+v} = \frac{\dfrac{s}{v}}{\dfrac{c}{v}+1} = \frac{잉여가치율}{자본의\ 유기적\ 구성 + 1}$$

이런 노력에도 불구하고 제기되는 다양한 반론을 불식할 강력한 연구 결과는 아직 제시되지 못했다.

맑스경제학의 또 다른 거시경제학적 특징은 경제위기론이다.[8] 맑스는 "현존하는 모순의 순간적이고 폭력적인 해결, 교란된 균형을 일시적으로 재확립하는 분출"로 경제위기를 이해했다. 경제위기는 자본주의적 생산과정의 재순환에 문제가 생기며 발생한다(Dowd, 2002, p. 49). 이러한 경제위기를 주류경제학은 시장이 불균형을 조정해가는 과정으로 이해한다. 불균형으로 경제위기가 발생하면 실업이 증가하고 임금이 낮아져서 경기가 다시 상승한다거나, 호황에 임금이 상승해서 경기가 하강한다는 순환적 과정으로 이해한다.

이에 비해 맑스는 이러한 순환적 과정을 관통하여 작동하는 자본주의의 내재적 법칙이라고 주장하며, 이윤율의 경향적 저하 법칙으로 경제위기를 설명한다. 노동과 자본이 대체되면 잉여가치가 증가할 원천이 봉쇄되고, 실업이 증가해서 구매력이 떨어지고 과소소비가 되면 과잉생산으로 경제위기가 온다는 것이다. 즉 태생적으로 불균형한 제도인 자본주의적 생산과정의 불균형으로 경제위기가 발생한다고 보았다. 여기에다가 맑스경제학은 자본주의 거시경제에는 이러한 순환적 위기는 물론 경기순환을 넘어선 구조적 위기가 있다고 한다. 여기서 구조적 위기는 경기순환을 넘어선 것으로 이윤율의 하락을 이윤량의 증가로 상쇄시키지 못할 때 발생한다. 이를 '구조적 과잉축적 위기'라고 했다(홍태희, 2003b; 홍태희, 2004a).

맑스의 경제위기론은 자본주의 붕괴론과 연결되어 긴 시간 동안 많은 논란이 있었다. 맑스의 주장이 모호하게 표현되기는 했지만, 그가 경제위기가 자본주의 시스템의 자연스러운 붕괴로 이어진다고 하지 않았다는 것이 일반적 평가이다. 그러나 그의 의견과는 상관없이 맑스경제학은 자본주의 붕괴설로 포장되어 정치적으로나 사회적으로 활용되었다. 때로는 혁명을 위한 이데올로기로 사용되었고, 때로는 자본주의 몰락의 가능성에 근거로 제시되기도 했다. 이렇듯 맑스의 경제위기론은 거시경제가 경제위기를 맞을 때면 종말론적 메시지로 등장하며 재해석되었다(Plumpe & Dubisch, 2017).

---

8) 이 책에서는 흔히 사용되는 공황이란 용어보다 경제위기(economic crisis)라는 용어를 사용한다. 공황은 일본 맑스주의자가 경제위기를 번역한 것이 한국에 전파된 것이다. 공황에 대한 학문적 정의가 어려워 경기변동과 경기순환에 대한 이해와 학문적 작업에 방해가 된다. 국제적으로도 경제위기로 쓴다(Plumpe & Dubisch, 2017).

1929년부터 1939년까지 대공황이 발생하자 스위지, 로빈슨, 칼레츠키 등이 참가해서 경제위기론을 내놓았다. 이는 케인즈경제학의 현실적 적용이 가능하게 하는 배경으로 작용되었다. 이후 70년대의 오일쇼크 이후의 장기적 저성장은 다시 경제위기론의 관심을 증폭시키며 다양한 재해석이 등장했다.[9] 리처드 고드윈(R. Goodwin)이 수학적 분석을 통해 이윤의 증가가 투자 증가로 이어지고 실업이 감소하고 임금이 올라가는 안정적인 경기순환을 확인하자 경제위기론이 경기순환론으로 대체할 상황이 발생하기도 했다. 또한, 경제위기가 노동 운동으로 인한 임금 인상 압박 때문이라는 '임금압박설'과 그에 관한 실증분석이 제시되기도 했다(Glyn & Sutcliff, 1972; Boddy & Crotty, 1975).

동시에 조절이론과 사회적 축적이론 등이 등장하면서 자본주의 생산양식의 다양성과 자본주의의 모순을 관리하는 국가의 역할이 대두되었고, 과소소비론, 과잉축적론, 과잉생산론 등도 경제위기의 원인으로 거론되었다(Piker & Stockhammer, 2009, pp. 78-83; 홍태희, 2003b). 그러나 여전히 일반적인 경제위기 원인에 대한 결정적인 이론과 실증이 제시되지 않았다. 게다가 주류경제학의 실증 수준이 정교해질수록 맑스경제학의 거시 동학은 시대에 뒤처진다는 평가를 받기도 했다.

이후 자본주의 경제는 2008년 경제위기 이후 지속되는 저성장과 전례 없는 양적완화[10]로 인한 자산 격차 속에서 팬데믹 위기까지 맞았다. 이 가운데 저성장과 양극화 현상이 자본주의의 문제 해결 능력의 한계를 넘어선 수준에 왔다는 의견도 제시되고 있다. 사실 전 세계적인 청년 실업만 보더라도 사회적 필요노동을 배분하는 자본주의의 기능이 제대로 작동하지 않고 있다는 것은 분명하다. 그러나 19세기에 맑스를 포함한 맑스주의자들이 당시의 경제위기가 자본주의 최종 위기라고

---

9) 맑스경제학은 또 자본주의 경제가 대기업 중심의 경제, 다국적 기업의 활동, 금융주도 자본주의의 등장 등 시대에 따라 모습을 달리하는 것에 맞추어 재해석되었다. 맑스의 '자본의 직접과 집중'은 폴 스위지(P. M. Sweezy), 폴 바란(P. Baran) 등이 독점자본론을 구축하면서 현대자본주의의 독점화 경향을 설명하였다. 국가의 비호와 군산복합체 같은 산업의 특수 이윤으로 지지되는 자본주의의 재생산체제를 제시했다.
10) 양적 완화의 문제점보다 어떤 성격의 양적 완화이냐는 점이다. 지난 10여 년간의 양적 완화는 각 국가의 경제위기 탈출을 위한 정책이기는 하지만 자산시장으로 흘러 들어가 전 세계적인 자산 가격 인상을 가져왔다. 화폐량의 변동은 총가치는 변동시키지 않으나 총가치의 분배에 큰 영향을 미치게 된다. 현재 세계는 거대한 스태그플레이션의 위협 속에 있다.

오판한 것을 현재의 경제학자들도 범하고 있을지도 모른다(Piker & Stockhammer, 2009; Fine, Saad-Filho & Boffo, 2013).

Ⅳ. 맑스경제학의 기여와 한계 그리고 과제

1. 맑스경제학의 기여

맑스경제학은 학문적 측면과 사회적 측면에서 크게 기여했다고 평가된다. 맑스 본인의 주장에 따르면 최초의 과학적인 분석이고, 비판자들에 의해서는 선동을 위한 이데올로기라고 폄하되는 학문이지만 분명한 것은 이런 시각이 자본주의 경제체제를 이해하는 데 유용하다는 점이다. 그중 몇 가지를 추려보면 다음과 같다.

첫째, 맑스는 자본주의의 작동 구조를 심층적이고 과학적으로 분석한 최초의 학자이다. 그는 이를 위해 기존의 경제학 방법과 다르게 프리드리히 헤겔(F. Hegel)과 루드비히 포에르바하(L. Feuerbach)의 철학에서 변증법적 유물론이라는 잣대를 가지고 와서 역사적 현실 속에서 실재하는 기제로서의 자본주의를 분석한다. 이를 통해 자본주의적 생산양식론과 노동가치론을 제시한다. 동시에 그는 이 경제체제가 작동하는 구조와 함께 움직임을 파악하기 위해 자본주의의 동학을 연구했다. 이와 함께 이윤율 저하 법칙과 노동자 궁핍화 법칙을 찾아낸다. 이런 학문적 성과는 당시의 고전파경제학은 물론 현재의 주류경제학이 제공해주지 못하는 경제에 대한 역사적이고 전체적 시각을 준다(Fine & Saad-Filho, 2017, pp. 53-54).

둘째, 경제분석에서 맑스가 상품과 가치라는 미시경제학의 영역에서 이윤율의 경향적 저하 및 경제위기론의 거시경제 동학으로 이어지는 분석에서 보여준 논리적 일관성은 놀라운 것이다. 이 논리적이며 역사적인 추론 과정을 통해 노동, 즉 인간이 상품이 되는 자본주의라는 경제체제의 작동방식과 이 방식의 현실적 귀결을 제시한 것은 맑스경제학의 기여라고 할 수 있다(류동민, 2005).

셋째, 맑스경제학은 단지 경제학의 영역에서뿐 아니라 철학이나 사회학 같은 다른 학문 영역에서도 큰 영향력을 발휘한다. 특히 맑스의 학문방법론적 기여도 크다. 철학을 전공한 그는 경제학을 연구했고 변증법적 유물론이란 과학방법론과 지금의 연구자들은 가질 수 없는 전 학문 영역을 아우르는 통찰력을 가지고 19

세기 사회를 연구했다. 이러한 성과는 파편화된 전문지식만으로는 제대로 이해할 수 없는 사회과학 연구의 좋은 본보기이다.

넷째, 맑스경제학이 가진 사회적 영향력이다. 맑스경제학은 학문적 연구에만 머무르지 않고 사회적 파장을 일으키며 정치 조직과 정당의 이념으로까지 구체적으로 활용되었다. 어떤 사회적 영향을 미쳤는지는 그의 생애는 물론 후학들과 정치적 추종자들이 함께한 19세기에서 20세기에 걸친 근·현대사가 말해준다. 어떤 경제이론도 맑스경제학처럼 목숨을 걸고 지키게 하는 영향력은 없었다. 그 결과가 현실 사회주의의 몰락이라고 하는 비판은 또 다른 문제이다. 더 중요한 것은 맑스의 경제학이 사회를 움직이게 했고, 변화시켰으며, 현재의 사회 어디에나 그 영향이 남아 있다는 것이다.

다섯째, 사회적 역학 관계에 균형을 맞추는 것에 기여했다. '자본주의 말고 대안이 없다'라는 시대정신이 대세인 사회에서도 정화기능이라도 하는 비판 세력이 있어야 사회는 최소한 형평성이라도 가지고 돌아간다. 맑스는 자유·평등·박애의 정신이 실현되는 사회를 그렸고, 사회적 약자, 특히 자본만이 아니라 노동의 경제적 이해도 포함되는 경제학을 만들려고 했다. 이러한 그의 학문 자세가 가치중립적이지 않다는 비판 이전에 그런 노력이 없었으면 현재 수준의 복지가 일반 서민에게 주어졌느냐는 것은 생각해볼 문제이다. 그의 학문 내용에 대한 비판은 각자의 처지에 따라서 하더라도 세 명의 아이를 기아로 잃으면서도 인간사회를 더 좋게 만들려고 공부했던 그의 헌신을 인정하지 않을 수 없다.

여섯째, 맑스를 이은 맑스경제학자의 학문적이며 사회적인 기여도 크다. 그들은 맑스를 해석하고 자신의 시대에 맞게 보완하며, 실증하려던 작업을 했다. 이 과정에 경제학의 수준을 올리고 내용을 풍부하게 했다. 폴 사무엘슨(P. A. Samuelson)과 폴 스위지(P. M. Sweezy)는 같은 시대를 살았다. 『경제학원론(*Economics: An Introductory Analysis*)』을 집필했으며 노벨경제학상을 받았고 현대경제학의 아버지로 칭송받는 사무엘슨의 꽃길 같은 일생에 비해, 하버드대학교를 수석으로 졸업하고 굴절수요곡선을 제시하는 학문적 능력을 갖추었으며, 《먼슬리 리뷰(*The Monthly Review*)》를 창간하고, 『자본주의 경제발전론－맑스주의 정치경제학 원리(*The Theory of Capitalist Development: Principles of Marxian Political Economy*)』를 썼으며 사회적 약자들을 위한 경제학 연구에 주력한 스위지는 매카시즘이 창궐한 미국에서 정교수직을 얻지 못하고 가시밭길을 걸었다(홍훈, 2007).

맑스의 방대한 저술작업을 확인하며 논리를 보완하며 수학적이고 통계학적 도구를 사용하면서 맑스의 언어를 현대어로 번역한 맑스주의 경제학자들의 경제학과 사회발전에 대한 헌신이 없이는 맑스경제학은 물론이고 주류경제학의 발전에도 한계가 있었을 것이고, 사회적 약자들의 삶은 훨씬 더 팍팍했을 수 있다. 주류경제학자와 비교하면 교수직도 저널의 출판도 점점 어려워지며 현실적인 상황에서 고군분투하는 맑스경제학자들은 맹목적 시장주의 아래 친자본적 결론을 쉽게 내리는 경제학계의 풍토에 적어도 자정 기능은 하고 있다.

2. 맑스경제학의 한계와 과제

모든 인간이나 학문은 나름의 한계를 가지고 있고 맑스와 맑스경제학도 마찬가지이다. 그가 학문사에 남긴 발자국은 분명하지만 그만큼 한계도 가지고 있다. 사실 맑스경제학의 한계는 인간의 한계이기도 한 측면이 있다. 여기에서는 맑스경제학에 대한 세부적인 지적은 하지 않고, 큰 틀에서 맑스경제학이 지향해야 할 방향을 중심으로 한계와 과제를 제시해보자.

첫째, 맑스의 경제학만을 두고 보자면 맑스가 생각한 자유·평등·박애의 사회와 자본주의의 관계에 대한 비판이다. 자본주의가 인류에게 준 것은 양면적이다. 맑스도 인정하듯이 자본주의는 인간의 물질적 생활의 향상에 기여한 측면이 있다. 자본주의와 함께 인간은 그 이전 시대보다 더 건강하게 더 오래, 더 배부르게, 더 편리하게 살게 되었다. 봉건의 인신적인 구속에서 겨우 벗어난 사회가 경제 문제를 해결하기 위해 가질 수 있는 체제는 어떤 것인가? 19세기에 겨우 두 달 유지되었던 파리 코뮌 붕괴의 이유를 역사적이고 현실적인 맥락에서 직시하는 것이 필요하다.

둘째, 기술과 생산성의 발전에 대한 잘못된 예측이다. 21세기 기술의 발전과 생산성의 향상이 인류에게 선사한 물질적 풍요는 19세기 영국 자본주의 경제를 분석하면서 자본주의 전 단계인 농업이나 수공업 사회의 가치론을 적용하던 맑스가 상상도 하지 못한 수준이다.

셋째, 가치론과 이윤율 하락 사이의 논리적 정합성을 찾으려 하거나 이윤의 원천을 노동 가치에서만 찾으려 한다는 것은 이미 현대경제학의 기준에 맞지 않는다. 이런 차이를 인정하고 맑스의 연구에서 발생하는 실증의 강박에서 벗어나고 맑스의 저술에 대한 훈고학적 해석을 하기보다 이 시대에 맞게 실용적 접근을 할 필요가 있다. 중요한 것이 현재 이 시대의 경제 문제를 맑스의 시각을 통해 올바르게 해명하는 것이지, 맑스가 얼마나 옳은지를 증명하는 일이 아니다.

넷째, 맑스경제학의 가설을 수학적 적용이나 통계학적 실증으로 확인하는 작업은 필요하다. 그러나 먼저 한계를 알고 실증하는 것도 필요하다. 가치와 가격 사이의 관계를 현대의 발전한 통계학적 기술과 데이터를 통해 아무리 실증한다고 해도 결국 가설 이상의 답을 내놓지 못하는 사회과학 연구의 한계로 또 다른 비판이 생길 여지가 생기게 된다. 또 현대경제학의 수준으로 검증하려면 모형을 만들어야 하는데 수학적 모형은 맑스경제학의 진의를 왜곡시킬 가능성도 크다.

다섯째, 현대 과학철학의 성과를 적극적으로 수용할 필요가 있다. 비판적 실재론의 과학철학적 연구 결과를 받아들여서 존재의 층위를 설정해서 심층의 실재라는 사회존재론적 기제로 자본주의를 설정하고 경험적이거나 사건이 발생하는 표층의 실재에 관한 연구에 집중하면 기제의 존재를 증명할 강박에서 벗어날 수 있다.11) 선험적으로 있는 기제는 경험적인 사실로 증명될 수 없다. 그렇지만 선험적 실재가 없으면 경험적 사실이 발생하지도 않는다(홍태희, 2007). 이러한 인식의 전환을 통해 맑스경제학을 맑스경제학으로부터 해방하는 작업을 해야 한다. 이는 어떤 결정론에도 얽매이지 않고 연구하는 것이다(Resnick & Wolff, 2006, pp. 1-7).

여섯째, 정통주의를 주장하며 하나의 잣대를 강조하고 여타 다양한 학문적 시도와 해석에 지나치게 배타적인 점을 개선해야 한다. 어떤 학자도 현재의 언어로 2세기 전에 쓰인 책을 완벽하게 이해할 수 없고, 이를 맑스에게 직접 물어 확인받을 수도 없다. 그런 까닭에 맑스경제학 내에 존재하는 서로 다른 해석들에 관대할 필요가 있다. 이런 포용적인 자세 없이는 맑스경제학은 문헌학이나 훈고학으로 떨어질 가능성이 있다.

실질 사회주의가 몰락한 이후 전 세계적으로 맑스경제학에 대한 관심이 사라지고, 맑스주의를 표방한 학술지도 줄어들고, 경제학설사조차도 경제학 강의에서

---

11) 로이 바스카(R. Bhaskar)에 의해 발전한 비판적 실재론은 환원주의적 과학 방법론을 비판하며 등장한다. 그리고 기존의 방법론을 비판한다는 점에서 '비판적'이며, 사회과학의 대상이 실재한다는 점에서 '실재론'이다. 이러한 비판적 실재론의 과학철학은 맑스경제학은 물론 다원주의 경제학, 특히 포스트 케인지언 경제학이 대안경제학으로 발전하기 위한 과학철학적 기초로 사용되고 있다(홍태희, 2007).

내쳐지는 경제학계의 사정에서 맑스경제학 연구자는 학문적 진로와 경제적 안정이 보장되지 않은 연구 환경 속에 놓여 있다. 여기에다가 전 세계적으로 노동조합의 세력이 약해지면서 맑스경제학은 더 약세에 몰려있다. 따라서 맑스경제학이 이 현실을 직시하고 21세기 현재 경제를 설명할 수 있는 개혁을 이루어 내어야 한다(정성진, 2021; Resnick & Wolff, 2006).

┃ 표 2-2 ┃ 맑스경제학의 혁신 작업

혁신 내용	내용	주요 학자
신 맑스경제학	• 수학적 논리성과 통계적 실증력을 갖춘 연구	• 볼스(S. Bowles) • 고든(D. Gordon) • 로머(J. Roemer) • 긴틴스(H. Gintis) • 엘스터(J. Elster) • 프체보르스키(A. Przeworski)
여성주의적 맑스주의	• 여성주의의 관점에서 자본주의 연구	• 하트먼(H. Hartman) • 포겔(L. Vogel) • 폴버(N. Folbre) • 폰 뵈를호프(C. von Werlhof)
생태맑스주의	• 자연의 상품화로 인한 위기를 연구	• 오크너(J. O'Connor) • 로렌스(B. Laurence)
도시맑스주의	• 자본주의와 도시화가 낳은 위기를 연구	• 하비(D. Harvey)
어소시에이션과 참여계획경제론	• 포스트 자본주의 대안 사회 연구 • 자유로운 개인의 연대와 참여 강조	• 라이브만(D. Laibman)

자료: 정성진, 2020; Fine, Saad-Filho & Boffo, 2013; Pirker & Stockhammer, 2009

현재 주류경제학의 한계를 극복하고 더 나은 대안경제학을 만들려는 움직임은 다원주의 경제학으로 모이고 있다. 이런 비주류경제학의 중심에 맑스경제학이 있음은 분명하다. 맑스경제학은 다른 비주류 전반의 학문적 성과, 특히 포스트 케인지언 경제학, 스라피언 경제학, 여성주의 경제학, 제도경제학, 생태경제학 등의 성과와 연대할 필요가 있다. 또한, <표 2-2>에서 보는 것과 같은 맑스경제학의 혁신과 함께 경제민주주의, 협동조합, 기본소득, 공유경제, 연대경제 등의 현실적 시도에 적극적일 필요가 있다. 사회를 분석하는 학문이 그 사회로부터 외면을 받는다면 존재할 이유가 없다. 21세기 현재를 살아가는 사람에게 '이것이 경제학'이라는 확신을 주는 경제학이 되는 것, 이것이 맑스경제학의 최대 과제이다.

V. 맑스경제학의 세계를 떠나며

우리는 2장에서 맑스경제학의 세계를 여행하며 전개 과정을 살펴보았고 맑스경제학의 기여와 한계 그리고 앞으로의 과제를 생각해보았다. 21세기 현재 저성장과 양극화, 실업, 환경 문제 등을 두고 주류경제학은 해결책을 제대로 내놓고 있지 못하고 있다. 따라서 어느 때보다 대안경제학의 존재가 절실한 시기이다. 19세기에 등장한 맑스경제학은 어떻게 자본주의 경제가 작용하며, 어떻게 위기를 맞는가에 대해서 해명했고 이 해석은 현재에도 유용한 측면이 있다. 따라서 맑스경제학에는 21세기 현재의 경제문제를 해결할 대안경제학의 가능성이 분명히 있다.

1778년에 박제가의 『북학의』, 1818년에 정약용의 『목민심서』가 출간되었다. 이 조선 실학자들의 훌륭한 학문적 유산에 대해 현대경제학의 잣대로 비판하지 않는다. 맑스의 저작들도 19세기의 언어이다. 그러나 맑스경제학에 대해서는 현대경제학의 잣대로 분석하고 해석하고 실증하고 비판한다. 이는 한편으로는 가혹하지만 다른 편으로는 맑스경제학의 아이디어가 여전히 강력하게 영향을 미치고 있으며, 21세기 경제 문제를 해결할 힘을 가져올 수 있다는 반증이다.

맑스가 시도한 사회적 역학 관계를 고려한 경제분석이 아니면 세계적으로 심화하는 양극화와 자산 격차 문제, 노동시장에서의 힘의 불균형에 따른 새로운 형태의 노동 착취와 실업, 금융시장에서 거대 금융 자본의 힘을 제어하는 방법에 대한 아이디어를 가지기 어렵다.

물론 맑스 시대의 자본주의와 21세기 현재의 자본주의는 다르며 산업 부문의 구조는 물론 잉여가 발생하는 방식도 맑스가 예상하지도 못한 형태로 변화되었다. 맑스가 보았던 자기 노동력을 팔지 않으면 살 수 없던 19세기 영국 노동자는 현재 노동력을 팔면서 주식투자를 하고 자산가이며 부동산 임대업을 겸하고 있기도 하다. 따라서 맑스경제학에 쏟아지는 비판을 감수하며 21세기 현재의 경제 상황에 맞게 수정하고 보완하는 것은 맑스경제학의 철학적 배경인 변증법적 지양의 과정이다.

맑스는 19세기를 살면서 '왜 가난한 사람은 계속 가난하기만 한가'를 해명하고, 자본주의가 인류에게 이상적인 제도인가를 확인하기 위해 경제학 연구를 했다. 그의 분석 방법과 연구 결과의 옳고 그름은 차치해두더라도 그가 가졌던 인류에 대한 헌신과 새로운 세상을 만들겠다는 열정은 분명하다. 21세기 현재의 경제학자들도 19세기와 별반 다르지 않은 문제 앞에 있다. 이것이 우리가 맑스의 세계를 떠나면서 경제학자들에게 맑스경제학을 다시 그리고 제대로 연구해달라고 주문하는 이유이기도 하다.

제3장

제도경제학
Institutional Economics

　토르스타인 베블렌(T. Veblen)은 "그 정도 돈 쓸 능력이 있는 사람이라는 것을 보여주는 것이 하인을 고용하는 이유이다(The chief use of servants is the evidence they afford of the master's ability to pay)."라고 했다. 그는 노동력이 필요해서가 아니라 잘난 척하기 위해 하인을 두는 미국 졸부들에게 유한계급이라고 독설을 퍼부었다.

　그는 1917년 쓴 책 『평화의 본질과 그 존속기간에 관한 연구(An inquiry into the nature of peace and the terms of its perpetuation)』에서 "분석의 마지막 단계에 가면 현명한 경제행위는 결국 사려 깊게 깽판 놓기라는 것이 드러난다(All business sagacity reduces itself in the last analysis to judicious use of sabotage)."라고 했다. 경제적 이윤은 주류경제학에서 말하듯이 매출에서 비용을 뺀 것이 아니라 "날강도 같은 귀족(robber baron)"이 얼마나 생떼를 잘 쓰는가에서 결정된다는 것이다.

　그의 이런 독설은 불편했지만, 그 독설이 가지는 진실의 힘 때문에 우리는 경제 문제를 새로운 시각에서 볼 수 있게 되었다. 무엇보다 미분방정식 따위로는 이 세상을 이해할 수는 없다는 것을 알게 되었다. 이렇게 경제학의 뒷골목 모습을 보여준 베블렌은 그의 후학들에게 무엇에 대해서 어떻게 딴지를 걸어야 하는지는 분명히 알려주었다.

　이렇게 우리는 3장에서 베블렌이 만든 세계, 제도경제학의 세상으로 들어간다. 사실 인류는 위기 때문만 아니라 평상시에도 늘 제도의 틀 속에서 생존하고, 성장하고, 몰락하기도 했다. 그러니 과학주의의 알량한 계산으로는 돈을 두고 인류가 그동안 치른 전쟁과 앞으로 치를 전쟁을 다 설명할 수 없다는 것은 분명하다.

제3장
제도경제학
Institutional Economics

Ⅰ. 제도경제학의 세계로 들어가며

과학 기술 발전과 생산성 향상 그리고 점점 민주화되어 가는 지구촌 공동체 속의 '자유로운 개인'의 장밋빛 미래에 대한 희망은 2008년 금융위기에 이은 2020년 이후 코로나 19 팬데믹 위기로 무너졌다. 이 과정에서 분명해진 것은 '자유로운 개인'이라는 신념의 치약성이다. 지속되는 장기 불황 속에서 팬데믹 경제 위기까지 발생하자 세계는 경제적으로도 심각한 어려움에 직면했고, 어느 나라 할 것 없이 개인의 자유를 제약할 공동체의 기능이 강조되었고, 사람들은 기꺼이 자유를 포기하고 안전을 택했다.

나라마다 지역마다 위기 대처 방식에 따라 코로나 19의 감염률과 사망률은 물론이거니와 경제적 성과도 다르게 전개되면서 제도의 중요성은 다시 확인되었다. 코로나 19 감염 검사의 횟수나 백신과 치료제의 개발과 보급, 의료보험 제도의 작동 범위, 사회적 거리두기와 봉쇄 등에서 나타나는 국가별 제도와 정부의 정책의 차이는 물론 그 나라의 역사, 문화, 가치관, 관습, 종교 등을 통하지 않고는 설명하기 어려운 국민의 행동방식은 제도가 인간의 삶에 어떤 영향을 미치는지를 확인할 기회를 제공했다. 확인한 결과 각 나라의 제도가 사회적 환경을 다르게 만들고, 생존은 물론 경제에도 영향을 미치는 것이 분명해졌다.

사실 코로나 19 바이러스의 공격을 받을 때 국경 봉쇄, 이동권 제한에서 마스크 할당 판매제나 사회적 거리두기에 따른 영업시간 제약까지 국가의 시장 개입은 당연한 것으로 받아들여졌다. 이렇게 긴급히 마련한 규칙도 제도의 일종이다. 그러나 현실을 찬찬히 들여다보면 인류는 위기 때뿐만 아니라 평상시에도 늘 제도의 틀 속에서 생존하고, 성장하고 위기도 맞았다. 이처럼 제도는 사회의 자유를 제약하는 굴레가 아니라 사회가 작동하게 하는 배경이었다.

근대사를 살펴보면 심각한 사회적 위기는 주류 세계관과 시대정신은 물론 주류경제학의 위기를 동반했다. 총체적 위기인 코로나 19 팬데믹 위기도 2008년 글로벌 경제위기와 함께 무너진 자유로운 개인이라는 신념과 주류경제학의 위신을 추락시켰다.[1] 전염병으로 개별 경제주체의 이윤극대화나 시장에서의 자유를 실현할 수 없는 상황은 자유시장이 공허한 이상이며 인간은 서로 분리된 개체가 아니라 서로 연결된 존재라는 것을 분명하게 보여주었기 때문이다. 즉 주류경제학의 기본 전제가 틀렸다는 것이 드러난 것이다(홍태희, 2011a). 자연히 제도를 중시하는 또 다른 경제학으로 눈이 가게 했다. 만약 제도적 환경과 제도적 장치를 바꾼다면 우리는 더 안전하게 살고, 더 잘살 수 있기 때문이다.

이러한 사실이 우리가 제도경제학의 세계를 여행하며 시대의 과제를 해결할 대안경제학의 가능성을 찾는 이유이다. 3장에서는 베블렌이 독설을 퍼부으며 기득권을 비웃고 이런 그에게 영감을 받은 경제학자들이 차분히 앉아 제도의 경제적 성적표를 매기고 있는 세계가 펼쳐진다. 우리는 먼저 제도경제학의 전개 과정을 살펴본다. 다음으로 제도경제학을 분류하고, 각 분파의 특징을 알아본다. 그러고 나서 제도경제학의 정체성을 주류경제학과 비교해서 살펴보고, 제도경제학이 새로운 정상과학이 될 가능성을 라카토슈의 MSRP를 이용하여 타진한다. 마지막으로 우리는 제도경제학의 기여와 한계, 그리고 앞으로의 과제를 알아보고 베블렌의 왕국을 떠난다.

---

1) 사회적 위기 때 국가의 개입이 당연시되는 상황으로 미루어보아 시장주의와 자유주의 경제사상을 배경으로 한 신고전파 주류경제학은 이론적으로는 모든 전제 조건이 충족될 때, 현실적으로는 국가의 개입이 필요 없는 태평성대 때나 작동한다는 것이 확인되었다(홍태희, 2011a).

Ⅱ. 제도경제학의 전개 과정

1. 구제도경제학의 전개 과정

제도는 무엇인가? 제프리 호지슨(G. Hodgson)은 제도를 사회에서 지켜져야 할 규칙의 총체로 규정한다(Hodgson, 2006). 더글러스 노스(D. C. North)에 따르면 제도는 인간 사이의 상호작용을 구조화시키는 제약의 총체이다. 즉 제도는 인간의 상호작용 방식을 정하는 규칙이다. 이런 제도는 공동체 속에서 '제도적 환경(institutional environment)'과 '제도적 장치(institutional arrangement)'로 작동한다.

제도를 경제학 연구에 상표처럼 부치고 다니는 제도경제학은 19세기 말, 대략 1870년대에서 20세기 초에 미국에서 베블렌의 경제학을 배경으로 등장한다. 그리고 경제학파로서 제도경제학은 제도를 경제분석에 구체적으로 가져오면서 기본틀을 갖춘다.[2] 이 시기에는 고전파경제학의 한계를 극복하기 위해 다양한 비주류경제학과 신고전파경제학도 등장했다.

이후 1930년대와 1940년대에 제도와 진화를 중핵으로 하며 문화적·역사적 배경을 가진 현실 경제를 분석 대상으로 하고, 제한적 합리성을 가진 경제인을 경제주체로 삼은 제도경제학이 등장했다. 이를 끌고 간 학자는 존 커먼스(J. Commons), 위슬리 미첼(W. Mitchell)이었다. 이들이 베블렌에게 영감을 받아 만든 경제학을 구제도경제학이라고 한다. 이 구제도경제학은 학자에 따라 '원제도경제학', '베블렌주의 경제학(Veblenian economics)', '제도진화경제학' 등으로 부르기도 한다.

제도경제학의 경제사상적 기원은 중농주의 경제학과 고전파경제학이며, 학문적 스승은 아담 스미스, 칼 맑스, 토마스 맬더스라고 할 수 있다. 이들은 유럽의 관념론과 형이상학을 반대하며 등장한 미국의 철학적 전통인 도구주의와 실용주의의 눈으로 세상을 본다. 잘 알려졌듯이 실용주의 철학의 핵심은 삶에 도움이

---

2) 켄 메이휴(K. Meyhew)는 제도경제학을 유럽의 경제학과는 다른 미국 고유의 경제학 전통이라고 한다(Meyhew, 1988). 그러나 제도경제학의 역사적 전개 과정을 살펴보면 유럽의 경제학과 무관한 전통이 아니다. 제도경제학은 유럽의 역사학파의 전통이나 여타 비주류학파와 공통점이 많다. 특히 독일 역사학파와 역사학파의 대표 경제학자 슈몰러와는 제도에 대한 이해를 공유하고 있다. 범위를 넓히면 케인즈나 폴라니 같은 학자들의 작업도 제도경제학에 포함할 여지가 있다(Chavance, 2007).

되면 진리라는 것이다(O'Hara, 2019).

이런 실용주의 철학을 배경으로 이들은 현실 경제에 미치는 제도의 사회적 배경과 영향력을 주목하며, 전체주의적이며 다원주의적 방법론과 자본주의에 대해 비판적 시각을 가지고 경제 현상을 분석했다. 그리고 현실과 괴리된 채 한계효용이 영(zero)이 되는 최적점을 찾는 신고전파경제학과 한계효용학파도, 사회주의의 실상을 외면한 당시의 맑스경제학도 비판하며 사회유기체설과 진화론을 바탕으로 세상을 해석했다.

<표 3-1>은 제도경제학의 전개 과정을 연대기적으로 설명한다. 제도경제학이 태동할 당시 미국에는 시장에서의 자유로운 경쟁에 의한 자원의 최적 배분을 찾을 수 없었다. 약탈적 독점기업이 등장하고, 빈부 격차가 벌어졌다. 졸부들이 판을 치고 그들이 기득권을 가지게 되자 각종 불로소득으로 누리는 자기과시적 허영으로 사회를 오염시켰다. 이에 대해 베블렌은 분노했다.

베블렌은 1899년 출간한 그의 저서 『유한계급론(*The Theory of the Leisure Class*)』에서 야만 사회와 자본주의 사회를 비교하면서 자본주의 사회도 야만사회처럼 약탈능력으로 개인의 사회적 지위가 결정되는 사회라고 지적한다. 그리고 경제적 약탈능력이 뛰어날수록 사회적 지위가 높고, 약탈자가 자신의 약탈능력을 과시하려고 소비를 한다고 했다. 이는 수요와 공급의 법칙으로는 설명되지 않는 현상이었다.

이런 유한계급의 과시적 소비를 다수 대중이 모방하는 '베블렌 효과'는 주류경제학의 수요의 법칙을 위배할 뿐 아니라 시장에서의 균형이나 합리적 경제인 모형으로는 설명되기 어려운 경제행위이었다. 이런 현실을 확인하며 베블렌은 주류경제학의 가정과 방법론을 거부하고 제한적으로 합리적인 경제인이 제한적 정보를 가지고, 제도나 관습에 영향을 받으며 공권력에 의해 규제되는 가운데 경제행위가 이루어진다고 보았다.

그리고 이 또한 제도적·환경적 여건 변화에 따라 지속해서 변하며, 그 변화 속에 행위규칙의 총체인 제도도 변한다고 했다. 이처럼 베블렌은 진화생물학의 입장에 따라 사회를 유기적으로 변화하는 제도들의 총합으로 이해했다.

| 표 3-1 | 제도경제학의 전개 과정

연대	학파의 발전	강조점	시대적 배경
19세기 말엽 – 20세기 초	• 학파의 태동	• 신고전파 경제의 몰 제도성과 몰역사성을 비판하며 제도가 개인의 경제활동에 영향을 미치며 규제한다는 시각 • 역사학파 경제학처럼 진화론적 접근 방법으로 경제 이해	• 미국의 산업화와 시장경제 기틀 마련됨 • 독점적 기업의 등장과 경제적 불평등과 유한계급 등장, 계급 갈등 심각
1930년대 – 1940년대	• 구제도경제학 정립	• 주류경제학과 주류 사회에 대한 비판 • 문화적·역사적 배경에 대해 이해	• 미국식 실용주의의 성과 • 미국 자본주의의 발전과 경제변동의 심화
1950년대 – 1960년대	• 구제도경제학 몰락 • 신제도경제학 등장	• 사유재산제도와 거래비용이론으로 자본주의의 효율성 증명 • 행동주의 혁명, 1969년부터 베블렌–커먼스(Veblen–Commons) 상 제정 • 주류경제학과 구제도경제학의 결합	• 2차 세계대전 이후 경제학의 중심이 미국으로 이동 • 자본주의 황금기 • 개발도상국의 약진
1970년대	• 본격적인 경제학파로 성장	• 일반균형 분석이 한계를 보이면서 제도경제학의 부흥기 • 진화론적 접근, 신제도경제학의 다양한 분화	• 베트남 전쟁과 오일 쇼크를 겪으며 경제학의 위기 봉착 • 과거 식민지 경험 국가의 경제발전
1980년대	• 유럽형 제도경제학의 성장	• 게임이론의 발전으로 수리적 분석틀을 장착함 • 프랑스에서 콩방시옹 이론 등장 (개인주의와 전체주의의 통합 시도)	• IT 혁명의 시작
1990년대	• 신제도경제학의 주류경제학으로의 발돋움	• 제도주의의 전체 사회과학으로 확장 • 1991년 로널드 코즈(R. Coase), 1992년 게리 베커(G. Becker), 1993년 더글러스 노스(D. North) 노벨경제학상 수상	• 신자유주의의 시대 • 세계화의 시대
2000년대	• 주류경제학의 위기 • 제도경제학의 재부상	• 2008년 글로벌 경제위기와 주류경제학의 한계 • 제도의 중요성에 대한 경제학계의 합의 • 제도경제학 내의 교류 활발함 • 2001년 조지 애컬로프(G. Akerlof), 2009년 엘리너 오스트럼(E. Ostrom) 노벨경제학상 수상	• 2008년 글로벌 금융위기 • 자본주의 경제 회생의 대안 부재
2010년대 – 현재	• 신제도경제학 한계 노출 • 구제도경제학 재조명	• 2008년 세계적인 경제위기 이후 양적 완화 정책 • 대안부재 주류경제학과 전 지구적 위기 고조	• 2020년 코로나 19 팬데믹 • 세계적인 빈부 격차 증가에 대응 체제 필요

자료: 임배근, 2012; 한성안, 2020; Hodgson, 2017; 장하준, 2005; O'Hara, 2019; Voigt, 2019

이러한 전통은 커먼스에 와서 크게 방향을 튼다. 커먼스는 신고전학파의 언어로 자본주의 사회의 작동방식을 설명한다. 그리고 시장을 사회적 최적점을 찾는 정도는 아니더라도 이해당사자 간에 마찰로 인해 발생하는 거래비용을 줄여 주는 기능을 하는 제도로 정리했다. 그러나 이런 미온적 태도로 인해 학파의 분열은 불가피했다. 커먼스의 전통을 잇는 학자들은 신고전파적 연구방법론을 수용하며 명맥을 이어가면서 행동경제학이나 진화경제학으로의 길을 열었다. 다른 편에 있는 학자들은 신고전파적 연구방법론을 거부하며 베블렌주의를 고집했다. 이렇게 제도경제학 내부 정체성의 혼선이 나타나고 현실에 대한 구체적인 대안도 과학적 엄밀성도 통일된 경제관도 갖추지 못하고자 베블렌의 제도경제학, 또는 '구제도경제학'은 쇠락한다.

2. 신제도경제학의 전개 과정

1950년대에서 60년대에 이차 세계대전 이후의 자본주의 황금기에 도래하자 케인즈경제학의 약진으로 제도는 경제분석에 구체적으로 들어왔다. 1970년대에 들어서는 베트남 전쟁과 오일쇼크 및 완전고용의 종말과 스태그플레이션으로 인해 경제는 물론 경제학도 다시 위기를 맞는다. 케인즈경제학이 쇠락한 1970년대 말에 와서 일반균형을 지지하는 신고전파경제학도 한계에 직면하자 신고전파 주류경제학도 경제주체로서의 정부의 기능을 포함한 경제학으로의 도약이 필요했다. 그 결과 신고전파종합이 성사되자, 경제학 내에 미시와 거시의 분업으로 케인즈경제학이 주류에 편입되었다. 이는 주류경제학이 제도의 역할을 인정했다는 것이다. 이런 연대가 가능했던 배경은 이차 세계대전 이후 경제학의 중심이 미국으로 이동하면서 유럽의 주류경제학과 미국 제도경제학의 연대가 수월해진 탓이기도 했고, 이차 세계대전 이후 독립한 자본주의의 신생국가와 사회주의 국가의 체제 경쟁에서 승리하기 위해서는 제도라는 변수를 수용해야 하는 시대적 상황이 작용하기도 했다.

이렇게 해서 제도경제학의 중흥기가 왔다. 이런 배경 속에서 주류경제학의 분석기법이나 방법론을 이어받으면서 제도의 역할을 강조한 경제학이 등장하면서 소위 '행동주의 혁명'이라고 명명될 변화가 나타났다. 구제도경제학에서 신제도경제학으로 혁명을 이끈 학자들은 제임스 마치(J. P. March)와 맨크르 올슨(M. G.

Olsen) 등이다. 이들은 구제도경제학이 규범 경제학적 전통 속에 있어서 과학적 검증이 어렵고 학적 엄밀성을 가질 수 없다고 했다. 그리고 개별적 사실만 강조하면 일반적 법칙을 찾기 어렵다고 했다. 따라서 규범과 문화, 제도의 영향을 주장하기보다 구체적 경제행위를 검증할 수 있는 경제학으로의 변화를 시도했는데 이를 행동주의 혁명이라고 부른다. 그리고 제도경제학 내에 이런 학풍을 통틀어서 '신제도경제학'이라고 한다.

이러한 신제도경제학은 베블렌의 경제학과는 사뭇 달랐다. 신제도경제학은 검증을 통해 일반법칙을 찾는 것을 포기하지 않았고, 자본주의를 비판한 베블렌과 다르게 사유재산제도의 확립과 거래비용 이론으로 자본주의의 효율성을 증명했다. 이들의 혁명은 성공했고, 발전된 통계적 분석기법과 주변 사회과학의 성장에 힘입어 제도경제학 전통의 주류가 되었다. 이와는 다르게 구제도경제학, '베블렌주의 경제학', '원제도경제학'은 경제학계로부터 비판경제학이나 대중영합경제학 정도로 취급되며 비주류경제학으로 밀려난다. 갤브레이스 같은 제도경제학자의 등장으로 베블렌 정신이 다시 강조되고 일반인들에게 경제학에 관심을 끌어냈음에도 주류경제학계는 이를 인정하지 않았고 폴라니의 경제학과 함께 사회학으로 매도하기도 했다(장하준, 2005; Heilbroner & Milburg, 1995).

베블렌의 정신을 고수하는 경제학자들은 1969년부터 제도경제학자에게 베블렌─커먼스(Veblen─ Commons) 상을 시상하고, 구제도경제학의 전통을 이어간다. 이들은 신제도경제학과는 거리를 둔 '진화경제학회(The Association for Evolutionary Economics, AFEE)'를 창립하고, 학술지 《*Journal of Economics Issues*》를 발간한다. 신제도경제학도 이에 맞추어 학술지 《*Journal of Institutional and Theoretical economics*》, 《*The European Journal of Political economy and Public Choice*》를 발행한다. 그러나 제도경제학의 중심추는 신제도경제학으로 쏠렸다.

구제도경제학의 쇠락과 함께 신제도학경제학 내에도 다양한 분파가 생겼다. 구제도경제학과의 관계 설정이나 학문방법론에 따라 여러 학문적 전통이 제도경제학 내에 동거하는 상황이 되었다. 이후 20세기 후반부에 호지슨이 중심이 되어 구제도경제학의 전통을 계승한 '신'구제도경제학, 신제도경제학, 진화경제학 등으로 명명되는 제도경제학이 등장한다. 이들은 신제도경제학이 받아들인 신고전파 경제학의 미시적 기초는 일부 수용하지만, 방법론적 개체주의는 거부하고, 베블렌의 전체주의적 사회관을 지지한다. 이들은 제도를 개인이 자신의 이윤추구를 위해 만든다는 신제도경제학을 비판하고, 베블렌의 전체주의적 시각을 긍정적으로 계승한다. 그러나 커먼스와는 거리를 두며, 슘페터의 진화경제학과 친화적 관계를 유지했다.

1980년대에 들어서 IT 혁명과 닷컴 경제위기는 다시 제도경제학의 변화를 가져왔다. 통계 분야의 발전과 함께 시작한 정보통신 사회로의 변화와 더불어 1980년대 게임이론의 약진은 제도경제학에 수리적 분석틀을 제공한다. 이와 함께 진화적 제도경제학 및 진화적 게임이론 등이 등장한다. 프랑스에서는 방법론적 개인주의와 방법론적 전체주의의 통합을 시도한 '콩방시옹(convention) 이론'과 조절이론도 제도경제학의 울타리 속에 등장한다.

1990년대는 신제도경제학이 전체 사회과학으로 응용된 시기이다. 이렇게 승격된 신제도경제학의 위상에 맞게 1991년 로널드 코즈(R. Coase), 1992년 게리 베커(G. Becker), 1993년 더글러스 노스(D. North)가 각각 노벨경제학상을 수상한다. IT 혁명에 힘입은 소프트웨어의 개발과 통계 패키지의 등장은 경제분석을 더욱더 수월하게 했고, 행동경제학과 실험경제학 등이 약진했다. 2000년대에 들어서 본격화된 금융주도 자본주의의 투기적 속성으로 2008년 글로벌 금융위기가 터졌고, 이는 자본주의 회생을 위한 대안경제학에 대한 요구로 이어졌다. 2009년 여성 제도경제학자 앨러너 오스트럼(E. Ostrom)이 노벨경제학상을 수상했고, '새로운 경제 사상 연구소(Institute for New Economic Thinking)' 같은 대안을 제시하려는 연구소도 생기며 주류경제학의 한계를 극복하기 위한 시도가 생겼다(Colander, 2008; Hodgson, 2019).

2010년대에 들어서 유럽발 재정위기까지 터지면서 다시 세계 경제는 '대침체(Great Recession)'를 맞게 된다. 강력한 정부의 개입과 중앙은행의 완화된 통화정책으로 경제가 유지되는 상황이 지속되면서 주류경제학은 더욱 설명력을 상실했다. 여기에 코로나 19 팬데믹과 함께 세계적인 경제위기 상황은 위기 극복을 위한 대안은 물론 포스트 코로나 시대의 변화된 사회상에 걸맞은 대안경제학을 요구하고 있는데, 세계적으로도 새 시대의 비전을 제도경제학에서 찾으려는 움직임이 있다. 한국에서는 사회의 민주적 변화의 기반으로 좋은 세상을 실현하는 제도경제학의 비전이 진보의 이름으로 제시되기도 했다(한성안, 2020). 이런 발전과정을 거치며 제도경제학이 유력한 대안경제학으로 자리매김한 것은 분명하다.

Ⅲ. 제도경제학의 정체성과 특징

1. 제도경제학의 특징과 신·구제도경제학

제도경제학은 경제 분석에서 제도의 역할을 중요하게 본다. 각 개인은 이런 제도의 영향 속에 있으므로 제한적 합리성을 갖게 된다고 한다. 아울러 제도를 둘러싼 환경, 특히 문화적 배경이나 사회적 규범, 역사 등의 역할도 강조한다. 이러한 제도는 다음과 같은 속성을 가진다(Gordon & Adams, 1989). ① 제도는 역사성을 가진다. 제도는 과거로부터 이어져서 현재로 전달된다. ② 제도는 안정성을 가진다. 일단 제도로서 기능하면 유지되고 지켜지는 경향이 있다. ③ 제도는 적응성이 있다. 제도는 유지될 이유가 없어지면 현실에 맞게 적응하고 변화한다. ④ 제도는 강제성이 있다. 제도는 속한 사람에게 따르게 할 규제력을 가지고 있다. ⑤ 제도는 변하기 어렵다. 제도는 대개 기득권의 이해를 대변하기 때문에 변화가 어렵다.

이런 특징을 가진 제도를 경제학에 수용한 제도경제학은 기본적으로 다음과 같은 특징을 갖는다(Langlogis, 1986). ① 제도경제학은 신고전파경제학의 가정을 기각하거나 전제를 완화한다. 특히 거래비용이 없는 경제, 완전한 합리성을 가진 경제주체라는 가정을 기각한다. ② 제도경제학은 주류경제학의 균형 분석보다 변화과정을 주목하고 인과관계에 의한 정형화된 사실로부터 경제 현상을 설명한다. ③ 제도경제학은 경제행위를 시장기구뿐만 아니라 관습, 계약, 문화, 법, 등 사회적 제도와 연관해서 설명한다. ④ 제도경제학은 사회계약설을 배경으로 한 환원주의적 접근에 거리를 둔다.

이러한 제도경제학의 기본적 특징은 제도경제학의 전개 과정에서 제도경제학의 분파마다 강조점이 다르게 발전한다. 따라서 제도경제학의 특징을 획일적으로 규정하는 것은 또 다른 왜곡을 가져올 가능성도 있다. 이런 제도경제학 분파 사이의 차이점은 다음과 같다.

첫째, 인간의 존재가 다르게 설정된다. 구제도경제학에서 개인은 전체에 매몰된 존재로 설정되어 전체가 정한 틀에 따라 행동하는 존재이다. 신제도경제학은 전체에 영향받는 개인을 인정하지만, 그 와중에서도 개인은 자신의 이윤을 증대시키기 위해 계약을 하고, 제도를 만들며, 구조를 변화시킨다. 따라서 개인을 게임의 참가자로 전체를 관리하며 변화시키는 행동을 하는 존재로 본다.

둘째, 정치적 태도가 다르다. 구제도경제학은 전체와 개인 사이의 갈등을 인지하고, 개인은 이러한 갈등에 대응하며 기득권이나 기존 제도에 대해 대항한다고 본다. 이에 비해 신제도경제학은 제도와 전체는 각 개인 이해의 반영이므로 정치적 목표나 의도를 가질 필요가 없고, 혹 갈등이 생기면 다른 규칙을 만들어 해결할 수 있다고 본다.

셋째, 자본주의에 대한 견해가 다르다. 구제도경제학은 자본주의의 문제점을 정면으로 지적하지만, 신제도경제학은 자본주의를 둘러싼 환경을 주목한다. 그리고 문제가 생기면 이 환경을 제도로 보완하고, 공권력을 가진 법을 통해 조정하면서 해결할 수 있다고 본다.

이렇게 제도경제학에는 동질적이면서도 이질적인 두 개의 학문 전통이 섞여 있다. 그러나 이를 구체적으로 살펴보면 더 다양한 분류가 가능하다. 올리버 윌리엄슨(O. Williamson)은 전체주의적 관점에서 제한적 합리성을 가진 경제주체의 경제행위와 제도가 경제에 미치는 영향을 강조하는 베블렌과 커먼스의 전통을 구제도경제학(Old Institutional Economics)이라고 하고, 코스, 윌리엄슨이 주축이 되어 거래비용, 사유재산제도, 계약 개념을 연구하는 경향을 총칭하여 신제도경제학(New Institutional Economics)로 나누었다(Williamson, 1985).

장하준은 경제분석에 제도 연구 접목하고 경제를 진화 과정을 거치는 유기체로 본 베블렌, 커먼스, 미첼 등의 경제학을 제도경제학, 제도가 개인이 제한된 합리성 때문에 존재하는 제약을 극복하기 위한 내생적 기제의 미시적 기초를 제공한다고 보고, 제도도 개인의 선택이라는 연구 경향을 신제도경제학(New Institutional Economics)이라고 분류한다. 그리고 호지슨과 같이 신제도경제학의 미시적 접근을 받아들이지만, 방법론적 개체론은 비판하고, 제도는 개인으로 환원될 수 없다는 것을 강조하는 경향을 '신'구제도경제학이라고 한다(장하준, 2005).

가우티 에거트손(G. B. Eggertsson)은 신고전파경제학의 가정(선호의 안정성, 경제주체의 합리적 선택, 균형 분석)을 계승하거나 일부 수정한 학파를 '신제도경제학(Neo-Institutional Economics)', 정보의 비대칭이나 인지의 한계 등으로 인한 경제주체의 제한된 합리성을 강조한 학풍을 '새제도경제학(New Institutional Economics)'으로 분류하기도 한다(Eggertsson, 1990).

윌리엄슨, 노스, 코즈 등이 제시한 신제도경제학에도 다양한 흐름이 있다. 신제도경제학은 제도의 영향을 강조하지만, 경제 중심으로 접근하기보다 전체 사회적으로 접근을 하며, 베블렌의 전통을 유지하는 '사회적 제도경제학', 주류경제학의 최적화 가설을 수용하고 제도의 발생과 전개 과정을 개인의 이윤극대화 추구로 설명하며 신고전학파경제학과 유기적 연대를 가지는 '합리적 선택학파의 제도경제학', 정치학에서 적극적으로 수용된 학파로 역사적 사실에 대한 제도의 영향을 집중하는 '역사주의적 제도경제학'으로 나누어지기도 한다(Chavance, 2007). 최근 출판된 서적에는 신제도경제학(New Institutional Economics)을 NIE로 줄여서 부르기도 한다(Ménard & Shirley, 2022).

아래 <표 3-2>는 신제도경제학의 내부를 좀 더 세분해서 분류한 것이다. 구제도경제학의 전통을 잇는 제도경제학은 신제도주의경제학, 신제도주의진화경제학으로 지칭된다. 호지슨, 앨런 그루치(A. G. Gruchy), 말콤 러더포드(M. Rutherford), 웨렌 사무엘(W. Samuels) 등이 여기에 속한다. 베블렌의 전통을 유지하고 신고전파경제학과 일정 거리를 두며 인간의 경제행위를 사회 규범의 패턴이나, '하비투스(습관, habits)' 같은 비공식적인 제도에 초점을 맞추어 제도를 통해 설명한다.

| 표 3-2 | 신제도경제학의 분류

분류	주요 강조점	학자
신제도경제학 진화적 제도경제학 '신'구제도경제학	• 구제도경제학의 전통을 유지, 신고전파경제학과 거리 • 인간의 경제행위를 사회 규범의 패턴이나 습관(habits) 같은 비공식적인 제도에 초점을 맞추어 제도를 통해 설명 • 모든 제도를 개인의 선택으로 환원하는 신제도경제학에 반대 • 신제도주의(Hodgson), 진화경제론(Nelson)	• 호지슨(G. Hodgson) • 그루치(A. G. Gruchy) • 러더포드(M. Rutherford) • 사무엘(W. Samuels)
역사적 제도경제학, 신경제사 (New Economic History)	• 신제도경제학을 기반으로 경제에 미치는 제도의 영향을 역사적 사실에 확장 적용 • 신제도경제학(North)	• 노스(D. North) • 포겔(R. Fogel) • 러더포드(M. Rutherford)
공공 선택학파 정치경제학파 (Public Choice & Political economy)	• 신고전파경제학의 연구 방법을 정치제도, 규범과 관습에 확대 적용 • 제도를 결정하는 규칙으로 헌법 경제학 • 공공 선택 이론(Buchanan)	• 부캐넌(J. M. Buchanan) • 털록(G. Tullock) • 올슨(M. Olson) • 베이츠(R. H. Bates)

신사회경제학 (New Social Economics)	• 제도는 역사적 산물 • 경제학의 분석 대상을 사회 전반으로 확장	• 베커(G. Becker) • 노스(D. North)
거래비용 경제학 (Transaction Cost Economics)	• 코즈의 정리(Coase) • 거래비용이론(Williamson)	• 코즈(R. Coase) • 노스(D. North) • 윌리엄슨(O. Williamson)
집단행위론 (Theory of Collective Action)	• 개별 경제주체의 상호관계가 아닌 이익집단의 집단행동분석 • 집단행동에 대한 제제와 유인책으로 제도 주목 • 집단행위론(Olson)	• 오스트럼(E. Ostrom) • 올슨(M. Olson) • 하딘(G. Hardin)
법경제학 (Law and Economics)	• 법의 제정 과정과 집행과정을 경제적 측면에서 연구 • 법경제학(Posner)	• 포스너(R. Posner)
콩방시옹 이론 (convention)	• 1980년대 말 프랑스를 중심으로 학제적 연구와 방법론적 종합으로 제도 분석 • 경제행위 이전에 사회에 주어져 있는 '공동의 틀(콩방시옹)'의 존재 • 비시장적 조정과 비공식적 제도 분석	• 파브로(O. Favereau) • 테브노(L. Thévenot) • 볼탄스키(L. Boltanski) • 셸링(T. C. Scelling) • 쇼터(A. Schotter)
조절이론 (Regulation theory)	• 1970년대 이후 프랑스를 중심으로 현실과 괴리된 순수 경제를 부정 • 광범위한 사회적 관계 속에서의 경제, 계급 갈등 속의 갈등과 타협에서 제도 성립 • 거시경제의 동학을 분석 • '접합(configuration)' 강조	• 부아예(R. Boyer) • 아글리에타(M. Aglietta)

자료: Chavance, 2007; Sheaff, 2000; 장하준, 2005; Ménard & Shirley, 2022

이런 가운데 신고전파의 학문 방법론을 수용한 제도경제학이 점차 대세가 된다. 대표적으로 '공공선택학파와 정치경제학파(Public Choice & Political economy)'의 약진이 뚜렷하다. 제임스 뷰캐넌(J. Buchnan), 고든 털록(G. Tullock), 올슨, 로버트 베이츠(R. H. Bates) 같은 학자들을 중심으로 주류경제학의 방법을 정치제도, 규범과 관습에 확대 적용한다. 게리 베커(G. Becker)는 '신사회경제학(New Social Economics)'을 만들며 경제학의 분석 대상을 사회 전반으로 확장했고, 코스, 노스, 윌리엄스는 기업의 본성과 거래비용 연구로 제도경제학을 진화시켰다. 오스트럼, 올슨, 가렛 하딘(G. Hardin)도 '집단행위론(Theory of Collective Action)'을 제시하며 개별 경제주체의 상호관계가 아닌 이익집단의 집단행동 분석, 집단행동에 대한 통제와 유인책으로 제도를 주목했다.

이외에도 '사회적 자본론'을 제시한 로버트 퍼트넘(R. Putnam), 도널드 콜먼(D. Coleman)과 사유재산제도의 중요성과 이로 인한 자본주의의 효율성을 확인시키는 아멘 아키언(A. Alchian), 해롤드 뎀세즈(H. Demsetz)의 연구와 조지 애컬로프(G. Akerlof), 조지 스티글러(G. Stigier), 조지프 스티글리츠(J. Stglitz)의 정보경제학도 신고전파 방법론을 수용한 신제도경제학의 성과이다.

1980년대 말 프랑스를 중심으로 등장한 '콩방시옹 이론(Convention theory)'은 학제적 연구와 다원적 방법론을 수용하며 경제행위 이전에 주어져 있는 '공동의 틀(콩방시옹)'을 주목한다. 이들도 제도경제학의 틀 속에 있다. 비시장적 조정이나 비공식적 제도를 분석하는 올리비에 파브로(O. Favereau), 로랑 테브노(L. Thévenot), 뤽 볼탄스키(L. Boltanski), 토마스 셸링(T. C. Scelling), 앤드류 쇼터(A. Schotter)와 리처드 포스너(R. Posner)의 '법경제학(Law and Economics)' 분야도 신제도경제학의 범주 속에 있다.

이외에도 자본주의에 대해 비판적이던 로베르 부아예(R. Boyer), 미셀 아글리에타(M. Aglietta)의 '조절이론(Regulation Theory)'도 광의로는 제도경제학에 속한다. 이 전통은 아날학파, 맑스경제학, 구조주의 경제학, 포스트 케인지언 경제학의 성과를 받아들이고 자본축적과 제도의 관계를 분석한다. 이들은 프랑스를 중심으로 활동하며, 현실과 괴리된 순수 경제학을 비판하며 사회적 관계 속에서 경제적이며 계급적인 갈등과 타협에서 제도가 만들어졌다고 보았다. 이들은 거시경제의 동학을 분석하며 포스트 케인지언 경제학과 제도경제학의 연결점을 만든다. 이런 전체 과정에서 구제도경제학과는 더 이질적인 학문이 되었지만, 제도를 중요한 변수로 파악하는 제도경제학 고유의 특징은 이어진다(O'Hara, 2019; 홍훈, 2007; 서환주, 2005).

이러한 역사적 전개 과정을 거쳐서 제도경제학은 점점 신제도경제학을 의미하는 것으로 받아들여지고 있다. 반면 구제도경제학은 진화경제학이나 베블렌경제학 등으로 이해되거나 사회학의 연구대상으로 여겨지기도 한다. 이는 제도경제학파의 대부분 연구자가 신제도경제학의 관점에서 경제와 연관이 있는 각종 제도에 관한 연구를 주류경제학의 방법으로 연구한다는 것을 의미한다(Voigt, 2019).

2. 제도경제학과 주류경제학

제도경제학은 자본주의 경제가 시장기구만이 아니라 법률, 관습, 문화 등을 포함한 각종 제도에 의해 규정된다는 경제학이다. 따라서 특정 사회가 가지는 사회경제적 환경과 그 속에서 발생하는 사실의 연계와 우연성을 주목한다. 이렇게 이해하는 방식은 물리학적 학문 표준으로 경제적 사실을 이해하려는 신고전파 주류경제학과는 분명히 다르다. 인간의 경제적 행위는 합리적 이성에 따라 이윤추구를 위한 행동 양식이 아니라 역사가 만들어 놓은 현실 속에서 문화, 제도, 가치관, 관습, 진화 등의 영향 아래에서 결정된다는 것을 명시한 학풍이 제도경제학이다. 이러한 이해는 신고전파 주류경제학과 배타적인 관계에 있게 된다. 이것이 제도학의 첫 번째 정체성이다.

이러한 정체성은 신제도경제학에서는 철저하게 유지되지 않는다. 정체성이 지켜지지 않은 것에는 전체주의와 개인주의에 대한 해석 문제가 있다. 구제도경제학의 커먼스는 집단적 행위의 결실인 제도는 개인의 행위를 통제하며 집단적 행위는 사회적인 패턴으로 형상화되며 구성원 누구도 이렇게 만들어진 패턴에서 벗어날 수 없다고 한다. 구제도경제학에는 이처럼 전체주의적 경향이 뚜렷하다.

반면에 신제도경제학은 인간이 혼자 살지 않아 발생하는 경제적 문제를 '거래비용(transaction cost)'으로 정리하고, 사회 구성원은 주어진 제도 아래서 각자의 이익극대화를 추구한다고 본다. 이 과정에서 경제행위의 결과에 따라 제도는 유지되기도 하고 변화되기도 하는데 개인에게 제도를 만들 가능성이 있다고 본다.

다음으로 제도경제학의 정체성을 결정하는 것은 자본주의에 관한 이해이다. 베블렌은 자본주의에 비판적이었다. 그러나 신제도경제학은 사유재산권 이론과 거래비용 이론의 두 가지 틀을 가지고 자본주의의 효율성을 강조한다. 사유재산권 제도로 자산 소유권이 보장되면 경제적 동기가 커져 효율적이며, 시장기구는 시장 참여자들에게 거래비용을 절감시켜 효율적이라는 것이다. 이러한 관점은 구제도경제학과는 분명 다르다.

<표 3-3>은 제도경제학과 주류경제학의 정체성을 비교했다. 구제도경제학의 인간은 주류경제학처럼 진공의 공간에서 이윤극대화를 하지 않고, 역사적이며 비가역적인 시간 속에서 제약 속에서 살아간다. 또한, 주류경제학의 몰역사성을

비판하고 역사적 맥락을 강조하지만 어떤 목적을 가지고 역사가 작동하는 것은 아니라고 한다. 주류경제학의 사회 변화의 동력은 인간의 이기심이지만, 구제도경제학은 기술진보와 이에 따른 진화에 방점을 찍는다. 그래서 주류경제학이 실증 가능한 물리학 같은 경제학의 구축을 추구했다면, 구제도경제학은 인간의 현실을 잘 설명할 수 있는 학제적 접근을 선호한다.

일반균형을 시장기구의 절대선으로 인정하는 주류경제학에 비해 구제도경제학은 일반균형을 지지하지도 인정하지도 않는다. 주류경제학은 사유재산제도를 바탕으로 전개하는 자본주의가 인류의 경제적 문제를 풀어주는 효율적인 제도라고 보지만 구제도경제학의 자본주의관은 비관적이다. 이러한 구제도경제학의 관점은 신제도경제학에 와서 변화되기도 하고 유지되기도 한다.

이 과정을 거치며 전체적으로 제도경제학은 신고전파 주류경제학과 비슷해졌다. 이러한 변화는 제도경제학이 변해서이기도 하지만 주류경제학이 제도경제학의 성과를 수용하면서도 생겼다. 그러나 한편에서는 제도주의와 생태주의, 제도주의와 여성주의, 제도주의와 케인즈주의, 제도주의와 구조주의 등을 결합한 경제학을 만들어가는 흐름이 생겨났다. 대표적인 작업은 제도주의와 생태주의의 패러다임을 결합하여 비주류경제학을 만들려는 랄프 스테파처(R. Steppacher)의 작업이 있다 (Gerber & Steppacher, 2012).

| 표 3-3 | 주류경제학과 제도경제학의 비교

	주류경제학	구제도경제학	신제도경제학
인식론	• 환원주의 • 경험주의 • 도구주의	• 도구주의 • 실용주의	• 도구주의 • 실용주의
존재론	• 개체론	• 전체론 • 사회유기체론	• 개체론과 전체주의 혼재
사회관	• 개인이 사회 만듦	• 사회가 개인 만듦	• 개인이 사회 만듦
연구방법론	• 가설·연역 • 실증주의	• 다원주의	• 가설·연역 • 실증주의
경제행위 이해	• 희소한 자원과 무한한 욕망 전제 • 자원의 최적 배분 행위	• 사회적 맥락 속에서 계급적 이해 반영 • 사회 재생산을 위한 행위	• 사회적 맥락 속에서 제약 • 개인 이익극대화와 거래비용 최소화 행위
경제인의 특성	• 자유롭고 합리적인 개인 • 자기 이익만 추구	• 비합리적 개인이 다양한 동기(도덕적 동기도 포함)를 추구	• 제한적으로 합리적인 개인 • 다양한 동기(자신의 이익과 타인의 평가 포함)
시간	• 논리적 시간 • 가역적 시간	• 비가역적 시간 • 역사적 시간	• 역사적 시간과 논리적 시간 혼재
거래비용 시장실패	• 거래비용이 없다고 가정 • 시장실패는 예외적 상황	• 거래비용 존재 • 시장실패 일반적 상황	• 거래비용 존재 • 시장실패를 막기 위해 제도 필요
역사 이해	• 몰 역사	• 역사적 맥락에서 경제행위 결정 • 역사의 진행에 목적은 없음	• 역사적 맥락에서 경제행위 결정 • 역사는 이익을 증가시키는 방향으로 진행
시장기구	• 자유시장 (unfettered markets) • 자원 배분에 효율적인 기구	• 제도로 규제된 시장 (regulated markets)	• 제도로 규제된 시장 (regulated markets) • 개인 간의 마찰과 거래비용을 줄여 주는 기구
자본주의	• 인류에게 자연스러운 제도 • 계급 몰이해	• 여러 제도 중 하나 • 계급적 이해 있음	• 경제적 효율성이 있음 • 거래비용 최소화를 보증하는 체제
변화 동력	• 이익 추구와 이기심	• 본능과 기술 진보	• 기술 진보와 이익 추구
경제학에 대한 이해	• 물리학 같은 학문 • 시장기구 연구	• 학제적 학문 • 경제 현실 연구	• 시장기구와 제도에 대한 실증 분석
균형	• 일반균형 상태를 강조	• 일반균형은 비진화적 • 불균형이 일반적	• 변화과정 강조 • 정태적 균형보다 동태적 과정 강조

자료: 한성안, 2020; 홍태희, 2016; 안희남, 2002; 임배근, 2012; Kapp et al. 2011

　　<표 3-4>는 주류경제학과 제도경제학의 경제학 방법론상의 차이를 보여준
다. 제도경제학이 등장한 이유 중 하나는 한계효용학파의 경제학에 동의할 수 없어
서였다. 신제도경제학은 신고전파의 미시적 기초를 수용했지만 왈라스의 일반균형
에는 동의하지 않는다. 신고전파경제학이 논리실증주의적 연구방법론과 방법론적
개체주의를 지향하며 '공리가 전제된 가설·연역적 방법(hypothetical deduction)'을
통해 실증적 분석으로 경제학의 진리성을 확보하는 것에 비해, 구제도경제학은 사
회유기체론적 관점에서 사회가 개인을 만든다는 것을 인정하며, '순환 누적 인과관
계(circular cumulative causation)'와 정형화된 사실을 바탕으로 진리성을 확보하려
고 한다. 신제도경제학은 전제에서는 구제도경제학의 정체성을 가지나 연구방법론
에서 주류경제학의 가설·연역적 방법도 수용한다.

| 표 3-4 | **주류경제학의 방법과 제도경제학의 방법론**

학파	경제학 방법론	연구의 과정
주류경제학	• 가설·연역적 방법 • 방법론적 개인주의 • 수리적 모형	공리(axioms) ⇨ 실증분석 ⇨ 정치적 제안
구제도경제학	• 전체론적 방법론과 다원적이며 다면적인 접근 • 진화생물학적 방법 • 정형화된 사실로부터의 경제 현상 설명	정형화된 사실(stylized facts) ⇨ 인과관계 분석 ⇨ 정치적 제안
신제도경제학	• 방법론적 개인주의 • 개인이 제도를 선택	공리(axioms), 정형화된 사실(stylized facts) ⇨ 실증분석, 인과관계 분석 ⇨ 정치적 제안
'신'구제도경제학	• 미시적 기초 인정 • 방법론적 전체주의	정형화된 사실(stylized facts) ⇨ 인과관계 분석 ⇨ 정치적 제안
포스트 케인지언 경제학	• 비판적 실재론과 역행추론	실재(reality) ⇨ 분석 ⇨ 정치적 제안

자료: 홍태희, 2007; 홍태희, 2016; 한성안, 2020; 장하준, 2005; Chavance, 2007

라카토슈의 MSRP에 따라 제도경제학 MSRP의 가능성을 <그림 1-1>의 주류경제학의 MSRP와 비교해서 살펴보자. 1장에서 보았듯이 주류경제학은 시장주의라는 신념과 일반균형이라는 중핵을 경험적 사실로 검증하고, 검증이 안 된 사실에 대해서는 반증주의로 진리성을 확보했다. 경험적 사실에 의해 반증되면 보호대를 만들어 중핵의 붕괴를 막으며 주류경제학의 지위를 누렸다(Lakatos, 1978; 홍태희, 2009).

주류경제학의 신념(1)은 시장주의이다. 이에 대해 주류경제학 내부의 균열은 없다. 그러나 제도경제학의 공통된 신념은 불분명하다. 다만 방편적으로 제도주의라고 할 수 있다. 사회계약설을 정리된 주류경제학의 사회관과는 달리 제도경제학은 사회관에서도 일관된 입장이 없다. 게다가 신제도경제학은 주류경제학의 미시적 기초를 인정하고 있다.

주류경제학의 중핵(3)은 일반균형이다. 이에 대해 제도경제학은 일반균형을 반대한다지만 자신들의 중핵을 무엇으로 할지에는 통일된 입장이 없다. '정형화된 사실'이나 '경제 현실'을 제시할 수도 있고, 진화와 제도, 기술 진보라고 할 수도 있지만 이를 일반화된 중핵으로 삼을 수는 없다.

제도경제학의 연구프로그램은 중핵을 지지하는 '보호대'(4) 역할을 비가역적인 시간, 관습과 도덕의 중요성, 다원주의로 두고 있지만 동시에 가설·연역적 분석도 보호대로 사용된다. 중핵과 보호대를 지지하는 '발견지침'은 반증 사실로 이루어지는 '부정적 발견지침'과 실증 사실로 이루어진 '긍정적 발견지침'이 있다. 제도경제학은 긍정적 발견지침으로 베블렌효과, 과시소비, 모방효과, 집단행위론, 진화론적 게임이론 등을 사용한다. 가설에 대한 검증(5) 과정에서 주류경제학은 가설·연역법에 따른 실증분석을 사용한다. 하지만 제도경제학은 정형화된 사실이 보여주는 인과관계 분석을 하거나 신제도경제학은 신고전파경제학과 같은 방법을 쓰기도 한다.

경험적 사실을 정형화된 사실(6)로 확인하는 과정을 거치거나, 제도에 대한 검증과정을 실증하면 제도경제학의 가설은 채택되거나(7a), 기각된다(7b). 이 과정을 거치며 중핵이 장기적으로 이론적이나 경험적으로 '새로운 사실들'에 부합되지 못한 상황이 잦아지면 연구프로그램의 신뢰가 떨어진다(7c). 그 결과 새로운 중핵이 등장(8)하거나, 연구프로그램이 개량된다(9)(홍태희, 2009; Backhouse, 1994).

전체적으로 보아 제도경제학의 연구프로그램은 대안적 MSRP로 변화하는 과정에서 구제도경제학을 진보적으로(progressive) 바꾸기보다 신고전파 주류경제학으로 '퇴보하느냐(degenerating)'는 과정을 겪었다. 오히려 주류경제학은 직접 나서서 베블렌 효과 같은 '새로운 사실들'을 수요의 예외 법칙으로 정리되어 버렸다. 이는 신제도경제학의 연구프로그램이 신고전파 주류경제학의 연구프로그램 속에 흡수되었다는 것을 의미한다. 이러한 상황을 타개하기 위해 '신'구제도경제학이 다시 제도경제학 고유의 연구프로그램으로 자리 잡으려 시도를 하고 있지만, 아직 대안적 MSRP로의 체계를 갖추지 못하고 있다고 평가된다.

Ⅳ. 제도경제학의 기여와 한계 그리고 과제

1. 제도경제학의 기여

제도경제학의 등장은 경제학계에 큰 영향을 미쳤고, 경제학의 발전에 크게 기여했다. 100여 년에 걸친 제도경제학의 역사를 통해 사회와 경제학의 발전을 이끌었다. 그리고 비주류경제학 중 어느 정도 주류경제학을 대체할 학문적 인프라를 갖춘 학파로 성장했다.

첫째, 제도경제학의 등장으로 경제학이 경제적 현실에 좀 더 다가가게 했다. 제도경제학은 맑스경제학처럼 현실 변화의 가능성을 구체적으로 제시하지는 못했지만, 경제학을 현실에 접근할 수 있도록 했다. 경제적 현실에 좀 더 맞는 경제학으로 접근하며 주류경제학으로 왜곡된 인간을 보통 인간으로 돌리는 데 이바지했다(Whalen, 2021).

둘째, 제도경제학은 경제학의 영향을 사회과학 전체에 미치게 했다. 제도경제학은 주류경제학이 제한시킨 경제학의 범위를 확장하며 여타 사회과학에서의 학문 발전에 긍정적 역할을 분명히 했다. 사실 많은 제도경제학자, 예를 들어 베블렌은 경제학보다 사회학에서 더 많은 영향력을 발휘하고 있다.

셋째, 제도경제학은 유기체적 사회관을 제시하면서 좋은 사회를 만들 가능성을 제시했다. 사회와 그 사회를 조율하는 제도는 변화하고 진화하는 유기체라는 것을 보여주면서 제도를 개혁하고 규칙을 개정하고 인센티브를 제공하면서 사회와 국가를 더 좋게 만들 수 있다는 가능성을 열어주었다.

넷째, 제도경제학은 시장은 물론 사회의 다양한 분야에 관한 연구와 실증분석으로 올바른 정책적 대안 마련에 기여했다. 특히 포스트 케인지언 경제학이나 여성주의 경제학 등 다양한 비주류경제학과 연대하여 현실을 더 잘 설명하는 경제학으로 도약하고 있다(Whalen, 2022).

다섯째, 경제외적 요인이 경제에 미치는 영향의 중요성을 상기시켰다. 제도 특히 역사, 법, 문화, 가치관, 도덕률, 관습, 정치, 리더쉽, 종교 등이 경제에 미치는 영향력을 보여주었다.

여섯째, 제도경제학은 제도와 관련된 많은 연구 주제를 주어서 경제학 연구자의 학문적 의욕을 불러일으키고, 이를 통해 경제학 발전에 기여했다. 따라서 비주류경제학의 미래에 제도경제학이 핵심적 역할을 할 것으로 보인다(Dequech, 2021).

2. 제도경제학의 한계와 과제

제도경제학의 한계는 다음과 같이 정리할 수 있다.

첫째, 제도경제학의 범위와 관련된 한계이다. 사회과학인 경제학의 연구는 사회의 제도에 관한 연구이다. 따라서 연구의 내용으로 따지면 경제학 중에서 제도경제학의 내용이 아닌 것이 없다. 이것이 제도경제학의 근본적 딜레마다. 사실 경제학은 고전학파에서 현대까지 경중은 다르지만, 제도에 관한 연구가 아닌 연구가 별로 없다. 근대경제학을 태동시킨 고전파경제학에서부터 제도의 중요성을 인지하고 있었고, 독일의 역사학파의 핵심 연구 과제도 제도 연구이다. 엄밀히 말하면 주류경제학도 시장이라는 제도를 효율적인 제도로 인식하고 시장기구라는 제도를 분석하고, 이를 계량화하려고 노력하며 경제행위의 배경을 연구한다는 점에서 일종의 제도경제학이라 할 수도 있다. 따라서 경제학에서 제도에 관한 연구를 한 것과 현실적으로 제도경제학파에 속한 것을 구분해서 정리할 때 큰 혼돈이 발생한다.

둘째, 제도경제학 내에는 너무나 이질적인 학문 전통이 혼재해있다. 학파의 발전 속에 분파가 생기는 것은 자연스럽지만 학파를 만든 학자와는 일정한 관계를 유지하는 경우가 대부분이다. 그러나 제도경제학 속에는 시조인 베블렌의 사상과 무관한 이질적인 분파도 있다.

셋째, 제도경제학은 제도가 중요하다는 관점 이외에 학파가 가져야 할 기본적인 신념이나 제도의 개념이나 학문 방법론 등에 대한 일관된 지침이 없다. 따라서 주류경제학에 대항하는 연구프로그램으로 한계를 가지고 있고, 오히려 흡수되었다고 할 수 있다. 무엇보다도 제도경제학이 통일된 신념체계를 발전시키지 못했다. 구제도경제학은 경제 분석의 도구조차 마련하지 못했고, 신제도경제학은 구제도경제학의 학문 전통도 도덕적 비전도 이어받지 못하고, 신고전파 주류경제학의 보호대로 전락했다. 그 결과 제도라는 주제는 주류경제학이 보완해야 할 과제였기에 제도가 제도경제학의 정체성과는 연관 없이 주류경제학계의 연구 주제로 유행처럼 사용되는 결과를 낳았다.

이런 딜레마는 학파의 정통성을 가지고 있는 구제도경제학이 경제학계에서 학문적 지위를 제대로 인정받지 못하고 사회학이나 정치학 영역으로 밀려난 것으로 잘 설명한다. 제도경제학이 대안적 정상과학이 되기 위해서는 이 같은 한계를 극복해야 한다. 이는 앞으로 제도경제학이 해결할 과제이기도 하다. 제도경제학 앞에 놓여 있는 과제를 정리하면 다음과 같다(Hodgson, 2018).

첫째, 기본적인 개념, 연구방법론, 학문적 신념에 관한 학파 내부의 합의가 있어야 한다. 아울러 다른 비주류경제학을 연계할 제도경제학의 위상에 맞는 융합적 경제학으로 거듭나야 한다. 현재 실험경제학이나 행동경제학은 물론 경제철학까지 제도주의 전통 속에서 융합해가는 에스터 밀리엄 센트(E.M. Sent) 같은 학자가 이 길을 열고 있다(Sent. 2013).

둘째, 주류경제학과의 관계를 분명히 해서 주류경제학으로 귀속될 분파와 비주류경제학으로 제도경제학 고유의 정체성을 유지할 분파로 확실히 분리해야 한다.

셋째, 베블렌주의 제도경제학, 즉 '신'구제도경제학은 설득력 있는 경제의 분석과 정치적 대안을 내놓을 수 있도록 현대적 수준의 분석기법을 이용한 연구 축적을 해야 한다.

넷째, 제도경제학에 대한 일반 교육과 전문 교육에 힘써야 한다. 전문 교육을 통해 제도경제학자의 재생산이 가능하게 하고, 일반 교육을 통해 정책입안자가 제도경제학의 성과를 정책에 반영할 수 있게 해야 한다.

Ⅴ. 제도경제학의 세계를 떠나며

이 책의 3장에서 우리는 제도경제학의 정체성과 가능성 그리고 한계를 살펴보았다. 먼저 제도경제학의 전개 과정을 살펴보고 이에 따라 제도경제학을 분류했다. 분류의 기준은 학자마다 차이가 있다는 것을 확인하며 분류 작업을 통해서도 제도경제학이 직면한 비일관성을 확인했다. 다음으로 제도경제학의 특징을 살펴보고 대안적 연구프로그램으로의 가능성을 라카토슈의 과학적 연구프로그램론을 통해 알아보았다. 그리고 제도경제학의 특징은 제도경제학의 시대에 따른 발전 양상이나 지역 그리고 제도경제학 내의 분파에 따라 정체성은 물론 연구방법론까지 차이가 나는 현실을 확인했다. 그리고 제도경제학이 대안경제학이 될 가능성을 베블렌의 진화와 제도의 원리 속에서는 찾을 수 있었으나, 이후 전개 과정에서 주류경제학의 보호대로 전락한 사실을 확인했다.

이런 한계에도 제도경제학의 기여는 분명하다. 제도경제학은 자본주의 경제 현실로 한 발짝 더 들어가서 경제학을 연구하는 계기를 마련해주었다. 그리고 경제에 제도라는 변수를 가져오는 작업을 통해 사회를 좀 더 좋게 만들 변화의 가능성도 열어 주었다. 이에 따라 제도적 여건의 바람직한 변화를 통해 경제성장은 물론 구성원의 삶도 개선하며 사회가 공동의 선을 향해 갈 가능성도 제시했다.

현재 모든 경제학자는 제도경제학자라고 말할 수 있을 정도로 제도경제학의 연구 범위는 광범위해지고 제도경제학의 정체성은 희석되었다. 그 과정에서 제도경제학은 베블렌이 비판한 주류경제학과 지나치게 가까워지고, 환원주의적 잣대로 사회와 경제를 이해하는 것을 당연시하게 되었다. 그 결과 학파의 고유한 특성은 사라지고 신고전파 주류경제학 연구프로그램의 중핵을 지지하는 보호대로 전락했다. 대안적 연구프로그램이 되기 위해서는 기존의 정상과학을 대처할 신념과 중핵이 있어야 한다. 주류경제학으로 완전히 흡수될 것인가? 아니면 고유의 길을 찾을 것인가? 이 선택이 제도경제학의 미래를 결정할 것으로 예측하며 제도경제학의 세계를 떠난다.

제4장

포스트 케인지언 경제학
Post Keynsian Economics

　조안 로빈슨(J. Robinson)은 1955년 쓴 책 『맑스, 마샬, 그리고 케인즈 (*Marx, Marshall, and Keynes*)』에서 "경제학을 배우는 목적은 경제 문제에 이미 정해진 답을 찾으려는 것이 아니라 경제학자에게 속지 않기 위해서이다(The purpose of studying economics is not to acquire a set of ready-made answers to economic questions, but to learn how to avoid being deceived by economists)."라고 일갈했다. 사이비 경제학자를 이렇게 조롱한 이 직설적이고 용감한 여성 경제학자는 케인즈가 거인이 되는 과정을 직접 지켜보았고, 그의 어깨 위로 올라가 세상을 내려 보고, 내려와서 자신도 거인이 되어 케인즈의 후예들과 같이 포스트 케인지언의 세계를 만들었다.

　로빈슨은 현실 경제 위기를 제대로 해명하지 못하는 경제학에 대해 비판하며 현실에 맞는 경제이론을 만들려고 했다. 그리고 그 방법에 대해서 1962년 그는 책 『경제철학(*Economic philosophy*)』에서 "과학은 시행착오를 거치며 발전한다. 만약 틀리는 것이 금지된다면 학문의 진보는 있을 수 없다(science progresses by trail and error and when it is forbidden to admit error there can be no progress)."라고 했다.

　폴란드 사람인 미하우 칼레츠키(M. Kalecki)는 독학으로 경제학을 공부했다. 그러나 단숨에 경제학박사들을 뛰어넘었고, 임금을 올려주는 것이 자본주의의 유지에 얼마나 중요한지 가르쳐주었다. 시장기구가 다 알아서 한다는 주류경제학의 헛소리에 그는 1943년에 쓴 논문 '완전고용의 정치적 측면(Political Aspects of Full Employment)'에서 "완전고용을 위해 진보 세력이 투쟁하는 것은 다시 파시즘이 우리를 지배하지 않게 하는 방법이기도 하다(The fight of the progressive forces for all employment is at the same time a way of preventing the recurrence of fascism)."라고 일갈했다.

　이탈리아 사람인 피에로 스라파(P. Sraffa)는 케임브리지에서 사서로 일했다. 그러나 수학으로 한계효용에 분칠하는 신고전파경제학의 허술한 민낯을 수학으로 폭로했다. 그는 1960년 출판한 책 『상품에 의한 상품 생산: 경제학 이론 비판의 서곡(*Production of Commodities by Means of Commodities: Prelude to a Critique of Economic Theory*)』으로 신고전파경제학의 대들보를 뽑아버렸고, 케인즈 혁명에 못지않은 스라파 혁명을 일으켰다.

　더 나은 경제학을 위해서 로빈슨, 칼레츠키, 스라파가 만들어 준 오류를 범할 수 있고, 비판할 수도 있는 자유를 가지고 4장에서는 포스트 케인지언 경제학의 세계로 들어간다.

제4장

포스트 케인지언 경제학
Post Keynsian Economics

Ⅰ. 포스트 케인지언 경제학의 세계로 들어가며

급격히 벌어지는 자산 격차와 실업, 요동치는 금융시장, 중국과 미국의 패권 전쟁과 중동 지역의 갈등, 코로나 19 팬데믹, 스태그플레이션, 동유럽의 전쟁 등으로 지구촌 전체의 불안이 가중되고 있다. 경제적인 면에서도 대부분 경제학자는 세계 경제가 직면한 문제가 시장의 조정 과정에서 발생하는 단기적인 불협이 아니라 근본적이고 구조적인 문제라는 점에는 공감하고 있다. 한국도 인구절벽, 고용절벽, 소비절벽 등의 극단적인 표현이 난무하는 가운데 잠재성장률마저 하락하고 있어 경제의 미래에 대한 불신과 비관만 넘쳐나고 있다.

이렇듯 어느 나라 할 것 없이 해결의 실마리를 찾지 못하는 현실 경제 상황 앞에 자본주의가 지속 가능한지에 대한 근본적 물음은 물론 기존의 경제학과 경제정책이 과연 무엇을 해줄 수 있는지에 대한 학문적인 회의도 증가하고 있다. 그러나 돌이켜보면 자본주의 역사 속에는 늘 경제위기가 발생했고, 이에 따라 당대의 경제학도 위기에 빠졌다. 그리고 이 위기에 대응하면서 경제학 역사도 바뀌었다.

20세기 이후 겪은 첫 번째 경제학의 위기는 1929년 대공황과 더불어 발생했다. 이 첫 번째 위기는 존 메나드 케인즈(J. M. Keynes)와 미하우 칼레츠키(M. Kalecki)의 합작인 유효수요 이론으로 극복했다. 두 번째 경제학의 위기는 1972년 조안 로빈슨이 황금시대의 종말이라고 명명한 1970년대 초의 경제위기이다. 그리고 이 두 번째 위기는 금융주도 경제시스템으로 전환되면서 통화주의 경제학의 길을 열었다. 그리고 세 번째 경제학의 위기는 2008년 금융위기로 현재까지 진행되고 있는 위기이다. 대부분 나라에서 양적 완화를 통해 경기를 부양했지만 자산 시장의 폭등과 불평등의 심화를 불러왔고, 물가가 올라가자 금리를 올릴 수밖에 없어졌고 그 결과 자산시장이 폭락의 위기에 서게 되었다. 그러나 이 혼돈 속에서 아직은 대안경제학의 윤곽이 잡히지 않고 있다.

현재 직면한 경제학의 위기에 대한 경제학계의 반응은 크게 세 가지로 나뉜다. 첫 번째 입장은 현재의 주류경제학 자체에는 문제가 없으니 좀 더 정교한 경제분석 모형을 만들어 보완해야 한다는 것이다. 두 번째는 신오스트리아학파나 새고전학파 일부, 폴 크루그먼(P. Krugman) 등의 학자들 입장이다. 이들은 주로 경제위기의 원인 제거에 집중한다. 그리고 그 원인을 정부의 잘못된 시장 개입, 중앙은행의 잘못된 상황 판단, 지나친 재정적자, 중국 위안화의 저평가 등에서 찾는다. 그리고 이를 해결하는 정책 개발에 주력한다. 마지막 입장은 비주류경제학자들에 의해 제시되고 있다. 현재 주류경제학의 오류와 이에 따라 운용된 경제시스템이 경제위기를 만들었다는 주장이다. 이들은 기존 경제학을 전면적으로 개혁해야 한다고 주장하며 대안적 경제학과 그에 따른 경제정책의 필요성을 강조한다. 이런 가운데 현실은 여전히 첫 번째 입장과 두 번째 입장이 주도하고 있다.

우리는 이 책에서 세 번째 입장에 서서 현재 직면한 경제학의 위기를 주류경제학의 위기라고 본다. 그리고 이를 해결할 대안경제학으로 포스트 케인지언 경제학을 주목한다. 비주류경제학 중에서도 비주류경제학이라고 칭해지는 포스트 케인지언 경제학은 최근에 와서 대안적 거시경제학으로서의 가능성을 어느 정도 인정받고 있다. 이에 따른 연구가 외국에서는 비교적 활발하게 진행되고 있다. 한국에서도 여러 학자의 선행 연구가 있었고, 경제정책으로도 관심을 받고 있다.[1]

이 책의 4장에서 우리는 기대를 가지고 로빈슨과 칼레츠키의 포스트 케인지언 경제학을 만나서 이 학파가 과연 대안이 될 수 있을지를 확인한다.[2] 4장의 순서

---

1) 한국의 경우 2013년부터 새천년민주당이 제시하고, 2017년부터 문재인 정부가 추진한 소득 주도 경제성장이 대표적인 예이다. 이 정책은 전형적인 포스트 케인지언 거시경제학을 근거로 하는 경제정책이다.
2) 이 책은 아직 학파의 정체성을 뚜렷하게 제시하지 못하고 있는 포스트 케인지언 경제학

는 다음과 같다. 먼저 포스트 케인지언 경제학의 전개 과정을 살펴보고 포스트 케인지언 경제학의 특징을 주류경제학과 비교해서 살펴본다. 이를 통해 포스트 케인지언 경제학의 경계를 구분한다. 다음으로 라카토슈의 MSRP를 이용하여 포스트 케인지언 경제학의 과학적 연구프로그램으로의 완결성을 가름한다. 마지막으로 포스트 케인지언 경제학의 기여와 한계 및 앞으로의 과제를 제시한다.

Ⅱ. 포스트 케인지언 경제학의 전개 과정

1. 포스트 케인지언 경제학의 전개 과정

포스트 케인지언 경제학은 케인즈와 칼레츠키 이후 현재까지 80여 년의 역사를 가졌다. 그러나 아직 통일된 경제이론과 연구방법론을 갖추지 못한 비주류경제학파이다. 게다가 포스트 케인지언 경제학은 이름도 통일하지 못하고 있다.[3] 사실 포스트 케인지언 경제학자 사이에는 주류경제학에 동의하지 못한다는 점 외에는 공통점이 없다는 지적이 나올 정도로 학파의 정체성은 물론 다른 경제학파와의 경계 또한 명확하지 않다. 따라서 학파의 형성과 발전과정 및 특성을 일반화하는 것은 개별학자의 견해를 왜곡할 가능성도 있다. 그런데도 현시점에서

을 소개하면서 지면의 제약으로 지나치게 단순화시키고, 일반화시키며, 특히 마크 라브와(M. Lavoie)의 입장을 전체의 입장으로 과장한 한계를 가지고 있다. 따라서 이 책에서 제시하는 학파의 전개 과정이나 주장에 대해서 동의할 수 없는 포스트 케인지언도 있을 수 있다.

3) 포스트 케인지언 경제학은 영어로도 아직 명칭 통일을 하지 못하고 있다. 'Post-Keynesian', 'Post Keynesian', 'post-Keynesian', 'post Keynesian' 등으로 쓰인다. 한 학자의 글에서도 여러 표현이 사용된다. 'Post-Keynesian'이란 용어를 처음 쓴 사람은 로빈슨이다. 이를 학파로 주창한 알프레드 아이크너(A. Eichner)와 얀 크레겔(J. Kregel)은 처음 쓸 때는 'post-Keynesian'으로 썼다(Eichner & Kregel, 1975). 이후 'Post-Keynesian'으로 쓴다. 영국의 포스트 케인지언은 'Post-Keynesian'이라고 쓰고, 리와 라브와(Lee & Lavoie, 2013)도 그렇게 쓰지만, 와인트로브, 데이비드슨 같은 미국 포스트 케인지언은 'Post Keynesian'으로 쓴다. 이들은 좀 더 근본주의적 관점을 가진다. 'Post-Keynesian'이 주로 사용되었지만, 현재는 이들의 대표 학술지가 《*Journal of Post Keynesian Economics*》이듯이 점차 'Post Keynesian'으로 정리되는 분위기이다(King, 2015). 존 헨리(J. Henry)는 신고전파경제학과 대비되는 것을 강조하는 의미에서 'post-classical'로 부르자고 제안하기도 했다(Henry, 1993).

여러 학자들이 일반적으로 동의하는 학파의 전개 과정을 살펴보면 다음과 같다.

포스트 케인지언 경제학파의 중심에는 케인즈가 있다. 학파는 1930년대에 영국 케임브리지 대학교를 배경으로 로빈슨, 리차드 칸(R. Kahn), 조지 새클(G. L. S. Shackle) 등 케인즈와 직·간접적으로 인연이 있는 학자들에 의해 태동하였고(Lavoie, 2014, pp. 30-33), 이들과 뜻을 같이한 미국의 시드니 와인트로브(S. Weintraub), 얀 크레겔(J. Kregel), 폴 데이비드슨(P. Davidson) 등에 의해 뿌리를 내렸다. 이들은 아서 피구(A. C. Pigou), 돈 패틴킨(D. Patinkin), 존 힉스(J. Hicks) 등의 케인즈경제학에 대한 이해에 동의할 수 없었고, 오히려 케인즈의 일반이론을 왜곡시켰다고 비판하며 자신들이 일반이론의 핵심으로 파악한 불확실한 미래에 대해 투자와 거시경제에서의 화폐시장의 역할을 강조하며 독자 노선을 만들어갔다(Lavoie, 2014; 이상헌, 2005).

이들은 케인즈뿐 아니라 칼레츠키의 실물경제 분석에도 영향을 받는다. 로빈슨이 칼레츠키의 이론이 케인즈의 이론보다 일반이론에 더 가깝다고 주장하기도 할 만큼 칼레츠키가 포스트 케인지언 경제학에 미친 영향을 크다.(Robinson & Eatwell, 1973, p. 97). 이들은 칼레츠키의 '실업이 존재한 상태 속의 균형', 계급 갈등, 독점적 경쟁 시장 구조, 소득분배를 고려한 유효수요이론에 영감을 받으며, 케인즈의 화폐 경제 분석과 칼레츠키의 실물경제 분석을 결합한다. 이런 과정에 보이지 않는 손의 조정 능력과 '세이(Say)의 법칙'을 내세운 주류경제학과 결별하고, 유효수요, 다중 균형, 경로 의존성, 비자발적인 실업, 근원적 불확실성을 키워드로 한 포스트 케인지언 경제학의 기본 골격을 마련했다. 물론 포스트 케인지언 경제학은 케인즈나 칼레츠키뿐 아니라 맑스의 영향도 받았다. 특히 '칼레츠키언(Kaleckians)'과 '스라피언(Sraffians)' 속에 확인되는 맑스경제학의 영향은 분명하다.

이러한 경제학의 태동에는 니콜라스 칼도(N. Kaldor)의 공헌이 컸지만, 학파로의 구체적인 출발을 알린 사람은 로빈슨이다. 포스트 케인지언 경제학이란 용어를 처음 명명한 로빈슨은 케인즈경제학에 장기 동태적 관점을 보완해 케인즈경제학을 재해석했다. 이런 가운데 50년대 후반 출판된 로빈슨(1956)의 『자본축적론(*The accumulation of capital*)』, 칼도(1956)의 논문 "대안적 소득분배론(Alternative Theories of Distribution)"은 포스트 케인지언 경제학의 정체성과 발전 방향을 잡아주었다. 이들은 장기에서도 유효수요 이론이 적용된다고 주장하며 케인즈경제학의 전성기였던 1950년대와 60년대에 신고전파경제학과 통합된 케인지언 경제학과는 다른 길을 간다. 이 길을 개척하면서 포스트 케인지언 경제학은 시대의 변화와 함께 자신들의 이론 영역을 확장해간다.

아래의 <표 4-1>은 학파의 전개 과정과 시대별로 나타난 학파의 주요 이슈를 보여준다. 1930년대 실업 문제와 1960년대 성장론에 대한 논의를 거친 포스트 케인지언 경제학의 전개 과정에 특히 주목할 만한 사건은 1960년대에 영국 케임브리지 대학교와 미국 케임브리지에 있는 MIT 대학교의 연구자 사이에 있었던 '자본 논쟁(capital controversies)'이다. 시작은 로빈슨(1953)의 논문에 대해 주류경제학자 로버트 솔로(R. Solow)가 해석을 제시하면서 경제학계의 관심을 받게 되었다(Solow, 1956). 이런 상황 속에 와인트로브가 영국과 미국 경제학자 사이의 가교 구실을 하자 관심은 논쟁으로 발전되었다(Weintraub, 1961). 당시 이들 영국 학자와 미국 학자의 교환 연구도 활발했다. 와인트로브의 제자인 데이비드슨은 영국 케임브리지에서 연구년을 보냈고, 데이비드슨의 제자인 크레겔은 케임브리지에서 수학했다. 논쟁의 최전선에 선 영국 측 학자는 로빈슨, 칸, 피에란젤로 가레냐니(P. Garegnani), 루이지 파지네티(L. L. Pasinetti)였고, 미국 측 학자는 사무엘슨과 솔로였다.

신고전학파 경제학의 한계 생산력에 따른 가격결정 방식을 두고 벌인 이 논쟁은 자본에 대한 이해를 새롭게 하며 주류경제학의 근본적인 문제를 확인하는 계기도 되었지만, 논의의 장을 유럽과 미국으로 확장하는 계기도 되었다. 논쟁의 결과 주류경제학의 한계주의의 오류가 분명해지고, 화폐의 내생성, 비용 견인 인플레이션 등의 개념과 피에로 스라파(P. Sraffa)의 경제이해가 경제학 세계 속으로 들어왔다(박만섭, 2005, pp. 294-299).

1970년대에 와서는 제도적 뒷받침이 따르자 포스트 케인지언 경제학의 실질적인 활약이 시작되었다. 1971년 로빈슨이 전미경제학회에 초대되었는데 당시 전미경제학회 회장이던 존 케네스 갤브레이스(J. K. Galbraith)는 이들 비주류경제학자의 활동을 지지해주었다. 갤브레이스의 이러한 지지에 힘입어 알프레드 아이크너(A. Eichner), 어드워드 넬(E. Nell), 크레겔, 민스키 등의 학자들은 경제학계 내에 포스트 케인지언 경제학만의 둥지를 튼다. 이 중 아이크너와 크레겔은 경제학의 새로운 패러다임으로 포스트 케인지언 경제학을 천명했다(Eichner & Kregel, 1975).

| 표 4-1 | **포스트 케인지언 경제학의 전개 과정**

연대	강조점	학파의 성취
1930년대 - 1940년대	• 비자발적 실업 • 경기 순환	• 케인즈, 칼레츠키 등장 • 케인즈경제학 혁명 시작
1950년대 - 1960년대	• 장기 유효수요이론 • 네오 케인지언 성장 분배 모형 • 자본 논쟁	• 장기 유효수요이론 • 자본 개념 • 성장과 분배론
1970년대	• 거대기업 이론 • 가격설정론	• 기업이론과 관리가격론, • 학술지(CJE, JPKE) 발간
1980년대	• 칼레츠키언 성장 모형 • 화폐의 내생성 문제 • 금융 불안정성 가설	• 불확실성 개념 장착 • 칼레츠키언과 민스키언으로 발전
1990년대	• 연구방법론으로 비판적 실재론 • 경제사상사 • 성장과 분배론 • 경제학 교육	• 입문서와 교과서 작업 • 비판적 실재론과 연계
2000년대	• 경제정책 개발 • 세계화에 대응한 국가 간 모형 • 실증 계량 분석 • 포스트 칼레츠키언 성장 분배	• 실증분석 축적 • 화폐, 분배, 자본 축적, 성장을 포괄한 모형 작업
2010년대	• 경로 의존성 • 금융 불안정성, 금융위기 • 환경경제학 • 포스트 칼레츠키언 성장 분배	• 다른 비주류경제학과 연대 • 2008년 금융위기 이후 대안적 경제학으로 등장

자료: Lavoie, 2014, p. 34; Fontana, 2009; Hein, 2014a

　　1970년대의 오일 쇼크 이후 세계 경제가 여전히 긴 불황의 흔적을 지우지 못한 1980년대와 IT 신경제의 90년대는 '불확실성의 시대(age of uncertainty)'였다 (Fontana, 2009). 그 사이 포스트 케인지언 경제학에 관심을 두는 학자들도 증가 했는데 무어가 1988년에 쓴 『수평주의자와 수직주의자: 신용화폐의 거시경제학 (*Horizontalists and Verticalists: The Macroeconomics of Credit Money*)』은 포스트 케인지언 발전에 크게 기여했다(Moore, 1988). 하먼 민스키(H. Minsky)의 '금융 불안정 가설(financial instability hypothesis)', 로버트 로손(R. Rowthorn), 아미타바 크리슈나 두트(A. K. Dutt), 아미트 바두리(A. Bhaduri), 스티븐 마글린(S. A. Marglin) 등의 성장-분배 모형도 대안경제학으로서의 입지를 강화시켰다.

21세기에 와서는 비주류에서 주류로 도약하려고 시도하며 그동안 소홀했던 미시 영역에 관한 연구는 물론 다양한 실증분석이 시도되었다. 미시경제 분야에는 가격론과 기업 경영 부분의 대안적 기업이론도 등장했다(조태희, 2006; Lee, 2010b). 아울러 2008년 금융위기 이후 대안을 모색하는 경제학자들에 의해 포스트 케인지언 입장에서의 경제위기와 금융위기에 대한 분석도 시도되었다(조복현, 2009; 조복현, 2015; Kenn, 2015).

세계 지역별로 많은 포스트 케인지언 네트워크가 생기면서 이를 공론화하고 교육하려는 노력도 따랐다.[4] 대안적 경제학 방법론도 제시하였고(Fontana, 2009), 대안적 경제학 교과서와 다양한 포스트 케인지언 경제학 입문서도 발간되었다. 대표적인 작업으로는 이미 발표된 아레스티스와 스쿠라스(Arestis & Skouras, 1985), 라브와(Lavoie, 1992), 데이비드슨(Davidson, 1994) 외에도 라브와(Lavoie, 2006), 하인과 스톡함머(Hein & Stockhammer, 2011), 하이네와 헤르(Heine & Herr, 2013), 라브와(Lavoie, 2014), 하인(Hein, 2014b), 킹(King, 2002), 킹(King, 2015)을 들 수 있다. 하코트와 크리슬러(Harcourt & Kriesler, 2013)와 킹(2012)은 핸드북 작업도 했다.

이러한 일련의 전개 과정을 거치며 학파로서의 면모도 갖추어갔다. 관련 학술지들을 창간했는데 대표적인 학술지인 《*Cambridge Journal of Economics, CJE*》가 1977년, 《*Journal of Post Keynesian Economics, JPKE*》가 1978년에 창간된다. 《*Journal of Economic Issues*》에도 포스트 케인지언 관련 논문이 실리고 있고, 《*Metroeconomica*》, 《*Review of Political Economy*》, 《*European Journal of Economics and Economic Policies, Intervention*》, 《*Review of Radical Political Economics*》 같은 다양한 비주류경제학술지 속에서도 주요 연

---

4) 현재 전 세계적으로 포스트 케인지언 경제학의 후진 양성을 위한 대학원 교육이 이루어지고 있다. 미국의 University of Massachusetts Amherst, New School for Social Research New York, University of Missouri Kansas City, University of Utah Salt Lake City. 영국의 Leeds University Business School, 프랑스의 University of Paris 13이 대표적인 예이다(Lavoie, 2014).

구 분야로 자리매김했다(Hein 2014a).

현재 포스트 케인지언 경제학을 기반으로 한 연구 조직들이 세계 각처에 생기고, 다양한 학술 행사도 정기적으로 이루어지고 있다. 북미지역에는 레비경제연구소 (Levy Economics Institute)의 'Annual Hyman P. Minsky Conferences in New York'과 'International Post Keynesian Conferences in Kansas City', 'Minsky Summer Seminars in Annandale-on-Hudson'이 대표적인 학술 행사이다. 연구 모임으로도 영국에서는 Post-Keynesian Economics Study Group(PKSG), Annual Workshops, Seminar Series at University of Cambridge, Kingston University London, Leeds University Business School and SOAS, London, 독일의 German Keynes Society, Small Annual Conferences for German Speaking Participant, Research Network Macroeconomics and Macroeconomic Policies(FMM), Annual International Conferences, Biennial Summer Schools를 들 수 있다(Hein, 2014a). 포스트 케인지언 경제학의 입문서도 20세기 말에서 현재까지 많이 출간되면서 학파 의 발전과정을 보여준다. 대표적인 작업으로는 아레스티스(Arestis, 1992), 라브와 (Lavoie, 1992), 데이비드슨(Davidson, 1994), 라브와(Lavoie, 2006), 하인과 스톡함 머(Hein & Stockhammer, 2011), 라브와(Lavoie, 2014), 킹(King, 2015), 웰렌 (Whalen, 2022) 등이 출판되었다.

2. 포스트 케인지언 경제학의 분류와 범위

포스트 케인지언 경제학은 발전과정에 다양한 학문적 갈래를 만들었다. 이를 확인하기 위해 포스트 케인지언이 누구를 포스트 케인지언으로 판단하는지를 살 펴보자. 먼저 포스트 케인지언 경제학자는 데이비드슨(2002)이 주장한 것처럼 '좁 게 보면(small tent)' 케인즈를 추종하지만, 신고전파경제학의 화폐의 중립성 공리 나 대체 가능성의 공리에 반대하는 학자들을 지칭한다. 그러나 라브와(2014)처럼 '넓게 보자면(big tent)' 주류경제학에 반대하는 칼레츠키언, 스라피언, 제도주의자 도 포함한다.

아래의 <표 4-2>는 대표적인 포스트 케인지언들이 포스트 케인지언의 그 룹을 나눈 것이다. 이들 분류에 속한 그룹의 특징은 다음과 같이 설명된다. 근본 주의자는 화폐, 유동성 선호, 불확실성, 경제학 방법론을 강조한다. 칼레츠키언은 대부분 가격설정론이나 성장과 순환 문제와 이윤과 임금 주도 성장 모형을 많이 다룬다. 이에 비해 스라피언은 잉여접근법이나 상대가격 문제, 자본가동률과 정 상이윤율 등이 주요 관심이다. 제도주의자들은 제도가 경제에 미치는 영향을 주 목하고, 칼도리언은 성장, 화폐, 그리고 생산성이 주요 연구 주제이다. 민스키언 이라고 불리는 학자들은 금융위기나 금융 불안정성을 주로 연구한다. 그러나 이 들 사이의 경계는 사실 모호하다.

| 표 4-2 | **포스트 케인지언 경제학의 그룹**

학자	하모다와 하코트 (Hamouda & Harcourt, 1988)	아레스티스와 소여 (Arestis & Sawyer, 1993)	아레스티스 (Arestis, 1996)	라브와 (Lavoie, 2014)	킹 (King, 2015)
분류	• 근본주의자 • 칼레츠키언 • 스라피언	• 마샬리언 • 칼레츠키언 • 스라피언 • 제도주의자	• 마샬리언 • 로빈스니언 • 스라피언 • 제도주의자	• 근본주의자 • 칼레츠키언 • 스라피언 • 제도주의자 • 칼도리언	• 근본주의자 • 칼레츠키언 • 민스키언

자료: Hein, 2014a; Hamouda & Harcourt, 1988; Arestis & Sawyer, 1993; Arestis, 1996; Lavoie, 2014; King, 2015

하모다와 하코트는 미국 포스트 케인지언 경제학, 칼레츠키언, 스라피언 세 그 룹으로 나눈다(Hamouda & Harcourt, 1988). 미국의 포스트 케인지언으로는 와인 트로브, 데이비드슨, 크레겔, 민스키로 마샬적 경제학 전통을 잇지만, 케인즈의 불확실성을 강조하는 학자들이다. 아레스티스와 소여는 마샬리언, 칼레츠키언, 스라피언[5], 제도주의자로 나누고(Arestis & Sawyer, 1993), 아레스티스는 칼레츠

---

5) 스라피언은 신고전파경제학에 반대하며 스라파 경제학을 잇는 학자들로 각각 리카도, 맑스, 스미 스의 전통을 이어받은 것에 따라 내부적으로 그룹이 나뉘어 있다. 이 문제는 스라피언 경제학이 포스트 케인지언 경제학인가 하는 문제와 연결된다. 이는 포스트 케인지언 경제학이 무엇보다 먼 저 정리해야 할 문제이다. 박만섭(2007)의 경우 스라피언과 포스트 케인지언 경제학을 분리해서 소개한다. 여기서 스라피언은 장기 유효수요, 기술 문제, 화폐의 분배적 측면을 강조하는 데 비 해, 포스트 케인지언 경제학은 내생적 화폐론, 가격결정론, 칼레츠키적 성장—분배이론, 저량— 유량 일관성 모형 등을 강조한다. 그러나 현재 스라피언을 큰 틀에서 포스트 케인지언 경제학으

키언 대신 로빈스니언으로 바꾸어 분류한다(Arestis, 1996).

국내에서도 번역된 포스트 케인지언 경제학의 입문서에서 라브와는 근본주의자, 칼레츠키언, 스라피언, 제도주의자, 칼도리언으로 나눈다(Lavoie, 2014). 킹은 근본주의자, 칼레츠키언, 민스키언 세 그룹으로 나눈다(King, 2015). 만약 단순하게 지역으로 포스트 케인지언을 나눈다면 미국 포스트 케인지언과 유럽 포스트 케인지언으로 나눌 수 있다.

아래의 <표 4-3>은 라브와가 포스트 케인지언 경제학의 범위와 강조점 그리고 그룹을 나눈 것이다(Lavoie, 2014).

| 표 4-3 | **라브와(M. Lavoie)의 포스트 케인지언 그룹 분류**

그룹	주요 강조점	원조 학자	소속 학자
근본주의자 케인지언 (Fundamentalist Keynesians)	• 근원적 불확실성 • 화폐 경제 • 금융 불안정 • 경제학 방법론	• 케인즈(J. M. Keynes) • 민스키(H. Minsky) • 로빈슨(J. Robinson) • 섀클(G.L.S. Shackle) • 와인트로브 (S. Weintraub)	• 카르발류(F. Carvalho) • 칙(V. Chick) • 데이비드슨(P. Davidson) • 데케흐(D. Dequech) • 다우(S. Dow) • 폰타나(G. Fontana) • 크레겔(J. Kregel) • 해론(E. Le Heron) • 모어(B. Moore) • 카르발료(C. de Carvalho)
칼레츠키언 (Kaleckians)	• 분배-성장모형 • 유효수요 • 계급 갈등 • 가격 결정	• 아시마코플로 (T. Asimakopulos) • 해리스(D. Harris) • 칼레츠키(M. Kalecki) • 로빈슨(J. Robinson) • 스탠들(J. Steindl)	• 배두리(A. Bhaduri) • 블레커(R. Blecker) • 듀트(A. Dutt) • 하인(E. Hein) • 파짜리(S. Fazzari) • 크리슬러(P. Kriesler) • 소여(M. Sawyer) • 스톡함머(E. Stockhammer) • 테일러(L. Taylor) • 토포로프스키(J. Toporowski)

로 분류하는 것이 일반적이다. 이런 경계의 문제는 다른 비주류경제학과 포스트 케인지언 경제학에서도 발견된다. 가령 조절학파와 포스트 케인지언, 맑스경제학과 포스트 케인지언 사이에도 합의되어야 할 점이 있다. 스라피언에 대해서는 박만섭(2007, pp. 135-148), 박만섭(2020) 참조

스라피언
(Sraffians)
	• 상대가격
	• 다 부문 생산
	  시스템
	• 장기에서
	  생산을 고려한
	  자본 이론
		• 바라드와시
		  (K. Bharadwaj)
		• 가레냐니(P. Garegnani)
		• 파시네티(L. Pasinetti)
		• 스라파(P. Sraffa)
			• 시코네(R. Ciccone)
			• 쿠르츠(H. Kurz)
			• 몽지오비(G. Mongiovi)
			• 파코니(C. Panico)
			• 페리(F. Petri)
			• 피베티(M. Pivetti)
			• 롱카글리아(A. Roncaglia)
			• 사라토리(N. Salvadori)
			• 세폴드(B. Schefold)
			• 새라노(F. Serrano)
			• 스티드만(I. Steedman)

제도주의자
(Institutionalists)
	• 가격 설정
	• 기업이론
	• 금융기관
	• 행동경제학
	• 노동경제학
		• 앤드류(P. Andrews)
		• 딜러드(D. Dillard)
		• 아이크너(A. Eichner)
		• 갤브레이스
		  (J. K. Galbraith)
		• 조제스쿠 뢰겐
		  (N. Georgescu−Roegen)
		• 러너(A. Lerner)
		• 민스(G. Means)
			• 던(S. Dunn)
			• 얼(P. Earl)
			• 풀와일러(S. Fullwiler)
			• 갤브레이스(J. Galbraith)
			• 하비(J. Harvey)
			• 올리언(A. Orléan)
			• 월렌(C. Whalen)
			• 레이(R. Wray)

칼도리언 (Kaldorians)	• 경제성장 • 생산성 레짐 • 개방경제 • 제한 • 실물 금융 결합	• 콘웰(J. Cornwall) • 고드리(W. Godley) • 고드윈(R. Goodwin) • 해로드(R. Harrod) • 칼도(N. Kaldor)	• 보이어(R. Boyer) • 맥콤비(J. McCombie) • 쿠츠(K. Coutts) • 네스페파드(R. Naastepad) • 놀먼(N. Norman) • 팰리(T. Palley) • 프티(P. Petit) • 세터필드(M. Setterfield) • 스컷(P. Skott) • 스톰(S. Storm) • 설웰(A, Thirlwall)

자료: Lavoie, 2011, p. 19; Lavoie, 2014, p. 43; Hein, 2014b; Whalen, 2022

근본주의자들은 근본적인 불확실성과 화폐적 생산경제란 케인즈의 견해를 고수하는 그룹이다. 이에 비해 네오 맑스주의 경제학이라고 불리기도 하는 칼레츠키언 경제학은 칼레츠키의 유효수요론, 계급 갈등과 역학관계, 분배 문제를 중심에두고 분석한다. 스라피언의 문제의식은 더 근본적이다. 이들은 상품에 의한 상품의 생산, 자본 개념의 재정립으로 신고전파경제학의 허구성을 학계에 폭로했다.

제도주의자들은 미국 제도학파의 전통을 이으면서 화폐나 금융기관 등의 제도가 경제에 미치는 영향을 강조한다. 아울러 가격 결정이 시장이 아니라 생산자에의해서 결정된다는 비용할증 가격론 같은 가격결정론을 주장하는 것도 이들의특징이다(Whalen, 2022). 이외에도 칼도의 성장론을 계승 발전시키는 칼도리언도경제성장론을 주제로 활발하게 활동하고 있다(Lavoie, 2014).

주류경제학 내에도 신고전파경제학, 통화주의, 새고전파 등의 학파가 있는 것처럼 포스트 케인지언 경제학 내에 다양한 그룹이 있다는 것은 자연스러우며, 이런 다양성은 대안경제학으로의 가능성으로 볼 수도 있다. 주류경제학의 완고한학문체계에 대해 비주류경제학인 포스트 케인지언 경제학이 다양한 부문에서 대안을 제시하는 노력의 표현이라고도 할 수 있고, 포스트 케인지언 경제학이 개방적인 체제를 가지고 여러 관점으로 포괄하며 발전하고 있기 때문이기도 하다.

Ⅲ. 포스트 케인지언 경제학의 정체성과 특징

1. 포스트 케인지언 경제학의 정체성

하모다와 하코트가 포스트 케인지언 경제학을 '무엇이든 집어넣는 여행 가방같은 용어(portmanteau term)'라고 지적할 만큼 포스트 케인지언 경제학의 경계는명확하지 않다(Hamouda & Harcourt, 1988). 학계의 동의를 반대 없이 얻을 수 있는 포스트 케인지언 경제학의 특징은 비주류경제학이라는 점뿐일 수도 있다.

박만섭은 주류경제학과 비주류경제학을 다음과 같이 정의한다."'주류경제학'은(i) 경제적 문제는 '희소한 자원의 효율적 배분'의 문제이고, (ii) 경제적 결정은일차적으로 개인(개인 소비자, 개인생산자)에 의해 결정된다는 입장을 취하는 경제학으로 정의한다. […] 이런 경제적 문제의 해결에서는 다음의 세 가지가 '주어진 것'(데이터)으로 가정된다. ① 개인 소비자의 선호 ② 생산기술상태 ③ 부존자원의 양과 분배. 〔...〕 그리고 가장 넓은 의미의 '비주류경제학'은 당연히 이 '주류경제학'에 대한 비판과 대안을 제시하는 경제학으로 정의될 것이다. 〔...〕 이들은 (i') 경제학적 문제는 '희소한 자원의 효율적 배분'의 문제가 아니라 '경제의 재생산성'이며, (ii') 경제적 결정은 일차적으로 개인에 의해 내려지지 않고 오히려 개인의 결정은 자신이 속해 있는 사회에 의해 제한되고 규정된다는 세계관을 취한다는 공통점을 갖고 있다"(박만섭, 2007, pp. 133 – 135).

이를 바탕으로 이해한다면 비주류경제학은 주류경제학의 특징에 동의할 수 없는 경제학 일반을 지칭한다. 이러한 비주류의 입장에 서 있는 대표적인 학파라고 할 수 있는 포스트 케인지언 경제학은 아이크너와 크레겔(1975)이 천명한 것처럼 성장과 순환, 역사와 시간의 비가역성, 불완전한 정보와 근본적인 불확실성, 불완전 경쟁 시장과 고정된 한계비용, 화폐신용 생산경제, 실재 세계를 키워드로 케인즈의 수요중심 경제를 받아들이지만 케인즈의 한계 또한 인정하고 극복하려는 경제학이다. 특히 포스트 케인지언 경제학은 임금, 이자율을 실물적 현상이 아니라 화폐적 현상이라고 강조한다. 실물이 중요하지 않다는 것이 아니라 자본주의 경제체제에서는 실물이 화폐화되어 있다는 것이다(이상헌, 2005). 이러한 경제학은 제도와 역사 속에 불완전한 정보와 숱한 제약 속에 경제적 결정을 하는 경제주체를 주인공으로 한다.

| 표 4-4 | 포스트 케인지언 경제학의 핵심 전제 비교

학자	갤브레이스 (1978)	로빈슨 (1978)	데이비드슨 (1982)	다우 (1991)	털월 (1993)	칙 (1995)
핵심 전제	• 관리된 시장 (시장 개입) • 관리된 총수요	• 시간 • 변화	• 비가역적 시간 • 불확실성 • 분배, 역학 관계 • 물적 자본과 금융자본 차이 • 소득효과와 대체효과 해명 • 제도의 중요성	• 실재론 • 유기체론 • 열린 체제 • 다원주의 • 화폐신용 생산경제 • 유효수요 • 경기순환과 성장	• 생산물 시장 고용량 결정 • 비자발적 실업 • 투자가 저축 결정 • 화폐시장 • 화폐의 비중립성 • 불확실성과 동물적 본능	• 실재에 입각한 추상화 • 비가역적 시간 • 전체론 • 계급

학자	아레스티스 (1996)	파지네티 (2005)	라브와 (2006)	홀트 (2007)	스톡함머 (2014)	킹 (2015)
핵심 전제	• 비판적 실재론 • 불확실성과 역사 • 화폐와 금융 • 가격결정론 • 계급 갈등 • 성장과 순환 • 불안정성 가속되는 자유시장	• 실재론 • 내적 일관성 • 생산 • 역사적 시간, 불확실성 • 미시 전에 거시 • 불안정성 • 성장과 분배 • 깊은 사회적 연관	• 유효수요 • 시간의 비가역성	• 실재 세계 • 역사적 시간 • 불확실한 미래 • 제도	• 유효수요 • 사회적 갈등 • 근원적 불확실성	• 생산물 시장이 고용 결정 • 비자발적 실업 • 투자가 저축 결정 • 화폐경제 • 화폐 중립성 비판 • 불확실성

자료: Thirwall, 1993; Sawyer, 1988; King, 2015; Hein, 2014a; Lavoie, 2011; Lavoie, 2014

<표 4-4>는 대표적인 포스트 케인지언이 주장하는 포스트 케인지언 경제학의 핵심 전제를 정리한 것이다. 다우는 포스트 케인지언 경제학의 특징으로 ① 실재에 대한 이해, ② 미래를 예측하지 못해서 발생하는 피할 수 없는 불확실성, ③ 관계에 종속되거나 상호의존적인 개인, ④ 현상 배후에 숨겨진 구조와 힘의 문제와 행위의 경로 의존성 강조, ⑤ 미리 결정된 결과가 없는 개방적 경제 모형

을 강조하는 경제학을 든다(Dow, 1996, pp. 79-80).

위의 12명 대표 포스트 케인지언의 입장을 정리하면 대략적으로나마 포스트 케인지언 경제학의 정체성을 그려 볼 수 있다. 포스트 케인지언 경제학은 유효수요 이론과 역사적이고 동태적 시간 개념을 이론의 중심축으로 화폐와 금융이 생산에 영향을 미치고, 계급 간 갈등이 있는 경제에서 제도와 역사 속에서 불확실한 미래를 살아가는 사람들의 경제행위와 이들이 속한 공동체의 경제를 연구하는 경제학이다.

2. 포스트 케인지언 경제학과 주류경제학

다음의 <표 4-5>는 포스트 케인지언 경제학의 정체성을 주류경제학과 비교하여 보여준다. 인식론과 존재론의 차이는 현상을 해석하는 방식과 현상을 변화시키는 방법의 차이를 낳는다. 주류경제학은 도구주의의 입장에서 경제 분석에 쓸모가 있으면 인정한다. 예를 들어 합리적 경제인, 완전경쟁 시장, 일반균형 등의 실재를 문제 삼기보다 이 프레임이 유용하면 인정한다. 이는 주류경제학의 학문 이념이 도구적 실용주의 입장이라는 것을 보여준다.

이에 비해 포스트 케인지언 경제학은 실재와 실제적 사실을 강조하며 경제적 실재의 질서를 포착하려고 한다. 즉 실재론의 관점에서 경제를 분석한다. 포스트 케인지언 경제학이 '정형화된 사실(stylized facts)'을 중요시하는 이유가 여기에 있다. 정형화된 사실은 포스트 케인지언 경제학에서 주류경제학의 일반균형 같은 중핵(hard core) 기능을 한다고 보아도 무방하다. 이는 포스트 케인지언 경제학의 핵심적 특징이다. 이는 경제를 분석할 때 가정을 두고 가설을 세우고 가설을 검증하는 것이 아니라 정형화된 사실을 강조한다는 점에서도 나타난다.

ㅣ 표 4-5 ㅣ 주류경제학과 포스트 케인지언 경제학의 비교

	주류경제학	포스트 케인지언 경제학
인식론	• 도구주의 • 환원주의	• 실재론
존재론	• 개체론	• 전체주의 • 유기체론
사회관	• 개인주의	• 전체주의
방법론	• 실증 일원주의	• 다원주의
세계관	• 폐쇄 체제	• 개방 체제
경제인의 특성	• 합리적	• 제한적으로 합리적
시간	• 논리적 시간	• 비가역적인 역사적 시간
화폐	• 거래의 매개 수단	• 가치의 저장 수단 • 불확실성을 줄여 주는 제도
합리성	• 모형과 일치하면 합리적	• 합당하면 합리적
시장에 대한 이해	• 자유시장(unfettered markets)	• 규제된 시장 (regulated markets)
경제의 핵심	• 교환 • 희소성	• 생산 • 재생산
자본주의	• 인류에게 자연스러운 제도 • 계급 몰이해	• 여러 경제 제도 중에 하나 • 계급 이해
제도	• 시장의 결정에 제약	• 경제적 결정에 영향 • 시장뿐 아니라 정부, 노동조합, 기업, 국제환경 등도 중요
노동	• 노동시장에서 거래되는 상품	• 노동은 다른 상품과 다름 • 생산물 시장에서 고용량 결정

자료: Lavoie, 2014, p. 12; 홍태희, 2010b

따라서 경제학 방법론과 연구 과정도 다르게 된다. 아래 <표 4-6>에서 보듯이 주류경제학은 가설·연역적 방법을 주로 사용하는 것에 비해 포스트 케인지언 경제학은 실증의 방법 외에도 역행추론이나 비판적 실재론의 방법도 강조하면서 다원주의적 접근을 지지한다. 사회구성 이념으로 주류경제학은 사회계약설을 지지하면서 개인과 사회의 문제를 방법론적 개인(개체)주의를 통해 극복한다. 연구의 목적은 개인의 선호와 개인의 이익을 극대화하는 결정을 돕는 것이다. 포

스트 케인지언 경제학은 이러한 주류경제학의 개인과 사회 이해가 구성의 오류를 범하고 있다고 비판하면서 사회 유기체론, 방법론적 전체론을 강조한다. 이들에게 경제인은 자신을 둘러싼 환경(문화, 계급, 젠더, 제도, 역사)에 제약을 받는 보통 사람이다.

| 표 4-6 | **주류 거시경제학의 방법론과 포스트 케인지언 거시경제학의 방법론**

학파	경제학 방법론	연구의 과정
주류 거시경제학 (일반균형이론)	가설·연역적 방법 (hypothetical deduction)	공리(axioms) ⇨ 분석 ⇨ 정치적 제안 (제2세계)　(제2세계)　(제2세계)
포스트 케인지언 거시경제학	비판적 실재론적 역행추론 (retroduction)	실재(reality) ⇨ 분석 ⇨ 정치적 제안 (제1세계)　(제2세계)　(제3세계)

자료: 홍태희, 2010b

합리성이라는 개념의 활용에도 차이가 있다. 필요한 정보를 가지고 최적의 결과를 도출해내는 능력이라고 할 수 있는 합리성은 모형 속에서의 극대화되는 경제적 편익을 얻기에 유용한 도구적인 합리성이다. 그러나 포스트 케인지언 경제학의 합리성은 습관이나 관습, 역사적 배경 아래서 타당하고 합당한 결정을 하는 능력을 일컫는다. 이에 따라 포스트 케인지언 경제학의 키워드가 경제의 생산과 재생산, 자본축적과 성장에 맞추어져 있다면 주류경제학은 희소한 가치의 교환과 배분에 초점을 둔다.

두 경제학은 시장도 다르게 이해한다. 주류경제학은 권력으로부터 '자유로운 시장(unfettered markets)'에서 경제행위를 이상화시키면서 이를 통해 사회적 편익이 최적화된다고 주장한다. 종종 외부효과나 가격 경직성 같은 시장실패도 발생하지만, 기본적으로는 시장의 불균형을 스스로 조정하는 기능이 가격 기구에 탑재되어 있다고 본다. 따라서 국가의 개입은 필요하지도 않을 뿐 아니라 개입한다고 해도 더 나은 결과를 가져오지도 못한다는 것이다.

포스트 케인지언 경제학은 시장의 자기조절 기능의 한계를 직시하며 국가의 적절한 개입을 지지한다. 자유시장이란 애초에 존재하지도 않으며, 그냥 두면 독과점이나 시장실패가 발생하므로 정치적 힘으로 시장실패를 해결하고 총수요를 관리하는 것이 필요하다고 본다.

경제주체를 동질적으로 보는 주류경제학과는 달리 포스트 케인지언 경제학은 자본가와 노동자, 빈자와 부자로 나뉜 계급이 존재하는 자본주의 경제를 분석한다. 칼레츠키언과 칼도리언이 계급마다 소비성향과 저축성향이 다르다는 점을 고려한 모형을 사용하는 것이 전형적인 예이다.

양대 학파의 차이는 특히 화폐에 대한 이해에 잘 나타난다. 화폐를 교환의 수단으로 보며, 화폐의 중립성을 주장하는 주류경제학과 달리 포스트 케인지언 경제학에게 화폐는 화폐적 생산 개념에서도 볼 수 있듯이 거래 속에 만들어지며 거래를 만드는 대상이며, 가치중립적이지 않은 제도이다. 노동에 대한 이해도 다르다. 노동을 사과나 배 같은 재화로 보며 기계와 노동 사이에 대체 관계를 설정하는 주류경제학과 달리 포스트 케인지언 경제학에게 인간 노동은 상품 그 이상의 것이다.

| 표 4-7 | 주류경제학과 포스트 케인지언 경제학의 거시 경제정책 비교

정책	주류경제학	포스트 케인지언 경제학	경제 현실
금융 정책	• 금융 정책 장기 무용론 • 물가안정목표제는 단기에 실업률에 영향 • 장기에서는 물가에만 영향	• 금융 정책 유용론 • 화폐 시장, 금융 시장, 실물 시장의 안정을 위한 정책 • 금융 정책이 분배에 영향	• 적절한 금융 정책은 경제의 안정과 성장 에 필요
재정 정책	• 금융 정책을 보조하는 정책적 역할 • 경기변동을 넘어선 물가 안정과 균형재정을 위한 정책	• 장·단기 경기 안정에 유효 • 재정적자가 소득에 미치는 영향에도 주목	• 현실 경제에 재정정 책은 영향을 미침
노동 정책	• 노동시장 유연화만이 올바른 정책	• 고용은 노동시장에서 결정 되는 것이 아니라 생산물 시장에서 결정 • 물가에 미치는 영향 고려	• 유연화 정책은 단기에만 효과 • 장기로는 경제의 안정에 심각한 문제 유발
임금 및 소득 정책	• 경직적이지 않은 임금을 위한 정책이 필요 • 임금의 지나친 상승은 성장에 악영향	• 경직적인 명목임금과 지속 적 노동비용의 단위 성장 필요 • 임금과 이윤은 상충 및 보완 관계	• 대부분 나라가 내수는 임금주도 성장, 외수 포함해 서는 이윤주도 성장
정부 의 시장 조정	• 분명한 임무 규정 • 단기에만 조정이 필요	• 유연한 임무 • 장기와 단기 모두에서 조정이 필요	• 늘 조정이 필요

자료: Lavoie, 2014; Hein, 2014a

이러한 학파의 차이는 학문적 차원을 넘어서 실제적인 경제정책의 차이로 나타난다. 위의 <표 4-7>은 포스트 케인지언 경제학과 주류경제학의 거시 정책적 특징을 보여준다. 두 학파는 금융, 재정, 노동시장 정책 모두에서 서로 다른 주장을 한다. 전체적으로 시장에 대한 최소한의 개입을 강조하는 주류경제학에 비해 포스트 케인지언 경제학은 적극적인 금융 정책과 재정정책의 중요성을 강조한다. 이를 현실에 적용하면 포스트 케인지언 경제학이 설득력 있는 해석을 내리고 있다는 것을 확인할 수 있다.

포스트 케인지언 경제학의 가능성을 <그림 1-1>의 주류경제학의 MSRP와 포스트 케인지언 경제학의 MSRP의 비교를 통해 살펴보자. 앞에서 이미 말했듯이 MSRP의 교체는 반증 사례가 쌓이고 대안적 MSRP가 등장하여 주류 MSRP의 중핵을 폐기해야 된다. 그러기 위해서는 대안적 MSRP의 신념과 중핵이 확고하게 구축되어야 한다(홍태희, 2009, p. 19). <표 4-8>은 포스트 케인지언 경제학 MSRP를 정리한 것이다. 주류경제학 MSRP의 신념(1)은 시장주의이다. 이에 대해 주류경제학 내부의 균열은 없다. 이에 비해 포스트 케인지언 경제학의 신념은 불분명하다. 현실주의, 제도주의, 실재론 등을 들 수 있지만 이에 대한 합의가 없다.

시장주의를 바탕으로 발전시킨 주류경제학의 중핵(3)이 일반균형이라면 포스트 케인지언 경제학이 중핵으로 삼고 있는 것은 '경제적인 실재', '정형화된 사실' 또는 '현실', '역사적 사실'이라고 할 수 있다. 경제적 실재라는 중핵을 보호해주는 '보호대'(4) 역할을 하는 포스트 케인지언의 가설로는 비가역적인 시간, 근본적인 불확실성, 현실 속의 경제주체, 비판적 실재론, 다원주의 등이 있다.

포스트 케인지언 경제학이 발견지침으로 사용하는 것은 수요중심 경제학, 다부문 모형, 화폐적 생산경제 등이 있다. 가설에 대한 검증(5) 과정을 주류경제학은 수학적 연역체계나 확률 통계적 검증을 거치지만, 포스트 케인지언 경제학은 이외에도 역행추론적 검증도 시도한다.

| 표 4-8 | 포스트 케인지언 경제학의 연구프로그램

중핵: 경제적 실재(정형화된 사실)		
보호대	비가역적인 시간	• 거시 경제에 대한 동태적 접근 강조 • 역사적 제약이 경제에 미치는 영향 고려 • 독립변수와 종속변수의 특정 상관관계 없음
	근본적 불확실성	• 미래에 대해 알지 못하고 알 수도 없음 • 합리적 기대 불가능
	불평등한 경제인	• 자본주의는 계급사회 • 각 계급의 경제행위는 차이가 남
	인간 노동	• 노동력은 일반 상품과 다름 • 노동력의 가격(임금)과 일반 상품의 가격은 동일한 종류의 가격이 아님
	비판적 실재론	• 실재를 강조 • 실재의 존재론적 층위는 다름
	다원주의	• 실재의 여러 층위를 분석하기 위한 다원주의
발견지침	수요중심 경제학	• 유효수요 중요 • 단·장기에서 수요가 경제를 이끌어 감 • 투자가 저축 결정
	다 부문 모형	• 자본은 단일 수량으로 표현할 수 없음 • 자본재는 경제 과정의 생산물
	화폐신용 생산경제	• 신용과 화폐 제도가 경제의 동태 과정에 영향을 미침 • 화폐가 생산에 영향 미침
	미시경제와 기업	• 수요, 공급과 가격은 특정 상관관계 없음

경험적 사실을 정형화된 사실(6)로 확인하는 과정을 거치면 가설은 채택되거나(7a), 기각된다(7b). 이 과정을 거치며 중핵이 장기적으로 이론적이나 경험적으로 '새로운 사실들'에 부합되지 못한 상황이 잦아지면 연구프로그램을 개량한다(7c). 개량의 결과 새로운 중핵이 등장(8)하고 연구프로그램이 수정된다(9)(홍태희, 2009). 포스트 케인지언 경제학의 연구프로그램이 '진보하느냐', '퇴보하느냐'는 '새로운 사실들'에 대처하는 과정에서 결정된다. 만약 포스트 케인지언 경제학이 21세기에 등장한 새로운 경제적 사실(저성장과 양극화, 스태그플레이션)에 제대로 대응한다면 포스트 케인지언 경제학의 MSRP는 '진보'할 것이다.

다음의 <표 4-9>는 라브와의 연구를 기반으로 주류경제학 MSRP의 중핵과 보호대가 경험적 사실에 위배되는 경우를 정리했다. 먼저 케인즈는 저축을 통한 투자로 경제성장을 한다는 주류경제학의 주장은 저축이 오히려 성장에 방해된다는 것을 확인하며 절약의 역설로 명명했고, 요제프 스탠들(J. Steindl)도 주류경제학의 정책에 따른 부채 절감 노력이 오히려 부채를 증가시킨다고 지적했다. 로손은 이윤과 임금이 상충관계에 있다는 주류경제학에 대해 현실은 꼭 상충관계가 아니라는 것도 밝혀냈다(Rowthorn, 1981). 그 외에도 이들이 주류경제학과는 다르게 주장하는 가설 중에 대표적인 것이 투자가 저축을 결정한다는 가설, 총수요가 자연실업률(NAIRU)에 영구적인 영향을 미친다는 가설이다.

이처럼 경제의 전 영역에서 주류경제학의 중핵과 보호대가 경험적 사실에 의해 기각되는 것을 확인할 수 있다. 미시경제 영역에서 주류경제학의 MSRP은 경제인이 합리적이라서 시장에서 보수 최적화한다는 중핵을 기반으로 각 시장에서의 보수 최적화 논의나 정보의 비대칭에 따른 최적화 등을 보호대로 작동시켰다(홍태희, 2009). 그러나 경제인은 '제약된 합리성(bounded rationality)'을 가진 존재이다. 따라서 대략 계산하고, 심리적으로 흔들리며 타인을 모방하며, 제한된 선택지 중에 하나를 결정한다. 일상의 경제적 결정은 반복되며 매우 경로 의존적이며, 어떤 결정이 이익 극대화를 가져올지 제대로 찾아내지도 못한다.

소비이론에서도 포스트 케인지언 경제학은 한계효용이론 대신 현실의 실제 소비 행위를 주목한다. 특히 주류 미시경제학은 재화의 대체 가능성을 전제하지만, 실제 소비자는 서로 대체할 수 없는 다른 범주의 소비재가 필요하다. 따라서 대체할 수 없을 경우가 많다. 이처럼 포스트 케인지언 소비이론은 효용의 크기가 아니라 필요 크기에 따라 구매 서열을 결정하고 소득의 제약을 받으며 소비하는 현실을 통해 주류경제학의 보호대인 효용가치설을 기각한다.[6]

---

6) 인간에게 제일 중요한 소비 품목은 음식물이다. 먼저 음식을 소비한 후 생존을 보장받은 후에 여력이 있으면 다른 재화를 소비한다. 이런 현실을 배경으로 하지 않고 단순하게 쌀과 차가 대체 가능하다고 보고 소비이론을 전개하는 것은 오류라는 지적이다.

| 표 4-9 | 주류경제학의 오류에 대한 포스트 케인지언 경제학의 지적

주류경제학의 오류	학자	내용
절약의 역설	케인즈 (Keynes, 1936)	• 개인적으로 저축은 바람직하지만, 사회적으로 높은 저축률은 산출을 줄임
부채의 역설	스탠들 (Steindl, 1952)	• 레버리지를 절감시키려는 노력이 더 높은 레버리지를 가져옴
재정 적자의 역설	칼레츠키 (Kalceki, 1971)	• 정부의 재정적자는 민간의 경제적 편익을 증가시킴
평온(tranquility)의 역설	민스키 (Minsky, 1975)	• 안정은 불안정을 가져옴
위험의 역설	보진로아 (Wojinlower, 1980)	• 개인의 위험 회피 가능성은 사회적으로 더 큰 위험을 불러옴
비용의 역설	로손 (Rowthorn, 1981)	• 높은 실질 임금이 오히려 높은 이윤율 가져옴
유동성의 역설	네스베타일로바 (Nesvetailova, 2007)	• 유동성 확장 정책이 저성장을 가져옴 • 유동성 자산이 비유동성 자산으로 변환

자료: Lavoie, 2011, p. 13; Lavoie, 2014, p. 18

생산자 이론에서도 주류경제학의 MSRP는 오류를 드러낸다. 가격이 수요와 공급으로 결정되는 것이 아니라 기업이 비용에다가 어느 정도의 이윤을 붙여 결정한다는 포스트 케인지언의 '비용할증 가격론(mark-up pricing theory)'은 주류경제학의 기본 신념인 시장주의에도, 중핵인 일반균형에도 대치된다. 경제적 사실로 확인하자면 가격은 시장기구가 아니라 기업이 생산비용, 시장 지배력, 기업의 규범과 역사, 투자자의 이익 등을 고려해서 결정하며, 생산자는 적정 이윤을 남기기 위해 생산량을 조정하며 수요 변화에 대응한다. 따라서 가격과 수량의 특정 함수관계는 존재하지 않는다. 유연한 가격 시스템 가설도 기각된다. 현실 속에서 생산자와 소비자는 가격의 잦은 변동을 원하지 않고, 가격은 자주 변하지도 않는다. 생산자들의 이윤극대화전략으로 노동과 자본이 유연하게 대체한다고 하지만 노동과 자본은 서로 대체될 수 없고, 기업가는 노동과 자본의 투입 비율을 자유롭게 바꿀 수도 없다.

거시경제 영역에서도 주류경제학의 보호대는 기각된다. 저축이 투자를 결정한
다는 주류경제학의 가설을 뒤집고 현실에서는 투자가 저축을 결정하며, 소득이
소비를 결정하고 이자율이 투자를 결정하는 것이 아니라 오히려 경제 외적 요소
의 영향이 크다는 점도 포스트 케인지언 경제학의 지적이다. 아울러 성장과 분배
를 상충관계라고 정리한 주류경제학의 보호대에 비해 경우마다 다른 관계를 갖
는다는 포스트 케인지언 경제학의 주장은 경제적 사실을 더 잘 반영한다.

국제경제 분야에서도 주류경제학 MSRP의 오류는 확인된다. 주류경제학은 비
교 우위라는 보호대를 통해 교환이 주는 이익을 강조하며 무역장벽을 없애면 결
국에는 완전고용에 달성된다는 가설을 지지한다. 그러나 이는 경제적 현실에 부
합하지 않을 때가 많다.

고용과 생산은 유효수요와 지출에 달렸다. 유효수요 증대 없이는 고용이 증가
하지 않는다. 교역의 결과도 생산성이 낮은 분야에서 생산성이 높은 분야로 노동
이 이동하는 것이 아니라 생산성이 낮은 분야가 고사되면서 실업이 발생하는 것
이 현재 세계 경제에서 확인되는 현실이다. 또한, 국가 간 자본의 흐름을 통한 이
익을 증대시키기 위해 시장을 개방해야 한다지만 실제 상대적으로 열위에 있는
국가가 자본을 통제하고 환율을 관리할 경우 오히려 실업을 낮출 수 있는 현실은
주류경제학의 신념까지 흔든다(Lavoie, 2014).

ㅣ 표 4-10 ㅣ **주류경제학과 포스트 케인지언 경제학의 화폐금융 이론**

		주류경제학	포스트 케인지언 경제학
화폐와 신용	화폐공급	• 외생성	• 내생성 • 화폐 수요 중시
	화폐	• 외생성	• 경제활동으로 만들어짐
	금융 부문의 중심	• 자산, 화폐	• 부채, 신용
	화폐의 작동 배경	• 사적 교환 관계	• 생산과 사회적 관계
	금융적 인과 관계	• 예금이 신용 창출	• 신용이 예금 창출
	은행	• 금융 중개기관	• 금융 흐름의 창조자
이자율	이자율	• 시장의 법칙으로 결정	• 분배 변수
	기준 금리	• 시장이 결정	• 중앙은행이 결정
	유동성 선호	• 이자율이 결정	• 기준 금리와의 격차가 결정
	자연이자율	• 생산성과 저축을 기반으로 유 일한 가치를 가지며 존재함	• 여러 가치를 가지거나, 존 재하지 않음

자료: Lavoie, 2014, pp. 187-191

특히 포스트 케인지언 경제학의 대안 MSRP의 가능성은 보여주는 분야는 화폐 금융 분야이다. <표 4-10>에서 확인되듯이 대표적인 것이 화폐의 내생성 가설이다. 통화량은 주류경제학의 보호대가 주장하는 것처럼 외생적으로 중앙은행이 결정하는 것이 아니라 경제행위 과정에서 생긴다. 또한, 화폐는 가치중립적인 거래의 수단이 아니라 인간이 만들어 놓은 제도이다. 이 제도는 가장 강력하게 실물경제에 영향을 미친다.

금융 충격이 단기적인 영향만 준다는 주류경제학의 가설과 달리 장·단기 모두에서 영향을 준다는 포스트 케인지언의 가설이 경제적 사실에 부합한다. 아울러 인플레이션의 주된 형태가 주류경제학 주장하는 수요 견인이 아니라 비용 상승이라는 점도 포스트 케인지언 MSRP의 중요한 보호대이다. 이런 MSRP의 비교는 포스트 케인지언 경제학과 주류경제학의 차이를 분명하게 하고, 포스트 케인지언 경제학이 새로운 주류경제학 및 대안경제학이 될 가능성을 잘 보여준다.

Ⅳ. 포스트 케인지언 경제학의 기여와 한계 그리고 과제

1. 포스트 케인지언 경제학의 기여

신고전파경제학이 주류경제학이 된 이후 주류경제학이 해결하지 못하는 경제 문제는 늘 발생했고, 그때마다 새로운 경제학 혁명에 대한 기대가 생겼다. 특히 2008년 경제위기 이후 드러난 주류경제학의 한계는 새로운 주류와 새로운 패러다임, 새로운 정상과학에 대한 강한 요구로 나타났다. 포스트 케인지언 경제학은 일반적으로 이러한 사회적 요구에 가장 근접한 대안경제학이라고 평가된다. 이를 정리하면 다음과 같다.

첫째, 포스트 케인지언 경제학은 지난 80여 년 동안 주류경제학의 오류를 지적하며 대안경제학의 기틀을 마련했다. 무엇보다 포스트 케인지언 경제학은 미시경제론과 거시경제론을 갖추면서 일반 경제학으로서의 기본적인 골격을 마련했다. 학파의 내부도 다양하게 발전하여 포스트 케인지언 경제학의 울타리 내에 다양한 그룹이 경쟁적으로 발전하고 있다. 비판적 실재론과 다원주의란 방법론적인 기초도 갖고 있고, 계량적 실증 분석도 어느 정도 축적되어 있다. 특히 21세기에 들어서는 금융화의 과정에 관한 관심과 연구가 진행되면서 포스트 케인지언의

'화폐신용경제론'의 정당성이 입증되었고, 분배 격차와 경제성장의 관계를 해명하기 위한 실증분석에도 집중하고 있다.

둘째, 포스트 케인지언 경제학의 약진은 경제를 이해하는 새로운 시각을 제공하면서 경제학 전반의 발전에 기여하고 있다. 수요중심의 경제학, 실재 중심의 경제학으로의 시각 변경은 포스트 케인지언 경제학의 기여이다.

셋째, 포스트 케인지언 경제학은 정책 개발에 응용되면서 경제위기와 경기 침체에 빠진 세계 경제에 돌파의 가능성을 제공하고 있다. 포스트 케인지언 경제학이 집중해서 개척한 임금 주도 성장, MMT 이론, 금융위기론 등은 대안적 정책의 가능성을 보여준다.

넷째, 포스트 케인지언 경제학은 경제학 교육과 학문 후속 세대 양성은 물론 다양한 학술지를 발간하며 경제학 전반의 질적이고 양적인 성장에 기여하고 있다.

다섯째, 포스트 케인지언 경제학의 MSRP는 주류경제학의 오류를 지적하며 새로운 정상과학으로의 가능성을 열고 있다. 주류경제학에서 사실에 근거해 보호대를 기각되는 사례가 계속 발생하는 부분에 대해 포스트 케인지언 경제학은 집중적으로 연구하여 무력해진 주류의 보호대를 제거해 나가고 있다. 이를 통해 현실 경제를 정확하게 진단할 가능성을 보여준다.

2. 포스트 케인지언 경제학의 한계와 과제

포스트 케인지언 경제학은 주류경제학의 그늘에서 꾸준히 자신들의 영역을 넓히며 경제 현실에 맞는 대안경제학을 만들어 왔다. 그러나 아직 여러 가지로 한계를 보인다. 이를 정리하면 다음과 같다.

첫째, 포스트 케인지언 경제학은 주류경제학을 넘어서기에는 현재로는 역부족이다. 현실적으로 주류경제학계의 학문적 관심이나 정책 채택, 교수직 확보, 출판과 인용 등 어느 분야에서도 포스트 케인지언이 주류에 대체하는 대안적 패러다임으로 인정받았다는 것이 확인되지 않는다. 포스트 케인지언 경제학의 주류경제학의 신념과 보호대에 대한 지적이 여러 면에서 사실에 부합한다고 판명됨에도 불구하고 현재까지 주류경제학의 정상과학으로의 위치나 주류 MSRP로의 위치가 완전히 흔들리고 있다고 보기는 어렵다. 이는 무엇보다 달러에 대체할 통화가 없어서 사상 유례가 없는 확장적 통화정책에도 달러 강세가 이어지듯이 주류경제학의 MSRP가 여전히 주류인 것도 대안이 되는 MSRP가 완전한 모습으로 등장하지 않은 탓이라고 할 수 있다(홍태희, 2009).

둘째, 시장주의라는 주류경제학에 대항할 신념체계를 포스트 케인지언 경제학은 가지지 못하고 있다. 비주류가 주류가 되려면 무엇보다 그 시대가 요구하는 신념과 중핵을 장착해야 한다. 포스트 케인지언 경제학의 많은 장점에도 불구하고 정상과학으로의 주류경제학에 경쟁할 신념과 중핵을 갖추었다고 보는 것은 무리이다. 특히 포스트 케인지언 간에 자본주의에 대한 공통된 관점이나 신념이 없다. 주류경제학은 중핵 자체를 교체해야 할 만큼 근본적인 오류를 가지고 있고, 임시방편 가설을 도입하여 이를 보호대 삼아 명맥을 유지하는 '퇴보적' MSRP의 성격을 갖고 있기도 하다. 그러나 문제는 주류경제학의 신념인 시장주의를 자본주의 경제체제가 떠받치고 있고 사회적인 힘을 실어주고 학문적 보호를 해주고 했다는 점이다. 2008년 세계 경제위기 이후 '경제학을 점령하라'는 구호까지 등장했지만, 곧 찻잔 속의 태풍처럼 무력화되는 것을 목격했다. 이렇듯 자본주의 체제가 작동하는 한 시장주의를 신념으로 하는 MSRP의 폐기는 쉽게 기대하기 어렵다. 포스트 케인지언 경제학은 물론 다른 비주류경제학이 정상과학이 되지 못하는 가장 큰 이유 또한 현재 경제체제가 여전히 주류경제학의 패러다임을 지지하고 보호하기 때문이다. 시장주의를 폐기한다는 것은 자본주의의 근간을 흔드는 일이며 학문적 영역에서의 시비를 넘어서는 일이다.

셋째, 포스트 케인지언 경제학은 주류경제학의 유연한 자기 진화를 제어할 학자와 학문적 인프라를 갖추지 못하고 있다. 주류경제학은 아담 스미스 이후 230여 년을 꾸준히 진화하며 오늘에 이르렀다. 특히 이 과정에서 경험적 사실이 중핵을 지지하지 못하면 보호대를 개량하고 대안적 발견지침을 마련하면서 발전했다. 따라서 주류경제학에게는 문제를 피하지 않고 해결하며, 새로운 사실을 설명하여 과학지식을 성장시키는 것을 '진보적' MSRP의 성격이 있다. 게임이론의 채택, 금융 이론의 개량, 실물적 경기변동 이론 등은 그 대표적인 예이다. 사실 포스트 케인지언의 주장들도 필요한 경우 능동적으로 채택한다. 주류경제학이 진보적 MSRP로 나아가는 것이 가능한 것은 주류경제학의 풍부한 인적·물적 역량 때문이다. 그러나 포스트 케인지언 경제학은 이런 역량을 갖추지 못했다.

넷째, 포스트 케인지언 경제학 내의 그룹 사이의 연결고리가 주류경제학보다 약하다. 이는 무엇보다도 학파 내부의 지반이 약한 탓이기도 하다. 이런 연결고리가 약하면 포스트 케인지언 경제학이 주장하는 '경제적 실재'라는 중핵은 상대적인 것이 되고, 내용 없이 공허해진다. 그리고 학파 내에 해석의 차이에 따른 이질적인 주장들이 공존하게 한다. 물론 이런 이질성은 학문하는 처지에서는 자연스러운 것이나, 정상과학으로 등극하려면 기본적으로 강한 연결고리와 어느 정도 통일성이 필요하다.

이런 포스트 케인지언 경제학의 이질성은 주류경제학과의 관계 설정에도 확인된다. 데이비드 콜랜더(D. Colander)와 폰타나와 게라드(Fontana & Gerrard)는 주류경제학과 더 밀접해져야 한다고 주장하며 주류경제학자들의 모델을 사용하는 것을 긍정적으로 보는 것에 비해(Colander, 2009; Fontana & Gerrard, 2006), 데이비드슨은 주류경제학에 더 강하게 반대해야 한다고 주장한다(데이비드슨, 2009; 하인, 2014a). 또한 주류경제학과 대립에 집중하지 말고 사회 현상에 대해 유용한 설명을 하는 것에 집중하라는 주장도 있다. 이처럼 포스트 케인지언 경제학은 주류경제학은 물론 자본주의에 대한 학자 간에 일치된 관점을 갖지 못하고 있다. 따라서 포스트 케인지언은 자본주의 경제를 분석하지, 자본주의 경제를 개선하는 청사진을 제공하지는 못한다는 리(Lee)의 지적은 충분히 설득력이 있다(Lee, 2002). 이런 점에서 환경경제학이나 맑스경제학, 여성주의 경제학 또는 제도경제학보다 더 옹색한 입장이라고 할 수 있다.

이런 한계를 극복하고 포스트 케인지언 경제학이 대안적 패러다임이나 대안적 MSRP로 성장하기 위한 앞으로 과제를 정리하면 다음과 같다(Stockhammer & Ramskogler, 2009, p. 228; Hein, 2014a; King, 2015).[7]

첫째, 통일된 관점과 신념, 방법론, 범주 등에 대한 학파 내부의 합의가 필요하다. 이를 위해 학파 내에 진행 중인 논쟁을 진행하나, 효율적이지 않은 논쟁은 피하는 것도 바람직하다.[8] 이에 따라 포스트 케인지언 경제학 MSRP의 신념, 중핵,

---

7) 던과 로슨은 다른 비주류경제학과 연대를 통해 발전할 것을 강조한다(Dunn, 2000; Lawson, 2006). 파인은 다른 사회과학과의 연대를 강조하며(Fine, 2002), 마티아스 버낸고(M. Vernengo)는 현실 경제 문제에 집중하고, 정치적 대안이 되기 위한 역량 키우기를 주장한다(Lavoie, 2014).

8) 균형 모형에 대한 논의, 미시적 차원에서 마샬과 칼레츠키 중의 선택 문제, 장기 정상 공장 가동률 문제, 화폐와 신용의 공급 곡선에 대한 수평주의자(Horizontalist)와 구조주의자(Structuralists)들 사이의 논쟁이 있다.

보호대, 발견지침을 정리하여 더욱 정밀하게 가다듬고, 퇴행적인 발견지침은 제거하여 대안경제학으로서의 역량을 강화해야 한다. 이를 위해 좀 더 확실하게 경제적 실재라는 중핵의 배경이 되는 신념을 마련하고, 이를 중심에 두고 현재의 사회경제적인 변화에 필요한 설명방식을 찾아야 한다. 물론 보조대나 연구지침을 다양화시키는 것도 시급한 과제이다.9)

둘째, 주류경제학 및 다른 비주류경제학과의 관계도 재설정해야 한다. 실험경제학, 행동경제학, 복잡계 경제학 같은 현대 경제학의 성과를 흡수하고, 생태경제학, 제도경제학, 맑스경제학, 조절학파, 사회축적이론 같은 여타의 비주류경제학과 적극적으로 연대하며 다원주의적 방법론과 학제적 연구도 수용하는 것이 필요하다.

셋째, 현실 경제 문제를 적극적으로 해결할 수 있는 경제정책을 개발해야 한다. 포스트 케인지언 경제정책을 채택한 나라의 현실적 상황에 관한 후속 연구도 필요하다. 대안경제학으로서의 자격을 갖추기 위한 대안 정책 개발에 집중해야 한다. 이를 통해 사회적 영향력을 키우고, 노동조합, 사회 운동 단체, 정당, 경제 연구소 및 다양한 사회 계층의 전문가와 협력하는 것이 필요하다.

넷째, 더 활발한 이론 개발을 위해 연구 인프라를 구축하고, 학술지, 네트워크, 학회 등의 활동을 강화해야 한다. 또한, 포스트 케인지언 경제학 교육을 경제학 교육 커리큘럼에 포함하고, 교육 기반을 확보하기 위해 교과서, 사전, 학습 시설이나 행사 운영하며, 학파의 학문 후속 세대 양성을 위해 학부 강의 개설 및 교수직 확보, 연구비 지원, 대학원 프로그램 제공, 대학원 발표 기회 제공 등의 노력을 경주해야 한다.

---

9) 연구방법론에 대한 논쟁도 진행 중이다. 비판적 실재론이 대안적 방법론으로 제시되었지만, 실증분석에는 한계가 있다. 따라서 균형을 모형 속에서 해명하는 문제와 계량 경제적 분석 문제 등에 대한 논쟁이 있다. 또 다른 논쟁은 미시경제 분야에서 진행 중이다. 크게는 마샬적인 미시경제론을 받아들일 것인가, 아니면 칼레츠키 경제학을 전적으로 수용할 것인가 하는 문제이다. 거시 분야에서는 장기 가동률 문제에 대한 논쟁이 합의점을 찾지 못하고 있고 금융 경제학 분야에서는 화폐와 신용의 공급 곡선에 대한 수평주의자와 구조주의자의 논쟁이 여전히 진행 중이다. 이러한 논쟁이 어떻게 정리되고 어떤 결론을 맺는가에 학파의 진로에 큰 영향을 미친다(Hein, 2014a). 그러나 포스트 케인지언 중에는 이런 논쟁을 허수아비 논쟁으로 보고 그만두어야 한다는 학자도 있다.

Ⅴ. 포스트 케인지언 경제학의 세계를 떠나며

4장에서 우리는 포스트 케인지언 경제학을 만났고, 포스트 케인지언 경제학의 특징을 살펴보았다. 그리고 대안적 경제학 연구프로그램이 되기 위한 포스트 케인지언 경제학의 가능성을 라카토슈의 MSRP로 살펴보았다. 또한, 포스트 케인지언 경제학의 학문적·제도적 성취와 가능성 및 한계를 확인하며 그에 따른 과제를 제시했다.

현재 포스트 케인지언 경제학은 대안적 패러다임으로 주류경제학계의 인정은 받지 못하고 있으며, 대안적 MSRP로의 중핵도 아직 견고해지지 않은 상태에 있다. 주류경제학과의 갈등에서 포스트 케인지언 경제학이 갖는 태도는 크게 '주류와 싸우기', '주류와 연대하기', '주류를 무시하기' 세 가지일 수 있다(King, 2013). 어떤 태도를 선택하는 것이 옳은가 하는 것은 포스트 케인지언 경제학자 사이에도 여러 의견이 있을 수 있다. 그러나 이러한 의견을 통합하여 하나의 학파로 통일된 힘을 가지려면 통일된 신념이 있어야 한다. 이런 신념을 갖는 것이 앞으로 포스트 케인지언 경제학의 최고 과제라고 판단된다.

포스트 케인지언 경제학의 세계를 둘러보며 지난 80여 년 동안 경제학의 재건을 위해 포스트 케인지언이 얼마나 노력했는지를 알 수 있었다. 케인즈와 맑스라는 거인의 어깨 위에서 포스트 케인지언이 부지런히 만든 것이 완전한 신세계는 아니었지만, 충분히 아름다웠고 충분히 의미 있었다. 경제 현실이 이들을 경제학의 제일 앞줄에 세우는 날이 올 수도 있다고 생각하며 포스트 케인지언의 세계를 떠난다.

제5장

질서자유주의 경제학
Ordoliberal Economics

　이차대전 후 잿더미로 변한 조국의 현실을 바라보며 독일의 경제학자들은 다시 영광스러워질 '신성로마제국', 독일을 그렸다. 그리고 경제 재건을 위한 청사진 위에 자유와 질서라는 표지판을 세웠다. 질서라는 팻말을 들고 무리를 이끌었던 발터 오이켄(W. Eucken)은 누구보다 용감하게 나치의 독재에 저항했던 지식인이었고, 전쟁으로 폐허가 된 조국의 미래를 디자인할 자격이 있는 사람이었다.

　오이켄은 1951년 출판한 책 『우리 시대의 실패: 5개 경제정책 강의(*Unser Zeitalter der Misserfolge. Fünf Vorträge zur Wirtschaftspolitik*)』에서 다음과 같이 말한다. "국가의 책무는 무엇인가? 국가는 경제가 잘 돌아가게 하는데 영향력을 행사할 수 있다. 그러나 국가가 경제를 직접 이끌어갈 필요는 없다.(Welcher Art also sollte die Staatstätigkeit sein? Die Antwort lautet: Der Staat hat die Formen, in denen gewirtschaftet wird, zu beeinflussen, aber er hat nicht den Wirtschaftsprozess selbst zu führen.)"라고 일갈한다. 그는 국가에게 시장을 감시할 자격을 주지만 시장을 작동시킬 자격을 주지 않았다. 왜냐하면, 그의 조국은 전체주의가 인간을 파괴한 나치 독일에서 겨우 해방되었기 때문이었다.

　그는 나치의 독일 아래에서도 자신의 비전을 보이는 것에 주저하지 않았다. 1939년 출판된 책 『국민경제의 원리(*Die Grundlagen der Nationalökonomie*)』에서 "학문에는 전통적인 요소와 혁명적인 요소가 있다. 급진적 물음을 제기하는 한 혁명적이며, 문제의 해결책을 내놓아야 할 진중함을 고려할 때 전통적이다(Die Wissenschaft ist stets beides zugleich: sie ist revolutionär und traditionell. Revolutionär-insofern sie radikal fragt und fragen muss; traditionell-weil sie nicht Fragestellungen und Problemlösungen von Männern über Bord werfen darf, die sehr Gewichtiges zu sagen hatten)." 질문은 진보적으로 하지만 대책은 보수적으로 제시해야 한다는 이 현명하고 강인한 경제학자와 함께 50여 년 후 독일은 다시 현명하고 강인한 나라가 되었다.

　5장에서는 한국인에게는 조금은 낯선 여행지인 질서자유주의의 세계를 방문한다. 사람은 누구나 자유로워지고 싶다. 그러나 사회가 유지되려면 질서가 있어야 한다. 따라서 질서는 개인의 자유를 제약하기도 한다. 질서와 자유 사이의 균형을 잡기 위해 '경제의 헌법'을 만들던 이들을 만나보자.

제5장

질서자유주의 경제학
Ordoliberal Economics

Ⅰ. 질서자유주의 경제학의 세계로 들어가며

질서자유주의 경제학은 독일어권 지역에서 발터 오이켄의 질서자유주의 경제사상에 영향을 받은 학자들이 주도되어 만든 경제학의 전통이다. 흔히 제3의 길을 이야기할 때 우리는 자유와 질서 사이에 제3의 길을 연 이들을 떠올린다. 시장과 정부 사이의 제3의 길은 가능한가? 효율과 형평 사이의 제3의 길은 가능한가? 세계 경제는 21세기 들어서 발생한 2008년 글로벌 경제위기의 여파와 미국과 중국 간의 무역 전쟁과 2020년 코로나 19 팬데믹 위기, 동유럽의 전쟁 등으로 한 치 앞을 내다볼 수 없는 상황이 지속되고 있다. 이런 가운데 물가는 치솟고 보통 사람들의 삶은 날로 피폐해지고, 자산 격차와 소득 격차는 점점 커지고 있다. 무분별한 경제개발과 화석 에너지 남용으로 환경 문제는 날로 커지고 있다.

이런 상황을 바라보는 경제학계의 고민이 깊은 이유는 대부분 나라 거시경제가 맞고 있는 경제 문제가 일회적이고 단기적인 문제로 발생하는 해결 가능한 것이 아니라 구조적이고 장기적인 문제라는 점에 있다. 자산과 소득의 양극화가 심화되고, 일자리가 부족한 상황이 전개되지만 마땅한 해결방안을 찾기 어렵다는 것이다. 그리고 그 선택에는 기회비용이 따르고 모두 다 좋다고 하는 방안도 없다는 것이다. 그러면 제3의 길은 있는가?

이러한 시대적 분위기 속에 그나마 할 일은 '죽은 경제학자들의 살아있는 아이디어'를 다시 살펴보는 것이다. 경제학의 역사는 경제위기나 전쟁 같은 극한의 상황을 극복한 역사이다. 따라서 이 시대 경제문제의 해법을 경제학의 역사 속에서 찾아보는 것도 의미가 있다. 죽은 경제학자, 혹은 잊혀진 경제학자, 그러나 대안이 된 경제학, 제3의 길을 만든 학자 중 대표적인 인물 중 한 명이 발터 오이켄(W. Eucken)이다.

오이켄이 만든 경제학인 질서자유주의 경제학 혹은 프라이부르크학파 경제학으로 불리는 게르만의 경제학[1]은 태동부터 대안적 특성을 띠고 있었다. 왜냐하면, 질서자유주의 경제학은 이차대전과 나치 전횡으로 피폐해진 독일 경제를 살리기 위해 자구책으로 처음 등장했고, 절망적인 경제 상황에서 희망을 찾기 위해 해법이었기 때문이다. 또한, 구원투수였던 질서자유주의 경제학은 등장부터 기존 주류 경제사상으로 여겨지던 고전적 자유주의 경제학과 거리를 두었다는 점에서 비주류였다.

물론 질서자유주의 경제학도 고전적 자유주의 사상의 핵심인 시장주의를 인정했다. 그러나 이들은 자유방임적 시장의 결과로 등장한 프로이센과 나치 독일의 실상을 확인했다. 또한, 소련의 스탈린 독재 체제를 목격하며 사회주의를 대안으로 생각할 수도 없었다. 케인지언 경기부양책을 대안으로 삼기엔 독일은 이미 혹독한 하이퍼인플레이션을 경험했었다.

이런 시대 복잡한 상황과 역사적 경험을 배경으로 질서자유주의 경제사상이 태동했다. 이들은 '시장이 질서 있게 작동하기 위한 국가의 역할'을 경제현실 속으로 가져왔다. 그리고 경제 질서를 세울 국가 행위를 정당화할 법의 기능적 역할을 긍정했다. 따라서 자유방임 시장을 전제로 하지 않고, 시장이 가져온 시장 실패, 가령 독과점을 제어하기 위한 정부의 규제 기능을 인정하였다.

이러한 질서자유주의 사상은 '사회적 시장경제(Soziale Marktwirtschaft)'라는 경제체제로 현실화되었다. 사회적 시장경제에는 복지제도와 노사합의제 같은 경제

---

1) 게르만 전통의 경제학으로는 질서자유주의 경제학 외에도 오스트리아학파 경제학, 역사학파 경제학, 맑스경제학을 들 수 있다(홍훈, 2007). 지금도 독일어권 국가의 대학교에서는 경제학 학부 과정의 기초 과정으로 법학(민법, 상법)을 필수과목으로 이수하게 한다. 이는 영미권 경제학과의 수업과는 다른 게르만 경제학 전통이 남아 있다는 방증이기도 하다.

민주주의도 포함했다. 이렇게 경제를 이해하는 것은 자유방임을 주장하는 영미식 자본주의와는 다른 색깔의 독일 자본주의를 가능하게 했다.

시장과 정부의 적절한 화합을 대들보로 하는 질서자유주의의 시스템 디자인은 자본주의의 외곽에 있는 많은 나라에 영감을 주었다. 그래서 질서자유주의 경제학은 정치권의 단골손님이 되어 선거용 경제정책으로 등장한다. 양극화, 독과점 피해, 불로소득, 실업 등 자본주의 경제의 문제점을 해결하라는 국민적 요구가 강하게 있을 때마다 정치권에는 질서자유주의 경제학의 모조품이 등장한다.

사실 독일은 통일은 물론 성장과 안정 그리고 형평까지 이룬 나라로 여겨진다. 그런 독일 경제의 근간이 사회적 시장경제이고 그 뒤에는 질서자유주의 경제사상이 있다는 것만으로도 질서자유주의 경제학은 매력적인 프레임이다. 대부분 자본주의 국가의 국민은 시장에서의 자유를 보장하지만, 성장과 분배 그리고 복지도 지켜준다는 공약에는 기꺼이 표를 던지기 때문이다.

이런 유행은 영국 토니 블레어(T. Blair) 정부의 '제3의 길(the third way)'에서도 등장했고, 한국의 정치판에서도 진보와 보수를 떠나 등장했다. 직접이든, 간접이든 정권의 프레임이나 대선 정책에 질서자유주의 경제학이 원용되고 있다. 김영삼 대통령의 문민정부, 김대중 대통령의 국민의 정부, 노무현 대통령의 참여정부는 물론이고, 박근혜 대통령의 경제민주화까지 대부분 선거 공약과 정책 기조에는 질서자유주의 사상이 녹아있다.[2] 그러나 안타깝게도 실제 한국 경제에서 '진보적 자유주의'로 칭해지는 이런 정책은 집권 후에는 제대로 실행되지 않았다. 케인지언 경제정책은 늘 별 저항 없이 사용되었고, 질서자유주의 실현의 핵심인 '공정한 시장질서'나 '재벌 개혁'은 늘 문전에서 좌절되었다.

이처럼 질서자유주의 경제사상이 포플리즘적 구호로 악용되고 있는 것은 사회가 아직 질서자유주의 경제학의 이상을 실현할 준비가 되어 있지 않기 때문이다. 거기에다가 질서자유주의 경제학에 대한 무지와 질서자유주의 경제학에 대한 연구 축적의 부족도 작용했다고 볼 수 있다.

---

2) 한국에서 시장경제와 민주주의의 동시적 발전을 고려한 정부는 김대중 정부이다. 당시 김대중 정부의 정책입안자들이 독일 질서자유주의만을 고려한 것은 아니지만 한국식 제3의 길의 논의 속에 질서자유주의 사상이 녹아있었다. 다만 이것이 얼마나 실현되었는가는 또 다른 문제이다. 이런 현상은 박근혜 정부에서 주창하던 경제 민주화 공약과 공약의 실현 사이의 간극처럼 한국의 정치와 경제의 과제로 남아 있다.

이 책의 5장에서 우리는 비교적 생소한 질서자유주의 경제학의 세계를 구경한다. 5장의 순서는 다음과 같다. 먼저 질서자유주의 경제학의 전개 과정을 살펴본다. 이를 바탕으로 질서자유주의 경제사상이 현실 경제에서 어떤 함의를 가졌는지를 사회적 시장경제를 통해 진단하며 질서자유주의 경제학의 정체성을 검토한다. 마지막으로 질서자유주의 경제학이 대안경제학이 되기 위한 가능성과 한계, 그리고 대안경제학이 되기 위한 과제를 살펴보고 질서경제학의 세계를 떠난다.

Ⅱ. 질서자유주의 경제학의 전개 과정

1. 질서자유주의 경제학의 전개 과정

질서자유주의 경제학은 경제학자 오이켄에서 시작된다. 오이켄은 1970년대에나 본격화된 케인즈경제학에 대한 비판을 이미 1940년대부터 한 학자이다. 나치 정권의 폐해와 독과점 기업의 전횡을 실제 겪은 오이켄은 영국식 고전적 자유주의를 독일에 적용하면 어떤 결과를 낳는지를 알고 있었다. 아울러 스탈린식의 사회주의에도 동의할 수 없었다. 그래서 2차 세계대전으로 잿더미가 된 독일에서 1940년대 후반 뜻을 같이하는 학자들과 함께 오이켄은 나라를 바로 세울 경제체제를 기획했고, 정책의 바탕에 있어야 할 경제철학을 고민했다. 그 결과 질서자유주의 사상이 태동했다.

오이켄 경제사상의 핵심은 시장과 국가의 적절한 합작인 동시에 효율성과 인간성의 합작이기도 하다. 사실 질서와 자유란 이질적인 요소의 결합품인 질서자유주의 사상의 핵심에는 자유주의와 휴머니즘이 있다. 그리고 이 결합을 통해 사람답게 살면서, 전체주의로 가는 길을 봉쇄할 대안을 만들기 위한 경제학이 질서자유주의 경제학, 혹은 프라이부르크학파 경제학이다(황신준, 1995; 김강식, 2016b, p. 4).

질서자유주의 경제학이 태동할 당시 영국 근대 경제학에 비견할 독일의 주류 경제학은 역사학파 경제학이었다. 여전히 역사주의 경제학의 전통이 주류로 강하게 남아 있던 20세기 초의 독일 경제학계에서 이들 프라이부르크학파는 근대경제학의 방법론과 성과를 어느 정도 수용하지만, 독일식 특성을 담은 자유주의를 만들어갔다. 이렇게 해서 생긴 질서자유주의 경제사상은 인근 국가나 독일어권 국가로 확장되었고, 각 국가의 상황에 맞게 진화되었다. 이후 오스트리아 출신

경제학자 하이에크와 함께 '몽페를랭회(Mont Pèlerin Society)'를 만들어 학술 교류를 했고, 오이켄과 프란츠 뵘(F. Böhm)은 《오르도(*ORDO-Jahrbuch für die Ordnung von Wirtschaft und Gesellschaft*)》라는 학술지를 만들었다. 이 학술지 발행은 현재까지 이어져서 학파로서의 면모를 유지하고 있다. 현재 독일에는 '발터 오이켄 연구소(Walter Eucken Institut)'가 프라이부르크에 있는데, 이 연구소와 프라이부르크 대학교를 중심으로 질서자유주의 경제학의 명맥을 이어 가고 있다.

처음 질서자유주의 경제사상이 정립된 곳은 독일 프라이부르크 대학교였다. 나치 치하 프라이부르크 대학 총장을 맡은 내력으로 철학자로서의 모든 업적을 부정 받던 마르틴 하이데거(M. Heidegger)가 총장으로 재직했던 프라이부르크 대학교는 독일의 정신적 고향 같은 곳이었다. 이 대학교에서 질서자유주의 경제학은 태동하고 발전했다.

질서자유주의 경제학의 구체적인 활동 시기는 이차 세계대전 이후였지만 사상적 탐색은 훨씬 전부터 이루어졌다. 1920년대와 1930년대 독일 프라이부르크 대학 경제학과 교수 오이켄은 법학과 교수 뵘과 한스 그로스만-되르스(H. Grossmann-Dörth)가 함께 기존의 경제정책을 비판하며 프라이부르크학파를 만든다.

다음 <표 5-1>은 질서자유주의 경제학의 전개 과정과 이런 학문적 전통을 이어가던 학자와 그들의 주장을 정리한 것이다. 특히 질서자유주의 경제사상의 철학적 연원과 질서자유주의 경제정책을 시행한 경험도 정리했다.

| 표 5-1 | 질서자유주의 경제학파의 전개 과정

창시자	학자군	사상적 스승	분파	현실 적용 사례
• 오이켄 (W. Eucken) • 뵘(F. Böhm) • 그로스만－되르 (H. Grossmann－Dörth) • 믹취(L. Miksch)	• 핸젤 (K. P. Hensel) • 온스(R. Johns) • 마이어 (K. F. Maier) • 마이어 (F. W. Meyer) • 루츠(F. A. Lutz) • 피스터 (B. Pfister) • 게스트리히 (H. Gestrich) • 스텍켈베르그 (H. v. Stackelberg) • 베이트(O. Veit) • 벨터(E. Welter) • 람페(A. Lampe) • 마이스트맥커 (E. J. Mestmäcker) • 뫼셸 (W. Möschel) • 뮬러－아르막 (A. Müller－Armack)	• 아리스토텔레스 (Aristotle) • 토크빌 (de Tocqueville) • 헤겔(F. Hegel) • 슈펭글러 (O. Spengler) • 만하임 (K. Mannheim) • 베버 (M. Weber) • 훗셀 (E. Husserl)	• 오이켄주의자 (Euckenian) • 정부의 수동적 역할 • 오이켄(W. Eucken) • 뵘(F. Böhm) • 아르막주의자 (Armackian) • 정부의 능동적 역할 • 뮬러 아르막 (A. Müller－Armack) • 뢰프케(W. Röpke) • 신질서자유주의 (Neo－Ordoliberalismus) • 경제·사회·환경의 지속 가능성이 목표 • 뮬러 (M. H.－P.Müller) • 하우프(M. v. Hauff)	• 독일의 사회적 시장경제 • 유럽 연합의 2010년 재정 위기 대응책 • 유럽 연합의 경쟁적 사회적 시장경제 경쟁법 102조 • 김대중 정부 • 노무현 정부

자료: 황준성, 2001; 황준성, 2006; 황준성, 2011; 김강식, 2016a

<표 5-1>에서 보듯이 질서자유주의 경제학은 오이켄, 뵘, 그로스만－되르스, 레온하르트 믹치(L. Miksch)가 주축이 되어 만들었다. 이를 따르는 칼 폴 핸젤(K. P. Hensel), 칼 프리드리히 마이어(K. F. Maier), 프리츠 W. 마이어(F. W. Meyer), 프리드리히 A. 루츠(F. A. Lutz), 베른하르트 피스터(B. Pfister), 한스 게스트리히(H. Gestrich), 하인리히 폰 스톡켈베르그(H. v. Stackelberg), 오토 베이트(O. Veit), 에릭 벨터(E. Welter), 아돌프 람페(A. Lampe), 에렌스트 요하임 매스트메커(E. J. Mestmäcker), 베른

하르트 뫼셸(W. Möschel), 알프레드 뮐러−아르막(A. Müller−Armack) 등의 학자들이 합류한다.

질서자유주의 경제학의 사상적 배경에는 아리스토텔레스(Aristotle), 알레스 토크빌(A. de Tocqueville), 헤겔(G. W. F. Hegel), 오스발드 슈펭글러(O. Spengler), 칼 만하임(K. Mannheim), 막스 베버(M. Weber), 에드먼트 후설(E. Husserl)의 철학이 있다.

질서자유주의 경제학은 정부의 역할을 두고 수동적 역할을 강조했던 '오이켄주의자(Euckenian)'와 능동적 역할을 강조한 '아르막주의자(Armackian)'으로 나뉜다. 오이켄주의가 정부 역할을 단순히 경쟁을 파괴하는 '시장의 실패'를 교정하는 소극적 범위로만 인정했다면, 아르막주의는 정부가 더 적극적으로 경제에 개입할 것을 주장한다. 뮐러−아르막은 현실 경제를 작동시키는 또 다른 축으로 복지와 사회보장을 첨가했다.

독일의 자유주의 경제학의 전통은 뮐러−아르막에 와서 현실 경제에 적용되면서 진화하여 사회적 시장경제로 빛을 보았다. 그리고 사회적 시장경제는 독일의 길이 되어 독일의 재건에 기여했다. 이후 질서자유주의 정책은 세계적인 영향력을 발휘했는데 독일은 물론 유럽 연합의 경제정책으로 활용되었고, 대한민국에서도 김대중 정부와 노무현 정부에서 원용되었다.

1970년대부터 환경 문제가 국가의 중요한 문제로 떠오르자 질서 정책에 '지속가능성'을 넣어야 한다는 주장들이 생기기 시작했다. 이후 21세기 들어서 본격적으로 '신질서자유주의(Neo−Ordoliberalismus)'가 제시된다. 신질서자유주의에는 생태, 경제, 산업화된 사회의 지속가능성을 담보하기 위해 등장한다. 이를 통해 변화하는 환경 속에서 독일의 사회적 시장경제의 미래를 보증받으려 한다. 여기서 기존의 경제질서는 사회·경제 질서로 이해되며, 사회적 의미가 강조된다. 신질서자유주의 경제학의 비전은 연대적이며 동적인 경제질서를 만들어야 한다는 것이다(Müller, 2019).

2. 질서자유주의 경제학과 사회적 시장경제

1945년 이차세계 대전 패망 이후 독일은 잿더미 위에 라인강의 기적도 이루고, 20세기 말에는 분단을 극복했으며, 21세기 현재 어엿한 세계 경제 중심국이 되었다. 이와 함께 독일은 삶의 질, 성장률, 물가, 고용, 분배, 안정, 국제수지 등 경제의 모든 면에서 우수한 성과를 나타냈다. 이에 따라 독일 경제는 여러 국가의 모범이 되고, 이러한 성공의 바탕에 있는 질서자유주의 경제사상과 사회적 시장경제는 국제적 관심을 받았다.

사회적 시장경제는 질서자유주의의 이념에 독일식 노사합의제나 복지시스템을 결합한 경제체제이다. 사회적 시장경제의 입안자인 뮬러−아르막은 사람을 우선으로 두고 경제정책을 펴야 한다고 생각했다. 그래서 소수의 이익보다 다수의 사람이 잘살 수 있는 시장경제를 설계했다. 이차세계 대전 후 기민당에 입당한 뮬러−아르막은 1946년 쓰고 1947년에 출판한 책 『경제의 조정과 시장경제(*Wirtschaftslenkung und Marktwirtschaft*)』에서 사회적 시장경제의 사상과 개념을 제시한다. 그의 사회적 시장경제에 관한 비전은 다음과 같다. 경쟁이 보장되는 시장에서 자유로운 개인이 창의적으로 능력을 발휘하게 한다. 그리고 이를 통해 만들어진 결과물을 가지고 사회가 이루어야 하는 공동의 목표를 성취하면 된다는 것이다.

뮬러−아르막은 독일이 추구해야 하는 사회 운영의 기준은 형평성과 효율성의 동시 실현이라고 했다. 따라서 독일 사회적 시장경제는 경쟁적 시장경제 원리를 기반으로 하나 현실 국가 운영을 위한 정책 목표 간의 조화와 균형을 강조한다. 질서자유주의 경제학이 정책 목표로 삼은 것은 안전, 정의, 발전이다. 그리고 이를 동시 수행하기 위해 적절한 국가 개입은 필요하다고 보았다. 이 가치를 실현하기 위한 정부의 역할을 뮬러−아르막은 경쟁적 질서를 만들고 이를 유지하는 것, 구성원의 소득을 형평성에 맞게 조정하는 것, 대기업을 견제하고 중소기업을 육성하는 것, 인권이 보호되고 국민의 상생을 도모하는 차원에서 공동결정의 노사관계를 만드는 것, 그리고 환경을 보호하는 것이라고 했다(Müller−Armack, 1974, p. 300; Müller−Armack, 1956, p. 390).

이처럼 사회적 시장경제는 오이켄의 질서자유주의와 국민을 위한 사회보장제도의 혼합체로 출범한다. 여기에서 '시장경제'는 질서자유주의의 자유로우면서도 경쟁적인 시장기구가 작동하는 경제를 의미하며, '사회적인' 구성원을 위한 사회보장제도와 노사 간 상생과 힘의 균형을 잡은 공동결정제도를 지지한다는 것이다.

뮬러−아르막은 평등이 결국은 효율적인 결과를 가져온다고 생각했다. 여기에서 오이켄과 뮬러−아르막의 견해 차이는 분명하다. 뮬러−아르막은 중산층과 중소기업이 국민 경제에서 가지는 중요성을 인지했다. 그리고 이를 육성하고 보호하는 국가의 기능을 강조했다. 이에 비해 오이켄은 시장실패를 교정하고, 시장에서 실패한 사람들을 구제하는 국가의 역할을 주장했다. 이는 오이켄보다 뮬러 −아르막의 사상에 더 가까이 있던 뢰프케가 자신들을 '자유주의적 보수주의(liberal conservatism)'라고 하며 자유방임적 자유주의의 시장실패 문제를 제기한 것과 일맥상통한다.

이러한 사상을 현실에 적용한 정치가가 루드비히 에르하르트(L. Erhard)였다. 그는 1949~1963년 독일의 경제부 장관을 역임했고, 1963~1966년은 연방총리로 재임했다. 그는 모든 국민이 기본권을 보장받으며, 인간으로서의 존엄을 지키는 동시에 자본주의의 사유재산제도를 인정하면서도 사회 계층 간의 힘의 균형을 이룬 독일을 뮬러−아르막의 도움을 받으며 만들었다. 이처럼 전후 독일은 뮬러 −아르막의 질서자유주의 사상을 배경으로 경기 안정, 국민 복지, 경제민주주의를 실현할 공동결정제도, 중소기업 육성책을 내용으로 한 경제정책으로 실현했다.

이러한 정책은 성공했고, 독일은 전쟁의 잿더미 위에서 다시 경제 부흥을 이루어 냈다. 그 배경에는 에하르트 수상의 경제정책이 있었다는 것은 분명했다. 동·서독 통일 이후 21세기에 들어서 세계열강으로 자리를 굳힌 독일을 이끈 총리는 앙겔라 메르켈(A. Merkel)이다. 그도 질서자유주의 사상을 강조했다. 성공한 총리인 메르켈과 에르하르트의 공통점은 질서자유주의 경제학을 이해하고 그것을 현실 속에서 실현했다는 점이다.

Ⅲ. 질서자유주의 경제학의 정체성과 특징

1. 질서자유주의 경제학의 정체성

질서자유주의 경제학은 독일에서 태동한 게르만 고유의 경제철학을 바탕으로 한다. 당연히 독일의 자유주의 철학을 그 뿌리로 삼고 있다. 20세기의 사회적·정치적 변혁 과정을 거치며 이들 내부에도 이념과 현실 적용 문제를 두고 분파가 생겼다.

┃ 표 5-2 ┃ **독일어권 국가의 자유주의 경제학**

경제사상	주요 학자	탄생 국가	경제학파	국가의 역할
질서자유주의	• 오이켄(W. Eucken) • 폰 뵘-바베르크 (von Böhm-Bawerk)	독일	• 프라이부르크학파	• 시장 질서를 관리
진화적 자유주의	• 미제스(L. von Mises) • 하이에크(F. Hayek)	오스트리아	• 오스트리아학파	• 자생적 시장질서 • 작은 정부
사회적 자유주의	• 뮐러 아르막 (A. Müller-Armack) • 뢰프케(W. Röpke) • 루스토우(A. Rüstow)	독일	• 쾰른학파 • 옥스퍼드학파	• 시장의 질서와 국 민의 복지를 관리

자료: 김종헌·백훈, 2017 p. 6; 황준성, 2001; 황준성, 2011

위의 <표 5-2>는 독일 자유주의의 경제학을 질서자유주의, 진화적 자유주의, 사회적 자유주의로 분류한 것이다. 사회적 자유주의는 국민의 복지를 염두에 두고 시장의 질서를 대변하는 자유주의이다. 진화적 자유주의는 시장의 자생적 질서를 인정하고, 가능한 시장에 적게 국가가 개입해야 한다고 주장한다. 이에 비해 질서자유주의는 사회적 자유주의와 진화적 자유주의의 중도노선이다.

포괄적으로 봐서 이 세 갈래의 자유주의 모두를 독일식 자유주의라고 할 수 있다. 이 중에 질서자유주의와 사회적 자유주의를 광의의 질서자유주의로, 진화론적 자유주의와 미국식 자유주의인 시카고학파나 버지니아학파를 묶어 개인주의 지향의 자유주의라고 분류할 수 있다(황준성, 2011; 황준성, 2001, pp. 226-230).

진화론적 자유주의는 미제스와 하이에크가 활동한 오스트리아학파 경제학의 경제사상이다. 이들은 오이켄의 질서자유주의보다는 더 많이 영국식 근대경제학을 수용했고, 칼 멩거(K. Menger)가 중심이 된 한계혁명의 전통도 잇는다. 따라서 그 중심에는 주관적 효용에 따른 가치론과 공리주의가 있었다. 그러나 질서자유주의 사상을 내건 프라이부르크학파의 길은 이들과는 달랐다. 오이켄은 나치의 파쇼 경제를 건전한 시장경제로 전환하는 기본 틀을 고민하며, 바람직한 가격기구와 시장 그리고 정부의 역할을 제시했다. 여기에다가 뵘은 독일이라는 공동체의 작동과 그 속에서의 질서를 확보하기 위해 국가의 공권력과 개인 사이의 힘의 균형을 이루기 위한 학문 작업을 했다. 그로스만－되르스는 개인의 자유로운 경제활동을 보장하기 위해 법의 역할을 규정하는 작업을 했다. 이들 질서자유주의자는 공통으로 시장의 힘과 경쟁의 효율을 인정하지만 이를 가능하게 할 국가의 역할을 인정했다. 또한, 경쟁, 견제, 조정을 통해 국가도 감시해야 한다고 했다.

오이켄에 이어 뮐러－아르막에 의해 모습을 갖춘 질서자유주의 경제학의 핵심 원리는 ① 시장 경쟁의 중요성, ② 정치－행정시스템에도 경쟁 도입, ③ 복지제도 확립, ④ 시장에서 독점방지라고 이해된다(황준성, 2011).

특히 질서자유주의 경제학의 정체성을 잘 나타내는 개념은 경쟁과 질서이다. 두 개념을 중심으로 질서자유주의 경제학의 정체성을 살펴보자. 먼저 경쟁 개념을 확대하면 자유로운 시장에서의 경쟁이라고 할 수 있다. 오이켄은 '잘 작동하면서도 인간을 중심에 두는 질서'를 확립하고, 확립된 질서를 유지하는 방법을 찾으려고 했다. 이 질서가 시장에서의 질서이고, 시장을 넘어 사회 전체에도 적용되는 질서이다(Eucken, 1952, p. 369).

이런 사회를 만들어가는 주인공은 자유롭게 선택은 하지만 주어진 환경 속에서 사회정의를 실현하고 질서를 지키는 책임도 지는 개인이었다. 그런데 이 책임은 자유가 있어야 가능한 것이다. 최고의 가치인 자유 없이는 자신의 삶에 책임을 지고, 사회의 질서를 준수하는 인간의 등장은 불가능한 것이었다. 그래서 오이켄은 자유를 최고의 덕목으로 보았다.

하지만 오이켄의 자유는 자신의 이익을 위해 무엇이나 가능하다는 고전적 자유주의의 방임이 아니라 스스로 강제하며 질서 잡힌 체계를 작동시키는 책임을 실현하는 자유이다. 오이켄은 이런 질서적 자유를 누리는 것은 개인 차원에서 도달 불가능하고 공권력의 지원을 통해서만 실현 가능하다고 보았다. 그리고 이렇게 질서가 설정되면 책임감을 가진 시민들에 의해 유지된다고 했다.

따라서 시장에서의 자유는 그저 주어진 자유가 아니라 가꾸어가는 자유이다. 빌헤름 뢰프케(W. Röpke)는 시장의 자유는 자생력을 갖는 것이 아니라, 인간이 돌보아야 유지되는 것이라고 했다. 물론 인간에게는 자유를 누리면서 책임을 다하는 본성이 어느 정도는 있다. 그러나 이를 더 잘할 수 있게 하는 것을 국가의 역할로 본다. 아래 <표 5-3>은 질서자유주의의 이념을 고전적 자유주의 및 신자유주의와 비교한 것이다.

| 표 5-3 | **질서자유주의, 고전적 자유주의, 신자유주의 경제학 비교**

	질서자유주의	고전적 자유주의	신자유주의[3]
개인과 사회	사회구성주의	사회계약설	사회계약설
인간의 본성	도덕적이며 이기적	이기적	이기적
경제행위의 이념	공리주의와 휴머니즘	공리주의	공리주의
경제정책의 기준	공평성과 효율성	효율성	효율성
경제체제	사회적 시장경제	자유 시장경제	자유로운 국내시장과 세계시장
시장질서	인위적인 질서	자생적 질서	자생적 질서

자료: Ulrich, 1994; 황준성, 2001; 황준성, 2006

여기서 확인되는 것은 고전적 자유주의와 이의 새로운 버전인 하이에크 이후의 신자유주의 및 20세기 후반의 신자유주의 사이에 사실 큰 차이가 없다는 것이다. 물론 신자유주의는 자유방임주의와 달리 정부의 시장 개입을 전적으로 부정하지 않는다. 그러나 이 두 가지 자유주의 사상을 아우르는 이념은 시장근본주의이다.

이에 비해 질서자유주의 경제사상에서 정부는 자유로운 경쟁의 수호자 역할을 한다. 물론 정부가 해야 할 일과 그렇지 않은 일은 구분되어 있다. 이 점에서 질서자유주의와 영미식 자유주의의 차이가 있다. 모든 자유주의 전통은 시장경제를 지지하지만, 질서자유주의는 시장실패와 정부 실패를 동시에 인지하며, 시장기구의 원활한 작동을 만들어가야 할 주체가 정부라고 본다. 그러나 영미식 자유주의

---

3) 신자유주의는 크게 두 가지로 나누어 볼 수 있다. 영국의 고전적 자유방임 자유주의에 이의를 제기하며 등장한 독일의 질서자유주의가 1세대 신자유주의였다면, 대처리즘이나 레이거노믹스와 함께 시작된 20세기 후반의 신자유주의는 케인지언 국가개입주의에 이의를 제기하며 다시 자유주의 전통으로 돌아가자는 의미의 신자유주의는 2세대 신자유주의이다. 여기에서는 후자를 말한다.

는 정부 실패를 강조하며 정부의 긍정적 역할을 폄하한다.

그렇지만 중요한 점은 실제 이들 사이의 차이가 그리 크게 나타나지 않는다는 점이다. 질서자유주의는 상대적으로 정부의 역할과 형평을 강조하는 것처럼 보이나 자유주의의 기본원리인 개인의 자유와 권리 보장, 자유로운 시장, 최소 정부라는 이념은 사실 공유한다. 기실 세 개의 보수적인 전통을 갖는 자유주의는 현실 적용에서는 차이가 크지 않을 수 있다. 단지 각 국가의 특수성과 시대적 요청속에 질서자유주의, 고전적 자유주의, 신자유주의로 나타났다고 볼 수도 있다. 질서자유주의도 경제적 문제의 해결 방식을 결국 시장에서 찾고, 핵심적 제도는 시장기구로 보았다고 할 수 있다.

질서자유주의의 고유의 특징을 잘 나타내는 것은 반 카르텔을 전면에 내세운점이다. 질서자유주의는 '경쟁적 질서(Wettbewerbsordnung)'를 확보하기 위해 권력으로 이익집단을 견제해야 한다고 본다. 따라서 이렇게 견제하기 위한 원칙을두었다. 그러나 실제 대기업과의 관계에서 자유로운 정부는 드물었고, 독일도 완전히 예외는 아니다. 다른 나라와 정도의 차이는 있겠지만 독일도 국가가 나서서 산업자본을 보호하고 육성하는 이차세계 대전 후 유행한 케인즈 정책과 무관하지는 않았다.

오이켄은 아래 <그림 5-1>에서 보는 것처럼 법으로 만들어야 할 원칙으로는 완전경쟁 가격체계의 기본원칙, 통화정책 우위의 원칙, 시장개방의 원칙, 사유재산의 원칙, 계약자유의 원칙, 책임의 원칙, 경제정책 일관성의 원칙을 두었다. 그리고 정부의 규제를 통해 지켜야 할 원칙으로는 독점을 규제하는 원칙, 공정한 소득재분배의 원칙, 외부효과를 교정하는 원칙, 비정상적 공급을 교정하는 원칙을 정했다. 마지막으로 위의 원칙이 지켜지기 위해 보충해서 지킬 원칙으로는 불필요한 정부 간섭 배제의 원칙, 경쟁질서, 법 제정, 법적 판결과 정부 행정의 통합 원칙, 극심한 경기변동에 대한 대응 원칙, 자립 지원 원칙을 제시했다. 특히 오이켄이 강조했던 것은 독점에 대한 규제였다. 그는 독점이 시장 질서를 파괴한다고 보고 규제를 통해 독점을 금지해야 한다고 했다. 그리고 독일은 반 카르텔법을 법제화했다. 그런데도 독점적 기업은 독일은 물론 어느 나라 할 것 없이 19세기와 20세기는 물론 21세기 현재까지 꾸준히 성장하고 있다.

질서자유주의의 정체성을 나타내는 두 번째 개념은 질서이다. 여기서 질서는 상호 연관된 방식을 말한다. 질서자유주의는 '질서 간의 상호 의존(Interdependenz der Ordnung)'을 강조한다. 이를 통해 질서자유주의는 경제, 사회, 정치, 문화 사이의 상호 작용의 메커니즘을 명시한다. 경제적 자유와 정치적 자유는 연관되어 있으므로, 시장에서의 자유 없이는 시청에서의 자유도 없다. 그리고 모든 자유에 선행되는 자유를 시장에서의 자유로 본다.

아래 <그림 5-1>은 질서자유주의 경제사상의 핵심과 이를 실현할 제도적이며 정책적인 관계를 잘 보여준다. 그 핵심에는 작동하는 가격 기구(시장기구)가 있다. 가격 기구의 원활한 작동이 모든 사회적 관계의 핵이다(Eucken, 1952, p. 255). 시장이 질서 있게 돌아가기 위해서는 사유재산제도, 개방된 시장, 통화제도, 계약의 자유, 규제, 일관적인 경제정책이 지지해야 한다. 소득정책 및 자산정책, 독점규제, 외부효과의 내부화, 사회적 약자에 대한 보호, 국민 계정 관리 등도 이 핵심적 시스템을 보완하는 기능을 한다. 질서자유주의 경제학은 이 원칙의 상호 연관과 보완 작용을 통해 바람직한 자본주의 시장경제가 작동한다고 보았다.

| 그림 5-1 | **질서자유주의 경제의 기본 원칙**

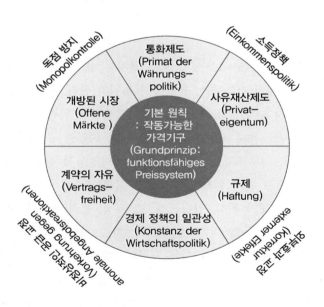

자료: Konrad Adenauer Stiftung; Wohlgemuth, 2008

이러한 기본 원칙에 더해서 최근에 제시된 신질서자유주의 경제학에서는 여기에 사회적 측면을 강조한다. 마쿠스 한스 페터 뮬러(M. H.−P. Müller)는 새로운 시대에는 국가가 예전처럼 경제를 조정하고 통제할 수 없다고 한다. 이렇게 유연해진 자본의 시대에는 동적이고 혁신적인 경제 과정을 이끌어갈 새로운 질서가 무엇보다 필요하다고 한다(Müller, 2019, pp. 185−190). 따라서 <그림 5−1>에서 보여준 헌법적 경제 질서의 배경으로 ① 문화, 도덕 그리고 연대, ② 기회의 공평함, ③ 환경과 경제 그리고 사회의 지속가능성을 고려한 원칙을 만들어야 한다고 했다. 이런 새로운 비전이 <그림 5−2>에 그려져 있다. 이러한 변화를 통해서만 사회적 시장경제의 미래를 확보할 수 있다는 것이다(Hauff, 2007).

| 그림 5−2 | **신질서자유주의 경제의 확장된 원칙**

자료: Müller, 2019, p. 188

질서자유주의 경제학의 정체성을 잘 보여주는 것이 사회적 시장경제다. 아래의 <표 5-4>에는 사회적 시장경제와 질서자유주의 경제사상이 비교되어 있다. 질서자유주의 경제사상은 순수한 이념이나 사회적 시장경제는 이 사상의 현실적 적용이다. 그래서 훨씬 더 많은 조정 가능성과 융통성을 가진다. 그래서 질서자유주의 경제사상이 사회적 시장경제로 실현될 때 사상이 변질될 여지도 있다 (Biebricher & Ptak, 2020).

| 표 5-4 | **질서자유주의와 사회적 시장경제**

질서자유주의	사회적 시장경제
순수한 질서 정책	정책을 실현하기 위한 전략
질적·정태적 범위	양적·동태적 범위
원칙 강조	현실 사례에 맞는 유연성 강조
시장질서 조정	시장 개입 인정
복지와 사회보장은 정부의 책임 아님	복지와 사회보장은 정부의 책임

자료: Biebricher & Ptak, 2020; Posluschny, 2007

다음의 <표 5-5>는 사회적 시장경제가 가지는 경제에 대한 비전을 자유방임적 시장경제와 케인지언 시장경제를 비교한 것이다. 사회주의 경제와는 달리 사회적 시장경제는 사유재산제도와 시장주의를 기반으로 한다. 이 바탕 위에 실업이나 경기 부양을 위한 케인지언 단기 처방을 반대하나 카르텔에 대해서는 규제를 주장한다. 또한, 재정적자와 물가 상승을 유발하는 케인지언의 단기 경제정책에는 반대하나 노동자의 권한 강화는 지지한다. 이것이 사회적 시장경제가 제시한 제3의 길이다.

| 표 5-5 | 사회적 시장경제, 자유 시장경제, 케인지언 시장경제 비교

	사회적 시장경제	자유 시장경제	케인지언 시장경제
사유재산제도	동의	동의	동의
정부 시장개입	동의	동의하지 않음	동의
경제정책	엄격한 통화정책	통화정책	재정정책, 통화정책
자유 무역	전적인 동의	전적인 동의	동의
노사협의제	동의	동의하지 않음	동의하지 않음
실업	단기적 실업 정책 반대	단기적 실업 정책 반대	정부의 실업 정책 찬성
고용과 물가 안정	동시 성취 가능	스태그플래이션 가능	상충 관계
규제	독점에 대한 규제는 찬성	규제 반대	규제 찬성
국가의 기능	시장질서의 감시자	범죄의 감시자	경제 주체

자료: 황준성, 2001; 오동윤·정남기, 2016; 황준성, 2011

2. 질서자유주의 경제정책의 특징

질서자유주의 경제학의 특징은 경제정책에서 잘 나타난다. 질서자유주의 경제학은 경제정책을 '질서관리정책(Ordnungspolitik)'과 '경제운영정책(Ablaufspolitik)'으로 나눈다. 질서관리정책은 시장을 경쟁적으로 유지하기 위해 사용되는 정책이고, 그 중심에는 완전경쟁 시장에 대한 비전이 있다. 이를 위한 법적·제도적 조건을 마련하고, 통화제도를 정비하고 소수의 독점을 금지하는 것이다. 이에 비해 경제운영정책은 전통적인 거시경제정책인 경기대응정책이나 경제 안정화 정책을 의미하나 엄격한 통화정책을 요구한다(황준성, 2011).

이처럼 질서자유주의 경제정책은 케인지언 정책으로 국가 개입해서 산업자본

육성하는 정책이나 자유방임 정책과는 달리 경기변동에 국가가 정책적으로 개입하는 것을 지양하나, 경제 질서 유지를 위해는 허용하는 중도적 태도를 보였다. 이는 개입이 또 다른 개입을 낳아서 결국 지나치게 거대한 국가의 관리체제가 만들어지는 것을 막기 위해서다. 이렇게 정부의 역할을 한정했다는 측면에서 질서자유주의는 신자유주의와 같이 결국 작은 정부를 추구하는 경제사상이다.

독일에서 질서자유주의 정책이 실제로 실행된 것은 전후인 1948년에서 통일 전인 1989년 사이라고 할 수 있다. 1948년 6월 20일 연합군에 의해 도이치마르크(D－Mark)로 화폐개혁이 있던 날로부터 시작된 질서자유주의 경제정책과 함께 사회적 시장경제는 독일의 상징이 되었다. 미국, 영국, 프랑스 연합군에 의해 군사작전처럼 행해진 도이치마르크로의 화폐개혁은 전후 혼란을 극복하고 독일 경제를 추스르는 계기를 마련해주었지만, 서독지역에만 화폐개혁이 이루어짐으로써 분단과 냉전의 계기로 작용했다.

독일은 이런 정책에 힘입어 1950년대에는 평균 8.9%의 높은 경제성장률을 보이기도 했다. 실제로 콘나드 아데나우어(K. Adenauer) 정부에서는 가격을 통제하고, 중소기업에게 세금을 낮추어주는 정책을 쓰는 등 질서자유주의 경제정책이 시행되기도 했다.

사회적 시장경제가 성공적인 결과를 가져온 것은 1948~1966년까지이다. 1966년 이후부터는 독일의 경제성장 속도가 떨어졌다. 이런 경제 상황을 타개하기 위해 경제 개혁을 해야 했고, 케인지언 경제정책을 사용하였다. 아울러 사회적 시장경제의 한 축인 사회복지 제도가 점차 축소되었다. 이러한 개혁에도 독일의 저성장은 1970년대에 와서는 장기화되는 조짐을 보였다. 이에 따라 독일은 사회적 시장경제의 지속가능성에 의문을 가지게 되었다. 이에 따라 1979년부터 영국과 미국을 중심으로 보수적 신자유주의 정책이 채택되었고, 이에 따른 세계화와 함께 금융주도 자본주의가 점차 맹위를 떨치게 되었다.

이런 가운데 독일은 1990년 통일을 했고, 통일 후유증에 시달리면서 1990년대에 이르면 독일은 경제성장의 모범 사례가 아니라 '유럽의 병자'가 되었다. 이런 경제 문제의 원인으로 사회적 시장경제가 꼽혔다. 자연히 제도의 개혁이 시작되었다. 1998년부터 '새로운 중도(Neue Mitte)', '아젠다 2010(Agenda 2010)', '하르츠 개혁 IV(Hartz Reform IV)'4) 등은 진보 정권인 사민당 정부에 의해서 추진되었다. 그러나 경제 문제에 관한 인식은 보수정권인 기민당과 같았다. 독일은 저성장의 원인을 사회적 시장경제와 그에 따른 복지제도와 노동시장 정책, 경제민 주주의에서 찾았으며, 노동시장 유연화와 복지제도의 축소를 국가 경쟁력 확보를 위한다는 명분 아래 추진했다.

21세기와 들어서서 유로존의 탄생과 함께 독일은 산업 경쟁력을 바탕으로 유럽 중심국으로의 면모를 보였다. 유로존의 재정정책 설계에 독일은 질서자유주의적 정책을 가미했다. 그러나 이후 2008년 글로벌 경제위기, 2010년 유럽 재정위기를 맞으면서 억제적 통화정책의 기조를 접고 신자유주의 정책으로 상당히 선회했다(Dold & Krieger, 2020).

이 과정에서 독일이 이룬 경제적 성과는 질서자유주의 경제정책만으로 이루어진 것이 아니다. 사민당 정부가 들어서면 주로 케인지언 경제정책을 썼고, 기민당 정부조차도 질서자유주의 정책과는 결이 다른 확장적 통화정책을 추인하기도 했다. 이는 21세기 독일이 점점 사회적 시장경제의 색채를 제거하고, 영미식 자유주의를 적극적으로 받아들이고 있다는 것을 의미한다. 이 과정 속에 독일과 독일 기업은 더 부유해지고 강해지는데 독일 국민 일반은 점점 더 가난해지고 있다. 아울러 독일 특유의 공동결정제도의 전통도 약화되고, 산업 생산성도 둔화되고 있다(홍태희, 2016b).

독일 사회적 시장경제의 앞으로의 진로도 그리 밝지 않다. 독일에서 실시한 한 설문조사 결과 2000년 독일의 사회적 시장경제가 긍정적이라는 답이 46%, 부정적인 답이 18%였다. 그러나 2005년 긍정은 31%로 줄어들고, 부정적으로 생각한다는 의견이 39%이었다(Bathege et al. 2005). 만약 지금 설문조사하면 더 낮은 지지를 얻을 것이다. 다른 나라에서는 독일을 모범으로 삼고 있는데 진작 독일에서 사회적 시장경제에 대해 부정적인 평가가 점점 증가하고 있다는 것은 질서자유주의 경제학의 딜레마이다. 그래서 독일에서는 질서자유주의 경제학의 개혁을 통해 사회적 시장경제의 미래를 확보받으려는 시도도 생기고 있다(Müller, 2019).

---

4) 아젠다 2010에 대해서는 여러 의견이 있다. 대개 아젠다 2010을 복지감소, 혹은 사회적 시장경제의 후퇴라고 해석하나 경제성장과 사회적 시장경제를 유지하기 위한 정책적 조정이라는 평가도 있다(나혜심, 2008; 홍태희, 2016b).

Ⅳ. 질서자유주의 경제학의 기여와 한계 그리고 과제

1. 질서자유주의 경제학의 기여

질서자유주의 경제학의 개척자인 오이켄은 국가에게 시장에서 지킬 게임의 법칙을 만들라고 주문하고, 임마누엘 칸트(I. Kant)의 정언명령에 따라 도덕심이 있는 인간 일반이 질서를 지키고 사는 세상을 그렸다. 이런 그의 비전은 책상머리 앞의 이상론이 아니었다. 그는 1870년대 비스마르크(Bismarck)의 철권통치와 그에 따른 전체주의적 경제정책을 비판했고, 1차 세계대전을 겪으며 오히려 강력해진 대기업 집단과 국가의 전횡에 대한 해결책으로 제시한 것이다. 따라서 질서자유주의 사상은 현실 문제를 해결하기 위한 대안으로 사회와 정부의 역할을 규정한 것에 그 의의가 있다고 하겠다. 이를 정리하면 다음과 같다.

첫째, 질서자유주의 경제학은 효율과 형평 사이의 제3의 길을 열려고 시도했다. 경제학에서는 효율과 형평을 상반된 가치라고 규정한다. 그러나 질서자유주의 사상을 응용한 사회적 시장경제에서는 시장의 효율을 지키면서도 모든 국민이 공평하게 인간으로의 존엄을 지킬 가능성을 디자인했다. 이를 통해 인본주의 경제학의 가능성을 넓혔다.

둘째, 질서자유주의 경제학은 경제학과 경제학 방법론의 발전에도 기여했다. 질서자유주의 경제학은 학제적이고 융합적인 접근을 한다. 이는 '경제 우선주의'나 '경제학 만능주의'가 오히려 비현실적인 경제 이해를 가져오는 경제학의 학문적 한계 극복에 상당한 시사점이 있다. 그리고 특히 이들이 법학을 주목한 것은 큰 의미가 있다. 사회문제의 해결은 곧 법의 형태로 제시되어야 하며, 법의 본질은 도덕이므로 질서자유주의 경제학의 등장은 규범 경제학의 전통을 복구한 것이라고도 할 수 있다.

셋째, 질서자유주의 경제학은 권력의 남용을 방지하고 권력의 올바른 사용을 유도한다. 물론 질서자유주의는 자유를 최대 가치로 삼는다. 그러나 국가든 기업이든 개인이든 사회적 질서를 훼손하면 제재를 가해야 한다는 전형을 보여준다. 이를 통해 특정 경제주체의 전횡을 제어할 가능성을 제시한다.

넷째, 질서자유주의 경제학은 독일이 역사학과 경제학의 한계를 극복하고, 주류경제학의 발전된 연구를 부분적으로나마 받아들여 독일 경제학을 근대화시키는 계기를 마련해주었다.

다섯째, 질서자유주의 경제학은 이를 현실화한 사회적 시장경제를 작동시켜서 통독 후에 동독 지역을 자본주의 체제 내로 흡수시키는 것을 수월하게 했다. 만약 독일이 영미식 경제체제를 가졌다면 통독 후 사회적 문제 해결의 어려움은 물론 동독인의 통일에 대한 지지를 끌어내기가 훨씬 어려웠을 것으로 추측된다. 이런 독일의 선택은 많은 체제 전환 국가의 경제정책 설계에도 긍정적인 사례를 제공했다.

2. 질서자유주의 경제학의 한계와 과제

독일의 경제학자 중 오늘날에도 자신을 질서자유주의 경제학자라고 하는 경우는 종종 있다. 현재 프라이부르크 대학에서는 강의도 개설되어 있고, 다양한 연구들도 이루어지고 있다. 그러나 질서자유주의 경제학의 보편적 이론 경제학으로 한계는 분명하다. 이를 살펴보면 다음과 같다.

첫째, 질서자유주의 경제학은 비주류경제학이다. 연구의 양적으로나 질적으로 주류경제학에 미치지 못한다. 따라서 그 영향력과 학문적 함의에는 한계가 있다. 물론 질서자유주의 사상이 오스트리아학파 경제학을 거쳐 통화주의자와 공공선택학파에 영향을 미친 것은 사실이지만 그 영향이 주류경제학의 전환을 가져올 정도로 큰 것은 아니다.

둘째, 질서자유주의 경제학은 독일의 경제학을 넘어선 보편적 경제학으로 발전하지 못했다. 왜냐하면, 질서자유주의 경제학에는 특정 민족국가의 국민을 위한 경제학이라는 특징이 두드러진다. 물론 질서자유주의 정책이 EU 재정정책의 기초로 작용하기도 했지만, EU 가맹국 모두의 지지를 받지는 못하고 있다. 특히 2010년 유럽 재정위기에서 EU의 질서자유주의 정책이 독일만을 위한 정책이라는 비판을 받았다. 아울러 민족국가 수준을 넘어선 미국 같은 나라의 거시경제에 적용하는 것에 한계가 있다.

셋째, 질서자유주의 경제학의 한계로 개념과 용어의 불명확성을 들 수 있다. 용어의 통일이 되어 있지 않으니 정교한 경제이론을 발전하기 어렵고, 정책 실행의 효과도 객관적으로 제시할 수가 없다.

넷째, 질서자유주의 경제학에는 경제학계가 인정하는 연구방법론과 분석기법이 아직 정립되지 못했다. 질서자유주의 경제학이 대안경제학으로 발전하려면 주류경제학의 실증적 분석기법에 비견할 분석방법론이 마련되어야 한다.

다섯째, 질서자유주의 경제학에는 주류경제학과 같은 경제학 분과 분야의 발전이 이루어지지 않고 있다. 따라서 미시경제 분야와 거시경제 분야, 정태 분석과 동태 분석이 분리되어 있지 않고, 질서자유주의 경제학의 MSRP는 질서주의라는 신념 외에는 기본적 체계를 갖지 못하고 있다.

사실 사회적 시장경제의 쇠락과 함께 1960년대부터 질서자유주의 경제학의 영향력은 감소하였다. 여기서 질서자유주의 경제학의 현실적 적용과 이를 경제정책으로 사용함은 물론이고 대안경제학이 되기 위한 과제를 살펴보자.

첫째, 질서자유주의 경제를 현실에 적용한 사회적 시장경제는 포퓰리즘적 성격을 가진다. 그래서 한국에서 경험했듯이 선거용 공약으로 사용되다가 정권을 잡으면 폐기되는 경우가 많다. 이런 오용은 질서자유주의의 정체성과도 연관된다. 효율과 형평 사이의 제3의 길은 사회가 안정될 때만 작동한다. 그러나 갈등이 첨예화되거나, 특정 사회적 집단이 세력의 우위를 점유하는 현실에서는 제대로 기능을 할 수 없다. 왜냐하면, 현실에서 질서는 전체를 위한 질서라고 표방하지만 실제로는 누구를 위한 질서일 가능성이 있기 때문이다. 이 점을 극복해야 한다.

둘째, 독일에서 질서자유주의 경제정책의 성과는 어느 정도 과장되었다. 복지제도와 노사협의제를 장착한 사회적 시장경제 모델의 작동이 가능했던 이유는 단지 질서자유주의 경제사상에만 있는 것이 아니다. 독일의 강한 사회민주주의 전통, 높은 생산성, 강한 노동조합 그리고 동독과의 체제 경쟁을 위한 사회정책 시행의 필요성이 같이 작용해서 가져온 것이다. 따라서 성과를 정확하게 확인하기 위해 질서자유주의 경제정책에 대한 실증분석이 요구된다.

셋째, 질서자유주의의 경제정책을 시행할 뚜렷한 로드맵이 없다. 나라마다 경제적 정치적 사회적 작동방식이 다른데 이를 경제에 적용할 때 생기는 여러 변수에 대한 대응책이 없다. 더 많은 연구를 통해 과학적 연구프로그램의 기본 골격과 그에 따른 경제정책의 기본틀을 만들어야 한다.

넷째, 질서자유주의의 경제운영이 신자유주의나 사회주의보다 경제적으로나 정치적으로 특히 국민의 복지를 위해 더 우수하다고 하는 객관적 증거가 부족하다. 독일도 사회적 시장경제가 독일을 유럽의 병자로 만들었다는 진단 아래 개혁을 실행했다. 이를 분명히 하기 위한 국가 간 비교연구가 필요하다.

　다섯째, 질서자유주의 경제학의 반 카르텔 법도 경제적 효율성 확보라는 현실을 극복하기 어렵다. 실제 규모의 경제 논리나 국가 경쟁력 향상, 일자리 확보 및 실제 대기업 집단의 국가 장악력을 통해 대기업의 힘은 독일에서도 시장을 넘어 정부에까지 미친다. 질서자유주의 경제학은 기업과의 관계를 분명히 해야 한다.

　여섯째, 질서자유주의 경제학의 정책적 실현에 큰 어려움의 하나는 점점 세계화되고 있는 자본주의이다. 날로 치열해지는 무역 전쟁과 환율전쟁의 상황 속에서 국가 간 거래나 국제 시장에서의 법질서를 세우는 리더십을 가진 세계 국가의 출현 없이는 질서자유주의 경제정책의 적용에는 한계가 있다. 세계 경제 전체에 적용되는 질서자유주의 경제학을 만드는 것이 비주류경제학인 질서자유주의 경제학의 최종 과제이다.

V. 질서자유주의 경제학의 세계를 떠나며

　우리는 이 책의 5장에서 질서자유주의 경제학의 전개 과정과 현실적 함의, 기여와 한계 그리고 과제에 대해 살펴보았고, 이를 통해 질서자유주의 경제학의 정체성을 확인했다. 먼저 질서자유주의 경제사상의 전개 과정을 살피고 이를 활용한 사회적 시장경제의 전개 과정을 살펴보았다. 아울러 지금까지의 질서자유주의 경제사상의 의의와 가능성 및 문제점을 제시했다.

　위에서도 언급한 것처럼 세계 여러 나라에서, 특히 한국에서는 자본주의의 문제점을 치유할 대안으로 사회적 시장경제가 주목을 받는다. 통일도 이루고 세계 경제 중심국이며, 복지국가의 면모를 가진 독일 경제가 사회적 시장경제의 결과라고 하니 이를 가져와서 자신들도 성공하려는 각국의 노력은 당연하다. 여기서 다시 한번 분명히 해야 할 점은 질서자유주의의 정체성이다. 질서자유주의 경제학은 근본적으로 보수주의 경제학 및 보수 경제정책의 전통을 잇는다. 그리고 실제 정책적 내용도 신자유주의나 고전적 자유주의와 크게 다르지 않다. 사실 자유방임 자유주의도 일종의 레토릭이다. 자유방임 정책은 한 번도 제대로 실현된 적이 없었다. 이름을 달리했을 뿐 국가는 언제나 어디서나 세밀하고 강력하게 개입하고 있으며, 자신과 자신의 이해집단을 위해 정책을 시행한다.

　그런데도 독일에서 사회적 시장경제의 성과가 나온 이유는 무엇보다 독일 사민주의와 든든한 노동조합이 함께 견인하였다는 사실에 주목해야 한다. 즉 오이켄이 그린 이상 사회를 실현한 주체이며 반 카르텔 법을 시행할 수 있게 한 주체는 질서자유주의 경제학이 지지하는 기민당과 보수 세력만이 아니다. 그 대척점에 있는 사민당과 진보 세력의 노력으로 같이 이루어 낸 것이다. 또한, 사회적 시장경제는 높은 생산성을 배경으로만 작동한다는 점이다. 만약 사회적 생산이 충분하지 못하고, 사회적 갈등이 심화되고, 노동계가 활동할 지평이 좁아지면 시장 질서 따위는 아랑곳도 하지 않는 세력에 의해 애써 만든 질서는 무참하게 무너질 수도 있다.

따라서 양대 정당과 대기업 집단의 카르텔이 공고히 버티고 있는 한국에서 질서자유주의 이념을 표방한 정부가 등장해서 속칭 '진보적 자유주의'라는 선전판을 든다고 해도 그것의 실현 가능성은 미지수이며, 실현 여부는 국민이 얼마나 강력하게 공정한 시장 질서를 요구하느냐에 달렸다고 해도 과언이 아니다. 제3의 길이 있는 것이 아니라 제3의 길을 개척할 역량이 있는 국민에게만 그 길이 열린다는 생각을 하면서 질서자유주의 경제학의 세계를 떠난다.

제6장

오스트리아학파 경제학
Austrian Economics

　칼 멩거(K. Menger)는 "경제학은 인간이 자신의 욕구를 해결하는 능력에 관한 학문이다(Our science is the theory of a human being's ability to deal with his wants.)"라고 생각했다. 그래서 그는 개인의 경제적 욕구를 해결할 능력을 사회도 인정할 수 있게 욕구를 계량화하는 작업을 먼저 했다. 그는 인간의 욕구를 수치로 보여주는 것이 무지에 따른 사회적 갈등을 줄이고, 인간 사이의 갈등을 합리적으로 해결할 길을 보여줄 수 있기 때문에 효율적이라고 생각했다.

　이러한 그의 발상은 경제학계를 설득했고, 경제학의 세계에는 가치, 쾌락, 효용 등을 측정하는 유행이 생겼다. 인간이 모여 사는 세상에 효용, 도덕, 자유, 시장 등의 낱말은 인간 이성의 한계를 끊임없이 시험했지만, 멩거와 함께 경제학은 과학주의 시대정신에 맞는 경제학으로 한 걸음 다가갈 수 있었다.

　이런 가운데도 멩거의 제자들이 만든 오스트리아학파 경제학은 엄격한 수학의 왕국에서도 굴하지 않는 인간의 자유의지를 믿었다. 루드비히 폰 미제스(L. von Mises)는 1949년 그의 책 『인간행동론(*Human Action: A Treatise on Economics*)』에서 말한다. "경제학은 재화와 용역에 대한 학문이 아니라 인간의 선택과 행동에 대한 학문이다(Economics is not about good and services, it is about human choice and action)." 이런 생각을 하며 멩거의 제자들은 주체와 객체가 전도된 세상을 다시 뒤집으려고 했고, 현재 자유의 이름으로 경제사상의 오른편을 지키고 있다.

　6장에서 우리는 인간 행위가 중심이 된 오스트리아학파 경제학의 세계로 들어간다. 그리고 인간이 이성을 사용하여 인간의 감정조차 계산하려고 노력하며 세상을 바꾸려고 애썼던 19세기와 20세기의 지적 거인들을 만난다. 세상은 언제나 어둡고, 전쟁은 평범한 일상조차 허락하지 않았지만, 전쟁통에 고향을 떠난 오스트리아학파 경제학자들은 그래도 꺼지지 않은 이성의 빛을 따라 경제학의 세계를 비추려고 했다. 그 희미한 불빛을 따라 우리는 오스트리아학파의 세계로 들어간다.

제6장
오스트리아학파 경제학
Austrian Economics

Ⅰ. 오스트리아학파 경제학의 세계로 들어가며

경제사상의 스펙트럼을 그릴 때 좌측의 끝에는 맑스경제학, 좀 더 오른쪽에 케인즈경제학, 그리고 신고전파경제학 거쳐 오스트리아학파 경제학을 우측의 끝에 배치하는 것이 일반적이다. 그러나 좀 더 구체적으로 살펴보면 등장 배경과 학문적 주장을 두고 외부에서의 평가는 물론 같은 학파 내의 평가도 일관되지 않고, 학파가 공통으로 인정하는 내용도 시대에 따라 변한다는 것도 알 수 있다. 따라서 학파의 역사적 전개 과정에서 동일 학파로 지칭될 정체성을 유지하고 있는가, 어느 범위의 학자들까지 특정 학파의 학자로 분류해야 하느냐는 문제에 부딪힌다.

오스트리아학파 경제학은 이런 정체성 논란에 특히 자주 노출된다. 멩거가 오스트리아학파 경제학을 정초한 후 20여 년밖에 지나지 않은 1894년 출판된 『팔가르베 사전(*Palgarve's Dictionary*)』에는 오스트리아학파가 독립된 경제학파로 더 이상 존재하지 않는다고 적혀 있다.[1] 그러나 이후 20여 년이 지난 1920년대에는 오스트리아 빈 대학교에서 멩거의 제자들을 중심으로 학파는 학문적 부활을 경

---

1) 1901년에 이를 확인한 출판사 측이 비저가 쓴 긍정적인 내용을 색인에 포함해주었다 (Littlechild, 1990, p. 3).

험했다. 그러나 1930년대 말 나치의 치세로 학문의 자유가 억압되고, '비엔나서 클'[2])이 해체될 때 오스트리아학파는 다시 사라졌다.

1950년대에 들어서서 유럽에서 미국으로 이주한 학자들이 주축이 되어 오스트리아학파 경제학을 다시 세웠고,[3]) 주류경제학은 물론 공공 선택학파, 게임이론, 행동경제학 등의 기반이 되었다. 그러나 70년대에 들어서는 밀턴 프리드먼(M. Friedman)이 "오스트리아학파는 이제 더는 존재하지 않는다."라고 했을 만큼 오스트리아학파 경제학은 시카고학파 경제학과 새고전파 경제학이 주축이 된 주류경제학에 흡수되었다.

이런 가운데도 오스트리아학파 경제학이라고 주장하는 학풍은 꾸준히 존재했다. 20세기 말 동구권이 몰락하고, 레이거노믹스와 대처리즘의 경제정책과 함께 신자유주의 시대가 도래하자 '자유주의'를 표방하는 경제연구소, 연구 네트워크, 싱크탱크가 전 세계적으로 무수히 많이 등장했다. 이와 함께 자유주의, 시장주의, 사회주의의 존립 불가능, 정부와 중앙은행의 시장 개입 반대를 특징으로 하는 오스트리아학파 경제학이 재조명되었다. 특히 2008년 글로벌 금융위기 이후에는 위기의 원인이 잘못된 정부개입 때문이라는 주장에 힘이 실리면서 대안경제학으로 인식되기도 했고, 점차 보수화되어 가는 국제 정세 속에서 대표적인 우파 비주류경제학파로 자리매김했다(Méra & Hülsmann, 2017).

이 책의 6장에서는 우파 비주류경제학인 오스트리아학파 경제학의 세계를 산책한다. 학파는 2008년 글로벌 경제위기 이후 대안을 찾지 못하는 경제학계에서

---

2) '비엔나 서클(Vienna Circle)'은 비엔나학파로도 불리는데 빈 대학교 학자들의 정기 학술 모임이다. 논리실증주의, 다원주의, 계몽주의적 입장에서 형이상학을 배격하고, 엄밀한 학문으로의 철학을 만들려고 했다. 이 모임의 수장이던 모리츠 슐리크(M. Schlic)가 1936년 나치의 사주를 받은 제자 요한 넬뵈크(J. Nelböck)에게 암살당한 후 해체되었다(고인석, 2010).

3) 이들을 '신오스트리아학파(New Austrian School of Economics, NASE)'라고 한다. 하이에크와 미제스의 경제학을 그 이전 세대 오스트리아학파 경제학과 구별해서 신오스트리아학파라고 부르기도 해서 주의할 필요가 있다. 이 책에서는 5세대 오스트리아학파라고 칭한다. 사실 구오스트리아학파와 신오스트리아학파의 구분은 학자마다 다르고 일관성이 없다. 기본적으로는 3세대까지를 구오스트리아학파라고 하고 이후 미국을 중심으로 재등장한 학파를 신오스트리아학파라고 부른다. 그러나 멩거, 비저, 뵘-바베르크를 중심으로 한 2세대까지만 구오스트리아학파라고 부르고 3세대부터를 신오스트리아학파라고 부르기도 하고, 혹자는 5세대 오스트리아학파를 신오스트리아학파라고 하기도 한다.

가상화폐와 암호화폐의 사상적 기반으로도 소개되었고, 잘못된 정부개입이 경제위기를 가져왔다는 자유주의 경제위기론의 배경으로도 주목받게 되었다.

따라서 이 책의 6장에서 우리는 오스트리아학파 경제학이 대안경제학이 될 가능성이 있는지 알아보려고 한다. 이를 위해 먼저 근대 경제학의 역사 속에서 유독 많은 부침을 겪는 오스트리아학파 경제학의 전개 과정을 살펴본다. 다음으로 오스트리아학파의 정체성을 알아본다. 이를 통해 오스트리아학파의 정체성이 시간의 흐름 속에 고유의 정체성을 유지했는지와 오스트리아학파 경제학이 비주류 경제학이라면 어떤 점에서 주류경제학과 차이가 있는지를 알아본다. 다음으로 오스트리아학파의 기본원리를 살펴보고 이를 통해 정체성과 특징을 다시 알아본다. 마지막으로 오스트리아학파 경제학의 기여, 한계, 앞으로의 과제를 살펴보고 오스트리아학파의 세계를 떠난다.

II. 오스트리아학파 경제학의 전개 과정

1. 오스트리아학파 경제학의 전개 과정

1871년 멩거의 책 『국민경제학의 기본원리(*Grundsätze der Volkswirtschaftslehre, Principles of Economics*)』가 출판되면서 학파의 여정은 시작되었다. 이후 오스트리아학파는 자유주의 경제를 지지하는 학풍을 이어오며 5세대의 발전과정을 거친다 (Quaas, 2019). 오스트리아학파 경제학은 19세기 후반에 불쑥 나타난 것이 아니다. 선구적 학파로는 오레슴의 니콜라오(Nicole Oresme)나 토마스 아퀴나스(St. Thomas Aquinas)를 따르는 스콜라학파(Scholasticism), 특히 15세기 스페인의 살라망카 대학교(University of Salamanca)를 중심으로 활동하던 살라망카학파 등을 들 수 있다 (Quaas & Quaas 2013).

아래 <표 6-1>은 오스트리아학파 경제학의 전개 과정을 정리한 것이다. 1세대 오스트리아학파 경제학은 멩거의 경제학이다.[4] 멩거는 영국의 윌리엄 제본

---

4) 멩거는 역사학파 경제학자 구스타프 폰 슈몰러(Gustav von Schmoller)를 자신의 학문적 맞수로 설정하고 연구했다. 물론 멩거는 역사학파 경제학자 빌헬름 로셔(W. Roscher)에게 자신의 책을 헌정할 만큼 역사학파에게 우호적인 관심도 보였지만 역사학파는 멩거의 경제학에 합당한 대우를 해주지 않고 무시했다(김이석, 2005, p. 193).

스(W. Jevons)와 스위스의 레옹 왈라스(L. Walras)와 같이 신고전파경제학의 기초인 한계혁명을 이루어냈지만, 이들과는 다른 경제학의 길을 개척한다.[5]

멩거는 이론의 보편성을 부정하고 역사의 특수성을 강조하면서 개별 사료를 중심으로 연구하는 독일 역사학파 경제학과 현실을 넘어선 추상적 실재를 상정하고 이를 일반화시키는 법칙 만들기에 몰두하는 영국 경제학을 동시에 비판한다. 그는 주관주의로 방법론적 전환을 하며, 주관적 가치론의 경제학을 제시하며 학파로서 손색이 없을 존재론(개인주의), 이념(자유주의), 연구방법론(한계주의, 연역주의, 실재론), 이론적 기초(주관적 가치론과 가격론, 화폐론)를 갖추어간다(Quaas & Quaas, 2013, p. 24; Blumenthal 2007, p. 34).

멩거는 당시 자신이 재직하던 빈 대학교에서 세미나를 열며 학계를 움직였는데, 10여 년이 지난 1880년대에는 동조 세력을 얻으며 학파로의 모습을 갖춰간다. 여기에는 에밀 삭스(E. Sax), 오이겐 폰 뵘－바베르크(E. von Böhm－Bawerk), 프리드리히 폰 비저(F. von Wieser), 로버트 마이어(R. Meyer), 구스타프 그로스(G. Gross), 오이겐 폰 피리포비치(E. von Philippovich), 빅토르 마타자(V. Mataja), 로버트 쥬커캔들(R. Zuckerkandl), 요한 폰 코모르츤스키(J. von Komorzynski) 등이 있었다(Quaas & Quaas, 2013, pp. 47－56). 멩거의 세미나에는 수학자, 심리학자, 물리학자들도 참가해서 학문적 교류를 했다(홍훈, 2007, p. 305). 사실 이런 학문 운동에 오스트리아학파 경제학이라고 학파로 이름 붙인 것은 당시 유럽 내에 주류였던 독일 역사학파였다. 이들이 오스트리아 빈을 중심으로 활동하던 학자를 비하할 의도를 가지고 명명한 것이었다.

---

5) 멩거가 맑스경제학에 대해 일관성 있게 비판한 것에 비해 왈라스나 제본스는 관심 자체를 보이지 않았다고 한다(홍훈, 2007, p. 303). 또한, 제번스와 왈라스와는 다르게 멩거는 지식의 중요성을 강조한다(김이석, 2005, p. 196).

| 표 6-1 | 오스트리아학파 경제학의 전개 과정

세대	시기	상황	주요 학자	학문적 업적
전 시기	중세 - 르네상스	학파의 기초	• 중세 스콜라학파 • 스페인 살라망카학파 • 18세기 프랑스 경제학 • 튀르고(A. Turgot) • 세(J. Say)	• 스콜라학파: 자유 무역, 사유재산제 옹호 • 수확체감의 법칙, 가치와 화폐 주관주의, 특권 폐지(튀르고) • 고전적 자유주의 기초 닦음
1세대	1870년대	학파의 시작	• 멩거(K. Menger)	• 주관적 가치론 • 인간행동학으로 경제학 • 한계이론 • 방법론적 개인주의 • 연역주의 • 제도의 발생과 진화 • 역사학파와 방법론 논쟁
2세대	- 1920년대	학파의 체계화	• 뵘-바베르크 (E. von Böhm -Bawerk) • 비저(F. von Wieser)	• 사회주의경제, 맑스경제학 비판 • 기회비용, 주관적 가격론에 의한 생산 요소 가격 계산(비저) • 자본이론과 이자율 이론(뵘-바베르크)
3세대	1930년대	학파의 발전과 소멸	• 미제스(L. von Mises) • 하이에크 (F. von Hayek)	• 사회주의 계산 논쟁, 경제학 방법론 논쟁, 화폐 가치 규명, 신오스트리아학파 정초 (미제스) • 경기변동론과 지식 문제, 진화하는 자생적 질서, 구성주의 비판(하이에크)
4세대	1940년대 - 1950년대	학파의 부활	• 하이에크 (F. von Hayek) • 미제스(L. von Mises) • 매클럽(F. Machlup) • 모르겐슈테른 (O. Morgenster) • 하벌러 (G. von Haberler)	• 사회주의 존립 불가능, 자생적 질서 (하이에크) • 자유주의, 정부개입 배제(미제스)
5세대 (New Austrians)	1950년대 이후 - 현재	학파의 종파 주의화	• 커츠너(I. Krizner) • 라스바드 (M. Rothbard) • 라크만(L. Lachmann)	• 기업가 정신, 사유재산제도, 자유주의 • 경쟁과 기업가 정신(커츠너) • 인위적 경제정책 비판(라스바드) • 거시 이론(넥)

자료: Quaas & Quaas 2013; Blumenthal 2007; Holcombe 2014; Quaas, 2019

제2세대 오스트리아학파 경제학을 이끈 학자는 뵘–바베르크와 비저였다. 처남·매부 사이인 이들은 멩거의 경제학을 계승·발전시켰다. 비저는 시장기구에 의한 균형과 가격 결정을 비판하며, 제한된 지식을 갖춘 인간이 시장에서 선택하는 과정을 통해 가격이 결정된다고 했다. 또한, 기회비용 개념을 분석에 추가했다. 이후 학자들은 오스트리아학파 경제학자로서의 비저의 정체성을 의심했다. 멩거의 영향을 많이 받은 비저의 초기 작업은 오스트리아학파의 작업으로 인정하지만, 이후 작업에 대해서는 인정받지 못하기도 한다. 미제스도 비저의 정체성을 비판하며 로잔학파에 가깝다고 평했다(Quaas & Quaas, 2013, p. 65).

뵘–바베르크는 일반적으로 비저보다는 오스트리아학파적이라고 평가된다. 1890년 출판된 그의 책『자본 및 자본의 이자(*Kapital und Kapital Zins*)』를 통해 이자와 이윤의 개념이 정리되지도 않은 당시 경제학계에 정상 사업이익률과 시간에 대한 주관적 선호에 따른 대가로 이자 개념을 제시했다. 다른 조건이 일정하다면 미래 소비보다 현재 소비가 더 선호되는데, 현재의 소비를 포기하는 것에는 대가가 있어야 하므로 이자를 정당한 것으로 본다. 이는 이자를 부정한 것으로 보던 중세적 이해는 물론 이자를 착취 개념과 연관시킨 맑스경제학에 대한 비판도 담고 있었다.

이 시기에 독일 역사학파 경제학은 새로운 주류로 떠오른 신고전파경제학과의 경쟁에서 점차 밀렸다. 그래서 신고전파경제학의 바탕이 된 오스트리아학파 경제학은 과학적 방법론을 사용하고 학문적 엄밀성을 갖추었다고 평가되었고, 이미 쇠락한 역사학파 경제학을 뛰어넘었다고 인식되기도 한다(Quaas & Quaas 2013).

1918년 이후 3세대에 와서 오스트리아학파는 분열되어 간다.[6] 칼 그륀벅(C. Grünberg)과 오트마 스판(O. Spann)이 오스트리아학파를 떠난 후, 3세대 오스트리아학파를 이끌어 간 학자는 루트비히 폰 미제스(L. von Mises), 프리드리히 하이에크(F. von Hayek), 리하르트 스트리글(R. Strigl)이다. 이들은 비저보다는 뵘–바베르크의 경제학을 받아들이며 미제스를 중심으로 학파를 이끈다. 미제스는 1922년『공동체 경제(*Die Gemeinwirtschaft*)』를 출판하며 경제에 대한 모든 형태의 개

---

6) 이 시기에는 오스트리아학파의 분화뿐 아니라 한계효용학파의 분화도 일어난다. 멩거와 같이 한계혁명을 일으킨 왈라스는 로잔학파를 일구고, 빅셀을 중심으로 한 북구의 스톡홀름학파도 등장한다. 로잔학파와 오스트리아학파의 결정적인 차이는 수학적 방법의 사용이다.

입에 대한 반대를 분명히 한다. 그는 한계이론을 화폐에도 적용하고, 뵘-바베르크의 시간 선호 이론을 '순수시간선호이론(pure time preference theory)'으로 발전시키며, '인간행동학(praxelogy)'을 제시하고, 경기변동론의 기초도 마련하면서 오스트리아학파를 체계화했다. 일부 학자들은 오스트리아학파의 설립자가 멩거가 아니라 미제스라고 할 만큼 미제스의 영향력은 크다(전용덕, 2014b, p. 88).

미제스는 상공회의소 사무실에서 '개인 세미나(Privatseminar)'를 개최했는데, 이 세미나에는 프린츠 매클럽(F. Machlup), 고트프리트 폰 하벌러(G. von Haberler), 오스카 모르겐슈테른(O. Morgenstern), 알프레드 슈츠(A. Schutz), 리하르트 폰 슈트리글(R. von Strigl), 에리히 푀겔린(E. Voegelin), 파울 로젠스타인-로단(P. Rosenstein-Rodan) 등이 참석했다. 조셉 슘페터(J. A. Schumpeter), 알렉산더 커센크론(A. Gerschenkron), 알렉산더 마하(A. Mahr) 등도 3세대 오스트리아학파와 무관하지는 않다.[7]

1930년 후반 나치 독일의 오스트리아 합병이 이루어지자 학자들에 대한 대대적인 탄압이 시작되었고, 수많은 학자가 대학에서 쫓겨났다. 1938년경에는 남은 오스트리아학파 경제학자는 하이에크와 루드비히 라크만(L. Lachmann) 두 명밖에 없다고 할 정도로 학파는 힘을 잃고 경제학계에서 점차 사라진다.

오스트리아학파 학자들이 오스트리아를 떠나 다른 나라로 이주하면서 4세대 오스트리아학파는 시작된다. 4세대 오스트리아학파의 시기에 활동하던 대표적인 학자는 미제스, 하이에크 외에도 하벌러, 모르겐슈테른, 라크만 등이 있다. 멩거의 주관주의와 인간행동학을 이어받은 미제스와 하이에크는 미국에 정착하였고, 소련과 유럽에 등장한 전체주의적 변화를 강하게 비판하며 자신들의 입지를 굳혔다(이상헌, 1999).

이들 중 오스트리아경제학파의 정통성을 지킨다고 평가받은 학자는 미제스였다. 미제스는 이념적으로는 자유주의, 경제학 방법으로는 방법론적 개인주의를 지지한다. 그리고 사회주의의 효율성을 주장하는 오스카 랑게(O. Lange) 같은 학자와 사회주의 계산 논쟁을 벌였고, 인간행동학을 제시하며 조직과 행동이론, 화

---

7) 이들은 멩거나 미제스 세미나의 참석자이거나 오스트리아학파 경제학자의 제자였지만 이후 다른 길을 걷는다. 뵘-바베르크의 제자인 슘페터는 멩거 세미나의 참석자였으며 혁신 개념으로 진화경제학과 슘페터학파를 만들었고, 모르겐슈테른은 게임이론, 로젠스타인-로단은 발전경제학 분야를 개척하는 등 각 분야의 중심 인물이 된다(Quaas & Quaas, 2013, pp. 85-88, p. 93).

폐 및 경기순환 이론으로 오스트리아학파의 영역을 확장한다(Quaas & Quaas, 2013). 물론 하이에크를 포함하여 대부분 미국에 정착한 학자들은 미국에서 각자 학문적 기회와 선택에 맞게 자신의 견해를 바꾸었다. 특히 하이에크는 자신의 사상을 시기에 따라 변화시켜 갔기 때문에 특정 시점에서 보여준 그의 경제사상을 일반화해서 말하면 오류를 범할 수가 있다. 가령 그는 왈라스 균형을 옹호하다가 비판하였다.

4세대 오스트리아학파에 와서 발생한 중요한 사건은 3세대에 이어 전개된 사회주의 계산 논쟁이다(이상헌, 1999). 미제스는 사유재산제도가 없는 계획경제는 효율적인 자원 배분 기능이 없다고 하면서, 시장만이 이를 해낼 수 있다고 했다. 또한, 신고전파의 시장이 가격 균형을 만들어주는 것이 아니라 시장에 참가하는 과정을 통해 학습하는 '발견 과정(discovery procedure)'을 통해 가격이 결정된다고 했다(Krizner, 1997). 미제스의 제자이면서 학파의 또 다른 중심인물인 하이에크는 자유주의 화폐론과 화폐적 경기변동론을 제시하고, 지식과 정보의 부족으로 계획경제의 배분 기능은 비효율적일 수밖에 없다고 하며, 시장 참여 과정에서 경쟁과 학습을 통해 가격이 결정된다고 했다.

하이에크는 경쟁할 수 있는 환경을 만들기 위한 공권력의 시장 개입을 어느 정도 인정했으나, 미제스는 어떤 개입도 불가한 자유방임주의를 주장한다. 경제학 방법론에서도 미제스가 독일 선험철학을 배경으로 하는 선험적 연역주의를 고수한 것에 비해 하이에크는 경험론적 연구 방법도 인정한다. 하이에크는 1944년에 쓴 『예속에의 길(*The Road to Serfdom, London*)』에서 전체주의를 비판하면서 오스트리아학파 정체성을 나타내는 듯 보이기도 했지만, 시카고학파와도 유대를 맺었으며, 질서자유주의에 더 가까운 학문적 태도를 보이며, 오스트리아학파와 멀어진다(김균, 2011, p. 34). 이처럼 오스트리아를 떠난 이후 20여 년 동안 오스트리아학파는 내부는 분열되었다. 학자 대부분은 주류경제학에 흡수되거나 케인즈경제학으로 돌아섰고, 오스트리아학파 경제학은 다시 사라지는 것처럼 보였다.

1950년대에 등장한 5세대 오스트리아학파는 70년대에 와서 '미세시안(Misesian)'과 '하이에키언(Hayekian)'으로 양분된 채 다시 모습을 드러낸다(Agafonow, 2012). 미세시언은 1982년 '루트비히 폰 미제스 연구소(Ludwig von Mises Institute)'를 설립했고, 이 연구소는 학술 활동의 중심이 되었다. 미세시안에는 토마스 로렌조(T. Lorenzo), 한스 헤르만 호페(H. H. Hoppe), 로버트 머피(R. Murphy), 월터 블락(W.

Block), 르웰린 락웰(L. Rockwell), 조셉 살레모(J. Salermo), 머레이 라스바드(M. Rothbard) 등이 있다.

하이에키언도 1980년 '메르터스 센터(Merctus center)'를 세우며 연구 활동한다. 하이에키언으로는 피터 뵈트키(P. Bottke), 버몬 스미스(V. Smith), 도널드 번드릭(D. Boudreaux), 월터 윌리엄스(W. Williams), 마크 스카우센(M. Skousen), 헤수스 우에르타 데 소토(J. H. de Soto), 외르크 귀도 휠스만(J. Guido Hülsmann), 탐 우즈(T. Woods), 피터 쉬프(P. Schiff), 론 폴(R. Paul), 로렌스 화이트(L. White), 조지 셀진(G. Selgin) 등이 있다.

하이에크와 미제스의 사상을 종합하여 '기업가적 경쟁과정론'을 제시한 이스라엘 커츠너(I. Kirzner) 같은 학자도 있었지만, 5세대 학파 내의 분열은 분명했다. 미세시안은 자본이론과 관련한 과잉투자론, 하이에크의 삼각형,[8] 정부개입 문제를 두고 하이에키언과 이견을 보인다. 미세시언은 1974년 노벨경제학상을 수상한 하이에크가 주류경제학으로 편입되었다고 비판하며 하이에크가 오스트리아학파 경제학자다운 학문적 업적도 없고 국가 개입을 인정하므로 오스트리아학파 경제학자가 아니라고 했다. 반면 하이에키언인 보티케는 이런 미세시언들은 그저 '자칭' 오스트리아학파라고 깎아내린다(Boettke 2011, p. 128).

이들 사이의 근본적인 차이는 자유주의와 연관된다. 미세시언이 극단적 자유주의를 표방한 것에 비해 하이에키언은 중도적 입장을 가졌다. 이는 주류경제학에 관한 태도에도 나타난다. 주류경제학과의 융합에 적극적인 쪽은 하이에키언이다. 하이에크와 하이에키언은 주류경제학을 무조건 비판하지 않고, 주류경제학의 문제점을 보완해가면 된다고 보았다. 현대경제학에서 하이에크의 지명도는 미제스보다 높다. 그러나 오스트리아학파 내에서는 하이에키언의 존재감이 상대적으로 적은 것이 사실이다.

이러한 분열에도 오스트리아학파 경제학은 20세기 후반부터는 더욱 분명한 특징을 나타낸다. 이들 5세대 오스트리아학파에서 학파의 이론적 확장을 위해 거시 분야에 관한 연구도 이루어지고 있고, 화폐독점권에 반대한 하이에크의 이론을

---

8) 1931년 하이에크가 제시한 하이에크의 삼각형 혹은 하이에키언 삼각형(Hayekian triangle)은 특정 국가가 특정 시점에 가지고 있는 생산구조를 설명하기 위해 기하학적으로 생산구조의 스톡량을 보여준다(배진영, 2017).

배경으로 '자유 금융제도(free banking)'도 제시한다(김이석, 2006). 특히 2008년 금융위기 이후 오스트리아학파 경기변동론에 관한 관심이 증가했고, 다양한 가상화폐와 암호화폐에 대해 다른 학파에 비해 우호적인 태도를 보인 오스트리아학파에 대해 지지가 화폐 개발자들에게 나타나기도 한다(Voskuil, 2020; König, 2015).[9] 또한, 신자유주의 시대에 주목받은 조세 저항 운동 등의 이론적 배경이 되기도 한다.

이 과정을 거치며 5세대 오스트리아학파 경제학에는 종파주의적 성격이 뚜렷하게 나타난다. 이런 경향은 미세시안 중의 일부가 라스바드를 중심으로 '라스바디언(Rothbardians) 경제학'을 만들어 가면서 분명해진다. 라스바드는 1962년『사람, 경제 그리고 국가(*Man, Economy, and State*)』를 집필한다(Rothbard, 2004). 이 책에서 그는 극단적 자유주의자인 아인 랜드(A. Rand)[10]의 사회철학에서 주장하는 것과 비슷한 개인주의와 자유 지상주의를 옹호한다. 라스바드는 계약, 사유재산, 결사의 자유를 가진 자본주의와 '국가가 없는 사회질서(stateles social order)', 혹은 '아나코 캐피탈리즘(Anarcho-capitalism)'을 제시한다. 라스바드와 그를 추종하는 라스바디언은 자신들이 오스트리아학파의 정통성을 잇는다고 한다. 그러나 이들에 대해 오스트리아학파 경제학 안팎에서 'Bastard-Austrianismus(잡종 오스트리아학파)'라는 비판도 있다(Quaas & Quaas, 2013, p. 33). 이들 라스바디안은 학문을 정치화시키면서 오스트리아학파를 이용했을 뿐 오스트리아학파가 아니라는 평도 있다.

5세대 오스트리아학파 경제학에 와서 나타난 종파주의적 논란은 학문의 발전 과정에서 흔하게 발생하는 현상이기도 하다. 그러나 객관성과 현실성을 동시에 고려해야 할 사회과학으로의 경제학의 역할을 고려한다며 라스바디안의 극단주의는 오스트리아학파의 학문적 발전을 막고, 학문적 유산을 정치적 도구로 만드는 결과를 가져오기도 한다고 평가될 수 있다. 이러한 혼란 속에 오스트리아학파

---

9) 이는 국가의 화폐독점 발행을 반대하는 움직임인데 정부의 시장 개입 반대, 금융 주권 자유 은행을 주장한다. 이는 오스트리아학파의 '화폐의 탈국가화(Denationalization of Money)'에 사상적 기원을 둔다고 한다(Voskuil, 2020; König, 2015).

10) 아인 랜드의 지지자들은 라스바드가 대기업이 정치에 부정적 영향을 미친다는 점을 지적한 것을 비판하기도 해서 이들의 관계가 일률적이지는 않다. 그러나 호페와 랜드의 종합에 라스바디언의 윤리적 기초가 있다는 주장이 일반적이다(Share, 2012).

경제학의 현재가 있다.

2. 오스트리아학파 경제학의 역사적 · 사상적 배경

오스트리아학파 경제학은 기본적으로 유럽 대륙의 경제학, 즉 게르만 전통의 경제학이다. 유럽 대륙의 학문 이념은 크게 보아 고대와 중세를 이어 내려오며 인간의 이성을 강조한다. 이는 근대에 와서 대륙의 합리론 전통의 학문 사조를 만들었고, 현대에까지 영향을 미치고 있다.[11] 근대의 합리론이 칸트 철학으로 종합되면서 이성을 가진 인간이 만든 세상에는 질서가 있고, 이 질서가 작동한다는 신념이 근대의 시대정신이 되었다(김병용, 2012, pp. 162 – 166).

이러한 학문적 전통은 경험론적 인식론을 강조하는 영국의 경제학과 다른 경제학을 가능하게 했다. 이런 사상적 배경을 가지고 탄생한 오스트리아학파 경제학과 질서자유주의 경제학은 사회에도 관철되는 자연적 질서를 강조하는 유럽 학문 이념의 산물이었다.

특히 대륙의 합리론적 전통은 경제학에 경제주체로 '현존재(Dasein), 생각하는 나(Cogitans)'를 제공한다. '다른 모든 것은 의심해도 의심하는 나 자신의 존재는 의심할 수 없다'라는 데카르트적인 인식의 전환은 인간 존재가 먼저 있고, 그 존재가 자신의 세상을 평가한다는 '주관적 가치론'을 가능하게 했다.

또 학파의 또 다른 배경은 당시의 역사적 사건들이다. 이들은 오스트리아 빈에서 합스부르크 왕가의 몰락, 1차, 2차 세계대전, 세계 대공황, 동서 냉전이라는 20세기의 역사적 사건을 경험한다. 특히 역사적 격변기에 황실의 가정교사로 있었던 멩거는 산업혁명과 제국주의 경쟁에서 도태된 오스트리아에서 당시 기득권을 가지고 있으면서 '사료가 말하게 하라'라고 강요하는 역사학파 경제학, 정치적인 승리와 경제적 번영에 힘입어 현실을 넘어선 연역 체계를 설득하던 영국의 경제학을 받아들이기 어려웠다. 아울러 전체주의적 변혁을 주장하는 맑스경제학의 한계를 눈으로 확인할 수 있었다. 이렇게 신고전파경제학의 연역적 개인주의와

---

11) 김균은 하이에크의 경우 영국 경험론 철학자 흄의 자연주의적 인식론과 유사한 인식 구조가 있다고 보며, 일반적으로 선험론에 기초한 오스트리아학파와는 거리가 있다고 보았다(김균, 2011). 이에 대해 홍훈도 동일하게 해석한다(홍훈, 2007, p. 310).

맑스경제학의 연역적 전체주의를 넘어선 경험적 개인주의가 오스트리아학파의
방법론적 배경이 되었다(Wolfgang & Smith, 1986).

또 다른 배경은 학자들의 소속 대학과 학풍이다. 멩거와 제자 대부분은 빈 대
학의 법학대학 소속이었다. 따라서 제도, 관습, 법 등에 묶인 인간의 현실을 인지
할 수밖에 없었다. 자연히 '합리적 경제인(Homo Econimicus)'이 아니라 '현실의
인간', 인지의 한계와 제도의 규제 속에 있는 보통 인간을 주목했다. 아울러 빈은
'비엔나 서클'로 유명한 논리실증주의 철학의 중심지였다. 비엔나 서클에 속한 학
자들은 형이상학적 물음에 매몰되기 전에 철학적 언어의 논리적 기초부터 닦아
야 한다고 생각한다(고인석, 2010). 이러한 빈의 분위기 속에서 경제학자들은 과
학철학적 성과를 경제학에 적용했다. 이러한 역사적 배경은 그 시대의 대변하는
사상을 만들었고 이러한 사상의 변화에 따라 오스트리아학파 경제학은 다양하게
변했고 폐기되기도 하고 부가되기도 했다. 그러나 이들 경제학의 공동이 되는 사
상적 배경은 다음과 같이 정리할 수 있다(Wolfgang & Smith, 1986).

첫째, 계몽주의와 자유주의이다. 이성을 통해 세상을 바꾸려던 계몽주의는 학파
가 태동하던 19세기에도 영향을 미쳤다. 계몽주의의 인간 중심주의는 주관적 가
치론의 배경이 되었고, 모든 종류의 인간에 대한 억압에 반대하던 시대정신은 자
유주의를 낳았다(김병용, 2012, p. 172). 학파의 '자생적 질서(spontaneous order)'
개념도 진화와 진보를 역사로 이해하고 인류를 긍정하던 계몽주의의 영향이다.

둘째, 실재론(realism)과 실존주의(existentialism)이다. 학파의 방법론적 개인주
의와 주관적 가치론에는 실존주의가 있다. 19세기에 태동한 실존주의는 인간은
태어난 이상 선택해야 하는 불안 속에 있지만, 그런 선택을 통해 자신을 만들어
가는 존재라고 이해한다. 이는 개인에서 출발하여 사회를 이해하고, 개인의 행동
을 통해 학문적 진리성을 확보하는 인간행동학의 배경이다. 아울러 자신의 목적
을 위해 행동하는 자신의 실재를 공리적으로 확인하는 방법론에는 실재론 사상
이 담겨있다.

멩거는 '인간이 경제의 시작이고 끝'이라고 하며 주관주의와 방법론적 개인주
의를 제시했다(Blumenthal, 2007, p. 35). 독일 프라이부르크대학교에 재직한 하이
에크는 동 대학교에서 있던 실존철학자 하이데거 사상의 영향력을 받은 듯하다.
그는 경제학자로서는 드물게 철학적 기반을 가지고 학문했으며, 인간 존재와 시
간, 그리고 인간 행위의 동태적 과정에 대해서 성찰했다. 하이에크는 인간 행위

의 동태적 과정이 진리성 확보의 기준이며, 인간이 주관적 가치판단을 내리는 과정을 통해 자신의 실존과 실재를 드러낸다고 했다. 이는 실존철학을 경제학에 응용한 것이다.

셋째, 다원주의이다. 학파는 태동부터 빈 학파의 철학적 영향 속에서 다원주의적 경향을 띤다. 독일 역사학파의 전통은 지적 철저성 속에 남아 있고, 자유주의의 원칙은 영국 고전파경제학의 전통에서 왔다. 아울러 프랑스의 튀르고나 세이의 영향도 있다. 그러나 이러한 다원주의적 경향은 한편으로 오스트리아학파 경제학의 정체성 확립에 걸림돌이 되기도 한다(홍태희, 2021a).

Ⅲ. 오스트리아학파 경제학의 정체성과 특징

1. 오스트리아학파 경제학의 기본원리와 특징

오스트리아학파의 정체성은 멩거의 경제학에서 온다. 이는 멩거 경제학과 다른 경제학파의 차이를 통해 확인된다. 먼저 고전파 및 신고전파경제학과의 차이를 살펴보자. 고전파경제학과 신고전파의 시대에도 사회는 물질적 결핍의 시대를 넘어서지 못했다. 따라서 '물질적 실재(physical reality)'에 제약받는 경제를 관리하는 문제에 고전파경제학은 집중한다. 이를 이은 신고전파경제학의 과제는 제한된 물질적 실재를 배분하는 최고의 방법을 찾는 것이었다. 멩거는 투입된 요소의 가치에 따라 재화의 가치가 결정된다는 고전파경제학의 객관적 가치설을 거부하고, 인간의 주관적 판단에 따라 가치가 설정된다고 했다. 그리고 인간의 주관적 행위방식의 배경을 한계효용 개념으로 설명한다. 이를 통해 경제학이 상정한 인과관계의 원인과 결과를 바꾸고, 객관적 가치가 먼저 있고 인간이 선택하는 것이 아니라 물질적 실재의 가치를 인간이 제시한다는 주관적 가치론을 제시한다.12)

---

12) "Eine richtige Theorie of der Preise kann demnach nicht die Aufgabe haben, jene angebliche, in Wahrheit aber nirgends bestehende 'Werthgleichheit' zwischen zwei Güterquanitäten zu erklären, eine Aufgabe, bei welcher der subjective Charakter der Werthes und die Natur des Tausches völlig verkannt werden, sondern muss darauf gerichtet sein, zu zeigen, wie die wirtschaftenden Menschen bei ihrem auf die möglichst vollständige Befridigung ihrer Bedürfnisse gerichteten Streben dazu geführt werden, Güter, und zwar bestimmte Quantitäten derselben

또한, 가치를 책정하는 소비자가 경제주체가 되어 불확실한 미래라는 제약 속에 시장에서 경쟁하며 '배우는 과정(market is process of learning)'을 통해 가격이 결정된다는 시장과정론을 제시하며 시장에서의 균형이 아니라 자신의 목적을 추구하는 인간의 행동을 통해 가격이 자생적으로 생겨난다는 자생적 질서론을 제시한다.

멩거는 수학적 도구를 사용하여 경제 현상을 모형화하여 검증하고, 집계변수를 추정하거나 예측하는 작업을 과학주의 오류라고 비판한다. 그는 특히 정태적 변화에 따른 인과관계를 배경으로 이를 검증하는 계량적 방법에 반대한다. 인간의 행위는 수리적 모형으로 설명되지 않는다고 보며, 언어, 제도, 관습 등이 경제행위에 미치는 영향 속에서 주관적인 의사결정에 따라서 결정하는 인간 행동에 대한 분석을 강조한다. 역사학파와 '방법론 논쟁(methodenstreit)'을 통해 이론의 개입 없는 역사적 사실은 없으므로 이론 없는 개별적 사료에 관한 역사적 연구는 가능하지도 않다고 비판했다. 이러한 멩거의 경제학은 오스트리아학파 경제학의 기본원리가 되었으나 세대를 넘어가며 변질되고 보완되었다(Quaas & Quaas, 2013). 멩거 경제학의 기본틀은 1871년 저작에 쓰여 있다. 멩거는 이후 그의 경제학을 경제적 측면과 기술적 측면을 고려한 일반경제학으로 집대성하려고 했다. 그러나 이를 완성하지 못한 채 사망했다.

아래 <표 6-2>는 오스트리아학파 경제학의 기본원리를 정리했다. 1세대 오스트리아학파인 멩거의 경제학에 나타나는 기본적 원리는 ① 주관주의(subjectivism), ② 효용의 원칙, ③ 한계원칙(the law of marginal utility), ④ 자생적 질서의 원칙이다. 4세대 오스트리아학파의 대표적 학자이며 뉴욕대학교에서 미국 최초로 오스트리아학파 경제학을 교육 프로그램으로 만든 학자인 프리츠 매클럽(F. Machlup)은 학파의 기본원리를 ① 방법론적 개인주의, ② 방법론적 주관주의, ③ 한계효용 원칙, ④ 공리주의 원칙, ⑤ 기회비용 원칙, ⑥ 경제적인 시간에 대한 주관적인 선호로 제시했다. 멩거가 제시한 원리에서 2세대 오스트리아학파가 보완한 기회비용 원칙이나 시간선호론을 포함한 것이다. 5세대 경제학자인 커츠너는 여기에다가 ① 학습 및 발견 과정으로서의 시장과 경쟁, ② 경제주체의 불확실성 속에서의 선택을 보완한다(Kirzner, 2008). 최근에 보완된 원리는 기업가 정신이다. 불확실한 미래 앞에서 현실을 헤쳐나가는 경제주체는 기업가처

gegeneinander hinzuugeben."(Menger, 1871, p. 175)

럼 생각하고 행동한다는 것이다(Holcombe 2014).

| 표 6-2 | **오스트리아학파 경제학의 기본원리**

학파	대표학자	기본원리
구오스트리아학파	멩거(K Menger)	• 주관주의 • 효용원리 • 한계원칙 • 자생적 질서
신오스트리아학파	매클럽(F. Machlup)	• 방법론적 개인주의 • 방법론적 주관주의 • 한계효용 원칙 • 공리주의 원칙 • 기회비용 원칙 • 시간에 대한 주관적인 선호
	커츠너(I. Kirzner)	• 학습 및 발견 과정으로의 시장 • 불확실성 하에서의 선택
	라스바디안(Rothbardians)	• 자유방임의 원리 • 기업가 정신

자료: Quaas & Quaas, 2013; Holcombe, 2014; Kirzner, 2008

이러한 기본원리 대부분은 주류경제학에 흡수된다. 그래도 지켜진 고유한 특성이 있다면 신고전파경제학의 시장 균형이 아니라 시장 과정으로 보는 관점과 인지적 한계가 있는 인간이 시장의 가격수용자가 아니라 가격설정자로 기능한다는 점이다. 또한, 정부의 기능에 대한 관점도 남아 있다.[13] 학파는 정부는 서로 다른 목적을 가지고 행동하는 구성원의 이해관계를 조정할 능력이 없다고 본다. 따라서 정부의 시장개입에 반대하며, 자생적 질서에 맡길 것을 주장한다. 이에 따라 '자유방임주의(laissez faire)'는 현재 오스트리아학파의 특징으로 세간에 인식되고 있다(Quaas & Quaas, 2013).

---

13) 경제사상의 스펙트럼은 정부개입에 대한 찬반을 두고 나뉜다고 해도 과언이 아니다. 맑스경제학이 강력한 시장에 대한 중앙의 통제를 주장하는 것에 비해 케인즈주의가 정부의 개입에 찬성한다면 시카고학파는 제한적이지만 정부의 역할을 지지한다. 이에 비해 오스트리아학파는 자유방임을 주장한다(Skousen, 2005).

이러한 오스트리아학파 경제학의 정체성은 연구방법론으로 잘 나타난다. 사실 오스트리아학파 경제학은 역사주의와 과학주의 사이의 제3의 길을 만들려고 하였다(D'Amico & Martin, 2021). 그러나 이러한 중도적 방법론은 시대와 학자마다 강조점이 다르다. 이를 일반화해서 오스트리아학파 경제학의 연구방법론의 특징을 말하자면 다음과 같다.

첫째, 선험-연역적 연구 방법이다. 오스트리아학파는 경제학은 선험적 연역주의에 따라 인간 행동에 대한 공리에서 명제로 구성된 경제학의 법칙성이 연역적으로 도출된다고 했다(Méra & Hülsmann, 2017). 이는 신고전파 방법의 실증적 방법과 비교정학적 분석과는 다르게 현실 속 인간의 목적적 행위 방식에서 보편적 원인과 결과를 확인하는 방법으로 인간 행동의 구조적 특성에서 필연적으로 나타나는 인과관계를 도출한다(홍기현, 2010). 따라서 경제학을 '인간행동학'으로 보며 조건 없이 참으로 채택되는 '행동의 공리(axiom of action)'에서 연역적으로 참임을 인정받으며 진리성을 확보한다.

둘째, 방법론적 이원주의이다. 자연과학 방법론과 사회과학 방법론을 이원화하고, 자연과학의 방법론을 사회과학에 적용하는 과학주의를 경계하며, 인간이 같은 상황에 놓이면 같은 행동을 한다는 전제가 성립하지 않기 때문에 계량적 분석은 불가하다고 한다. 따라서 사무엘슨의 형식주의적 경험론과 프리드먼의 실증주의도 반대한다.

| 표 6-3 | 오스트리아학파 경제학의 방법론

방법론적 특징	방법론의 배경	방법론 논쟁
• 주관적 가치론 • 방법론적 개인주의 • 방법론적 이원론 • 선험주의와 연역론 • 반과학주의	• 지식의 불완전성 • 시장 과정론 • 제도적 분석 • 기회비용과 시간 선호 • 미래의 불확실성	• 역사학파와 연역 귀납 논쟁 • 신고전파와 사회주의 계산 논쟁 • 맑스경제학과 가치 논쟁 • 주류경제학과 자본 측정 논쟁 • 학파 내부의 종파적 논쟁

자료: Quaas & Quaas, 2013; 홍기현, 2010; Hoppe, 2007; 김이석, 2005; 전용덕, 2014a; D'Amico & Martin 2021

셋째, 방법론적 개인주의이다. 방법론적 개인주의는 경제 현상을 각자의 주관적 의사결정으로부터 출발하여 분석해야 한다는 것이다. 물론 신고전파경제학도 방법론적 개인주의를 지향하지만, 일관성 있게 견지하지 않는다고 비판한다. 이러한 오스트리아학파 경제학의 방법론이 가지는 특징은 위의 <표 6-3>으로 정리된다. 최근 오스트리아학파 경제학 연구방법론과 현대의 과학방법론의 관계에 대한 검토가 이루어지고 있다. 그러나 주류경제학의 실증분석과 정량적 연구를 배경으로 하는 과학주의를 받아들여도 오스트리아학파 경제학의 선험주의라는 정체성이 유지되는지는 의문이다(D'Amico & Martin 2021).

2. 오스트리아학파 경제학과 주류경제학

오스트리아학파는 고유의 정체성이 있다는 것을 강조하지만, 학파의 전개 과정에서 이러한 특성은 희석된다. 주류경제학, 특히 신고전파경제학과 시카고학파 경제학과의 비교는 아래 <표 6-4>가 보여준다. 첫째, 공리주의에 대한 이해이다. 한계혁명의 배경에는 공리주의가 있지만 멩거는 제본스나 왈라스보다 영향을 적게 받았다. 이후 뵘-바베르크는 쾌락주의를 비판했고, 미제스와 하이에크는 공리주의에 동의하지 않았다(홍훈, 2007, p. 311). 그러나 멩거와 미제스의 경제학 속에 공리주의가 완전히 배제되어 있다고는 보기 어렵다. 물론 하이에크는 경제의 목적은 자유이지 효율이 아니라고 한다. 자유를 지키면 저절로 효율적으로 된다는 것이다. 그렇지만 자유와 효율은 동일한 수준에서 대치되는 개념이 아니다.

연구방법론에서도 왈라스와 제본스는 수량적이고 수리적으로 경제 현상에 접근하는 것에 비해 멩거는 개념적이고 추상적인 방법론을 사용한다(홍훈, 2007, p. 309). 이러한 태도는 오스트리아학파 전체를 관통하여 계량적 연구 방법에 거리를 두는 것으로 점철된다(Hülsmann, 1999). 그리고 이것이 오스트리아학파가 신고전파경제학에 완전히 흡수되지 않고 독자적인 학파로 존립하는 이유이기도 하다. 그러나 좀 더 관찰하면 이런 주장도 과장된 측면이 있다. 사실 멩거의 선험주의는 3세대를 넘어가면서 잘 지켜지지 않았다. 하이에크는 경험적 방법론에 동의하기까지 했다.

주관주의도 1871년부터 1930년대까지 일관성 있게 유지되었지만, 신오스트리아학파에서는 구호에 그치는 경향도 있다. 신고전파와 시카고학파가 왈라시안적 일반균형을 미시적 가격 결정에 두는 것에 대해 인간행동론과 시장과정론을 강조하지만 이러한 주장도 현대경제학에서 동태이론이나 게임이론, 행동경제학 등으로 흡수되어 있다.

이처럼 오스트리아학파의 전개 과정에서 학파의 기본원리는 대부분 주류경제학으로 흡수되는 과정을 겪었다. 하이에크의 시장 과정 분석론, 뵘－바베르크와 하이에크의 시간 선호론, 오스트리아 화폐적 경기변동론도 흡수되었다. 기업가 정신이 정체성으로 제시되기도 하지만 이것도 슘페터경제학으로 흡수되어 진화경제학으로 발전했다. 신고전파경제학이란 말을 처음 사용한 베블렌은 오스트리아학파 경제학과 신고전파 사이에 차이가 없다고 했고, 밀턴 프리드먼도 주류경제학으로 흡수되었다고 했다. 1932년 미제스 자신도 오스트리아학파, 영미 학파, 로잔학파 등은 단지 표현 방식의 차이라고 했다.

이처럼 오스트리아학파 경제학의 인식론이나 사상은 신고전파와 시카고학파 경제학에 흡수되어 밑거름되어 있다. 신고전파경제학의 정립에서의 멩거의 역할을 고려하면 주류경제학과 오스트리아 경제학을 분리하는 것은 한계가 있다. 특히 시카고학파와는 차이보다 동질적인 요소가 더 많다. 두 학파 모두 자유시장경제에 찬성하고, 정부 규제와 전체주의적 경제 운영에 반대하며, 지식의 불안전성을 인정한다.

주류경제학과의 차이라고 흔히 이야기하는 것이 주류경제학은 효율을 강조하는데 오스트리아학파는 자유를 강조한다는 정도인데 이미 말했듯이 자유와 효율은 동일 수준으로 대체되는 개념이 아니다. 이처럼 주류경제학을 비판하며 비주류경제학임을 강조하지만, 오스트리아학파 경제학의 원리 대부분은 주류경제학으로 흡수되거나 보완 연구프로그램으로 들어가서 주류경제학과 오스트리아경제학파의 차이는 크지 않다고 보아야 한다. 사실 오스트리아학파의 전개 과정에서 보여준 학파의 원칙은 그나마 1~3세대에 지켜졌지만, 그 이후 대부분 주류경제학으로 편입된다. 따라서 학문적 전통이 4세대를 넘어 5세대에 와서는 그 특성이 다른 학파로 변이되었다고 할 수 있다. 여기에 오스트리아학파 존립의 정당성 문제가 따른다.

| 표 6-4 | **자유주의 경제학 비교**

	오스트리아학파 경제학	신고전파경제학	시카고학파 경제학
인식론	선험적 합리주의	경험주의, 실증주의	경험주의, 실증주의
가치론	주관적 가치론	느슨한 주관적 가치론	느슨한 주관적 가치론
방법론	인과론적 실재론	양적 가설 검증	양적 가설 검증
가격론	주관적 결정	일반균형, 시장기구	일반균형, 시장기구
경기변동	이자와 통화량의 조정	통화량 변화	통화량 변화

자료: Ekelund & Hebert, 1990; Quaas & Quaas, 2013; Hülsmann, 1999; Skousen, 2005

3. 오스트리아학파 경제학의 정체성 혼란

현재 오스트리아학파는 주류경제학과 케인즈경제학을 동시에 비판하며 비주류 경제학이며 대안경제학으로 자리매김하고 있다. 그러나 이미 설명했듯이 4세대 이후 오스트리아학파의 정체성은 많이 흐려지고 주류경제학의 일부로 동화되었다. 이러한 사정으로 5세대에 와서 학파의 정체성을 강조하며 종파주의적 성격을 띤 학풍이 변모한다. 종파적 성격을 강하게 드러내는 학자들은 대개 미제스의 전통을 이어받는 것이 옳다고 주장한다. 이들은 극단적 자유주의를 기치에 내세우면서 기존의 오스트리아학파를 재평가하여 자신들에게 맞지 않는 학자들은 오스트리아학파에서 배제한다.

오스트리아학파가 역사적 전개 과정을 거치면서 자유주의와 정부개입의 배제를 주장하는 것에는 이론의 여지가 없다. 그러나 자유주의의 성격이나 정치적 태도에 대해서 통일된 견해를 갖지 않고 있었다. 이런 현실 정치에 대한 다양한 대응은 오스트리아학파의 또 다른 특징이기도 하다. 특히 1세대에서 3세대까지의 오스트리아학파는 다양한 정치적인 입장을 가졌다. 삭스는 사회민주주의자였고, 그륀벅은 맑스주의자였다(Quaas & Quaas, 2013, pp, 41－47, pp. 77－78). 2세대 경제학자인 비저는 보수적 민족주의자였으며, 국가의 시장 개입을 긍정적으로 보았다. 비저를 비판한 오스트리아학파는 뵘－바베르크의 입장을 따른다고 하지만 뵘-바베르크도 1895년 이후 세 번이나 오스트리아 제국의 재무상을 지냈다. 3, 4세대에 와서 하이에크는 정부도 법의 지배를 받아야 하고 법에는 근본적으로 보호 개념이 있는데 이것이 인간 사회에 필요하다고 했다. 그는 국가의 사유재산 보호나 치안, 공공재 제공 같은 기능을 인정했다.[14]

신오스트리아학파의 시대로 내려오면서 자유주의를 강조하는 학자들만 인정하고 그렇지 않은 학자들은 오스트리아학파에서 배척되었다. 이런 사정으로 비저와 하이에크는 오스트리아학파에서 배제되었다(Holcombe, 2014, pp. 105-106). 이들은 사회주의는 물론 자본주의 내의 재분배 정책도 반대하는 미제스를 받아들이며 점점 종파주의적 성격을 띤다. 이런 관점은 공공재도 시장에서 관리해야 한다는 머레이 라스바드(M. Rothbard)로 종합된다. 그리고 '자유지상주의(리버테리어니즘, libertarianism)'를 경제학에 이식한다.

라스바드의 추종자, 라스바디언은 세금은 국가의 도둑질이라는 극단적 자유주의를 내세우고 이러한 정치적 이상을 실현하기 위한 자유 수호의 결사대 같은 극우적 성격까지 가지게 된다. 이들의 운동은 학문의 영역을 넘어서 정치적 운동으로 발전하는데, 그 배경으로 사용되고 있는 것이 오늘날 오스트리아학파 경제학이 처한 현실이다.

Ⅳ. 오스트리아학파 경제학의 기여와 한계 그리고 과제

1. 오스트리아학파 경제학의 기여

오스트리아학파 경제학은 5세대에 걸친 변화를 겪으며 경제학과 사회에 여러 가지로 기여했다.

첫째, 오스트리아 경제학의 학문적 기여는 경제학의 연구 대상을 추상적인 경제인에서 구체적인 인간으로 현실화한 것이다. 이러한 혁명적 전환은 근대를 넘어 현재까지 이어지는 시대정신인 '인간 중심의 세상'을 만드는 것에 이바지했다.

---

14) 이런 하이에크의 사상은 그의 책『예속의 길』에서 주장한 것을 제외한다면 시카고학파 경제학자 프리드먼과 큰 차이가 없다. 그러나『예속의 길』이 오스트리아학파의 대명사처럼 사용되면서 하이에크의 사상은 왜곡되었다.

이를 통해 개인의 이익을 전체에 우선한 사회를 만들려고 했다고 비판을 할 수도 있지만, 가치의 판단을 스스로 하지 않으면 공허한 전체주의에 쉽게 빠지게 된다. 이러한 사회는 지속가능하지 않다는 것을 생각할 때 주관주의로 전환한 오스트리아학파 경제학은 근대 시민 사회의 초석이 되었고, 인간 중심의 세계관을 만드는 것에 이바지하며, '인도주의적 경제학(humanistrain economics)'의 가능성을 연 것이다.

둘째, 오스트리아학파 경제학은 실재론을 바탕으로 인간행동학으로서의 경제학을 제시하며 경제학 연구 방법의 지평을 넓혔다. 경제학 연구에서 경험론적 학문 연구방법론의 무조건적 적용은 객관적 실재에 대한 경험적 축적을 한다고 해도 명석 판명한 진리성을 확보하기 어려우므로 결국 불가지론으로 빠질 수밖에 없고, 지적 회의주의를 가져올 위험도 있다. 사실 주어진 경제 현상에 대해서 수학적 모델링과 통계적 검정으로는 가설로서의 진리성만을 확보할 수밖에 없고, 현실 경제의 작동과 변화를 제대로 설명하기도 어렵기 때문이다.

셋째, 오스트리아학파 경제학은 경제 현실을 바탕으로 한 경제학을 제시하며, 다양한 경제학파 등장의 초석이 되었다. 오스트리아학파 경제학이 주류경제학에 영향을 주면서 추상성에 묶인 주류경제학의 한계를 극복할 실마리를 주었다(홍훈, 2000). 그 외에도 제도경제학, 발전경제학, 구조주의 경제학, 법경제학, 행동경제학, 진화경제학, 수사적 경제학, 게임이론 등에 오스트리아학파 경제학은 큰 영향을 미쳤다.

넷째, 인간의 조건에 대한 이해를 돕고, 자연적으로 질서가 잡혀 사회가 잘 돌아간다는 긍정적 사회관을 제시한 것이다. 이는 헌법을 연구한 하이에크가 인간 사회의 법들이 인위적이 아니라 자연적으로 만들어 간다는 것을 주장한 것처럼 자유를 주면 사회에 자생적 질서가 생긴다는 것은 인간과 사회에 대한 엄청난 긍정론이다. 이를 통해 인간을 억압하는 정치권력과 종교 권력으로부터 해방된 공간으로 자유로운 시장을 설계하며, 자유주의 경제의 장점을 제시했다. 이는 자생적 질서의 현실성 여부와는 별개로 칸트의 도덕 철학과 긍정적 세계관을 경제학의 세계에 옮겨 놓은 시도만으로도 의미가 있다.

다섯째, 오스트리아학파 경제학은 교육을 통해 인간이 완성되어 간다고 한다. 이는 인간이 타고나게 합리적이지만은 않지만, 교육을 통해 극복해나간다는 것을 제시한 것이다. 또한, 시장에서의 과정은 경쟁 과정과 이윤 추구 과정이지만 기업가적 특질을 가진 인간이 목적 지향적으로 선택하면서 학습하는 과정에서 점차 무지에서 벗어나는 과정을 상정한 것도 교육적 의미가 있다. 오스트리아학파 경제학은 학습하는 본성을 가진 인간이 환경적 한계를 극복하면서, 더 나은 삶을 향해 가는 인간 이념을 제시한 것이다. 이는 주류경제학에서 '호모에코노미쿠스'가 태생적으로 합리적이라는 가정이 가지는 문제점을 극복한 패러다임을 제시한 것이다.

2. 오스트리아학파 경제학의 한계와 과제

오스트리아학파 경제학의 한계는 학파의 존립이 위협될 때마다 다른 요인으로 드러났다. 그러나 이를 종합하면 다음과 같이 정리할 수 있다.

첫째, 학파로서 존립의 정당성 문제이다. 이는 1세대 멩거에서 5세대 오스트리아학파에 이르기까지 꾸준히 지켜지는 정체성과 정통성의 존재 여부에 관한 문제이다. 오스트리아학파의 확실한 정체성은 자유주의와 정부의 시장 개입에 대한 비판, 과학주의 비판이다. 그러나 이런 정체성 대부분은 주류경제학에 흡수되거나 변질된다. 특히 4세대 이후의 학파는 이런 정체성에서 많이 벗어나 있다. 따라서 특정 학자를 오스트리아학파가 아니라고 비판하다가 필요할 때는 그의 학문적 업적을 오스트리아학파의 결실이라고 하는 비일관성을 자주 보인다.[15]

둘째, 정치적 입장과 학문적 주장의 혼돈이 많다. 경제가 잘 돌아가지 않을 때마다 국가의 잘못된 개입이 원인이라고 주장하며 이를 오스트리아학파 경제학의 정체성으로 강조한다. 그러나 이는 정치 선동적 성격을 띠며 종종 현실 정치에 이용되기도 한다. 특히 신오스트리아학파에서 두드러지는데 학문적 발전보다는 정치적 목적으로 활용되고 있다. 사실 시장의 자생적 질서를 주장하지만, 이는 자유주의 프로파간다의 전형적 사례이다. 현실에서 시장은 결코 자생적이지만 않은 제도의 총합이다.

셋째, 종파주의적 특성이다. 이는 현재 오스트리아학파는 학파의 동질성을 가

---

15) 대표적인 예는 하이에크이다. 2008년 금융위기에 대해 오스트리아학파는 하이에크 화폐적 경기변동론이 있다고 했지만, 하이에크는 오스트리아학파 일원이 아니라고 비판받기도 했다. 그러나 이 이론조차도 새고전학파의 화폐적 경기변동론에 흡수되어 더 정교히 다듬어졌고, 자료를 통해 검증되기도 했다(Quaas, 2019).

졌는지를 의심할 만큼 이질적으로 극단화되었다(Quaas, 2019). 현재 종파주의적 성격을 가진 극단적 시장자유주의 그룹이 자신들의 정치적 목적을 위해 오스트리아학파 경제학을 점령하고 있다고 볼 수도 있다. 물론 이들의 주장에는 미제스의 사상이 녹아있고 사회과학은 연구자의 당파적 특성을 벗어나서 객관적인 사실 파악이 어려운 학문 분야이며, 다른 대부분 비주류경제학도 포스트 케인지언 경제학의 사례처럼 종파적 특성이 있다. 그러나 오스트리아학파의 경우처럼 극단적 종파성을 보이는 사례는 드물다.

넷째, 오스트리아학파 경제학의 연구프로그램을 온전하게 갖추지 못했다. 중핵과 신념의 통일이 이루어지지 않았고, 다양한 보호대를 적절히 만들어내지 못하고 오히려 주류경제학의 보호대로 전락한 측면이 있다. 아울러 연구의 축적과 연구자들의 수가 다른 비주류경제학파에 비해 적다는 점이다. 학파로서 여러 차례 소멸한다고 한 적도 있는 학파라서 학자 수가 적은 것은 당연한 측면이 있지만, 오스트리아학파가 학파로서 지속하는 것에 있어서 걸림돌임은 분명하다.

다섯째, 특정 계급을 위한 경제학이라는 비판에서 벗어나지 못한다. 소득과 자산 불평등이 가장 큰 경제 문제로 부각되고 있는 현실 경제를 자유방임을 통해 해결하자는 것은 설득력이 적다. 약육강식과 적자생존의 시장 원리가 사회의 안정성을 훼손하는 것을 인류는 경험했다. 사태를 조금이라도 완화하려면 소득재분배라는 국가의 기능이 절실한 것이 현실이다. 정부나 공권력의 개입 없는 시장이나 사회는 인간 역사에 작동된 적이 없다. 잘못 개입하면 문제이지만 개입 자체가 잘못이라는 것은 현실과 괴리된 측면이 있다.

여섯째, 아나코캐피탈리즘을 둘러싼 문제이다. 학파 일부에서 아나코케피탈리즘을 대안경제체제로 주장한다. 그러나 현실에서 국가 개입의 철폐는 오히려 개인의 자유를 저해할 여지가 있다. 실현 가능성 없는 아나코캐피탈리즘을 주장하는 것은 정치적 의도를 가진 것이라고도 할 수 있다. 이는 근본적으로는 정치적·사상적 자유주의와 경제학을 혼동해서 생기는 문제이기도 하다. 철학적 리버테리어니즘과 자유주의 경제학은 분명히 다른 범주인데 혼재되어 왜곡되고 오해되며 남용되고 있다(Quaas & Quaas, 2013).

일곱째, 경제학 연구가 가치중립적이라는 것을 강조하며 시장에서의 자유를 주장한다. 이를 통해 주관적 가치론을 주장하면서 주관성을 인정하지 않는 모순에 빠지게 된다. 인간의 주관은 가치중립이 않다. 더욱이 편향된 정보를 가지고 검증했다면 가치중립은 지켜지기도 어렵다. 오스트리아학파 경제학이 주장하는 의도와 인지의 한계를 가진 인간이 주체가 된 경제학은 결국 윤리의 문제에 봉착하는데 가치중립을 주장하는 것은 모순된다.

오스트리아학파 경제학이 위에서 제시한 한계를 극복하고, 대안경제학으로 인정되며, 정상과학의 지위를 갖고, 경제학의 발전에 이바지하기 위한 연구프로그램이 되기 위한 과제는 다음과 같다.

첫째, 오스트리아학파 경제학이 단지 미제스에 대한 학설사적 연구나 시장의 자유를 통해 이익을 얻을 수 있는 특정 집단의 향유물이 되지 않기 위해서는 경제학 방법론과 그것의 철학적 기여에다가 현실의 경제 문제에 대한 비전을 제시하여야 한다. 하이에크가 '자생적 질서'에서 주장하듯이 정부개입 없이 인간의 이기심에 맡기면 된다는 것은 현재 사회에서는 적용 불가능하며, 적용한다면 보편의 이익을 보증하기 어렵다.

둘째, 현실 경제 문제에 대안이 되는 경제학이 되어야 한다. 봉건적 황제권과 교회 권력의 규제가 사라지지 않은 유럽에서 인류가 내딛어야 할 첫 번째 일은 자유이고, 그것도 시장에서의 자유이다. 그리고 시민의 권익을 앞서서 찾아갔던 사람들은 신흥자본가 계급이던 기업가들이었다. 그러나 21세기 인류는 19세기와는 다른 문제를 안고 있다. 지구촌 전체가 보편적 민주주의와 개인의 자유를 보장받고 있지만, 그 현실적 적용에 부의 불평등이 가로막고 있다. 극심한 부의 불평등을 겪고 있는 현재 자유방임적 경제 운용은 더 큰 격차를 만들 수 있다.

셋째, 자유주의에 대한 이해를 분명히 해야 한다. 라스바드안은 고전적 자유주의를 주장하는데 고전적 자유주의는 경제적 자유를 확보하기 위해 국가의 제제를 전제로 한다. 그러나 현재 주장하는 자유주의는 국가조차 시장의 감시 아래 두려는 것이다. 자유주의의 올바른 이해와 적용을 위해서는 정치적인 자유주의와 경제적 자유주의를 명확하게 구분하여, 정치적 목적을 위해 자유주의를 남용하는 것을 막아야 한다.

넷째, 정부의 개입에 대해서 좀 더 전향적인 태도가 필요하다. 21세기의 자본주의는 독점적 기득권 세력에서 완전히 해방되지 못했던 19세기의 자본주의는 물론 공산주의와 체제 경쟁을 했던 20세기의 자본주의와도 다르다. 공권력이나 정부의 개입이 없는 세상은 과거에도 없었고 앞으로도 없다. 많은 개입과 적은 개입 중에서 개입이 없어서 한다고 주장하는 것이 아니라 나쁜 개입을 줄여가고 공동선을 만들어 가는 것이 자유를 보장해줄 수 있다. 자본주의는 합리적이고 공정한 시스템인가를 질문해야 하는 경제학이 자본주의만이 공정하고 합리적인 제도라고 되뇌기만 해서는 안 되고, 실질적 자유가 인류에게 도움이 되는 경제학으로 도약해야 한다. 개인 이익을 우선에 두면 사회적 공익과 충돌할 수밖에 없다.

다섯째, 비주류경제학이라고 할 근거를 충분히 가져야 한다. 주류경제학과 많은 차이가 있다고 주장하지만 대부분 주류경제학으로 흡수된 것이 사실이다. 극단적 자유주의를 주장하면 그것은 정치적 행위이지 학문적 작업은 아니다. 비주류경제학으로 인정받으려면 주류경제학과는 분명한 차이를 가져야 한다. 그리고 이를 위해서는 역사주의와 과학주의 사이의 애매한 연구방법론에서 벗어나 분명한 경제학 방법론을 가져야 한다.

여섯째, 마지막으로 오스트리아학파 경제학의 연구프로그램을 만들어야 한다. 연구프로그램이 가지는 자유주의라는 신념을 배경으로 중핵, 그리고 보호대를 좀 더 체계적으로 만들고 이를 연구 결과로 증명해야 한다. 이를 통해 대안적 연구프로그램을 완성해 가야 한다.

V. 오스트리아학파 경제학의 세계를 떠나며

이 책의 6장에서 우리는 오스트리아학파 경제학의 전개 과정과 정체성 및 기여와 한계 그리고 과제에 대해서 알아보았다. 경제학자의 학문적 유산과 그 유산의 후세에서의 활용 사이에도 늘 차이가 있다. 이는 해당 경제학자에 관한 연구가 충분히 되지 않은 탓이기도 하고, 해당 경제학자의 사상 중 어떤 부분만을 현실 속의 자신들 주장의 근거로 삼기 위해 강조한 탓이기도 하다. 맑스나 케인즈가 각각 자신들은 맑스주의가 아니라거나 케인즈주의자가 아니라고 한 것은 자신의 경제학이 왜곡해서 사용되는 것에 대한 경계에서 나온 것이다. 이 경우에 오스트리아학파도 예외는 아니다.

멩거가 오스트리아학파라는 경제학파를 만든 후 현재 150년의 세월이 지났다. 그동안 경제학을 더 풍부하게 하고, 정부 실패를 경고하면서 좀 더 효율적인 정부의 기능에 대해서 고민하게 하는 기능은 했다고 할 수 있다. 이 과정에 부침을 거듭한 오스트리아학파 경제학의 많은 아이디어는 이미 주류에 편입되었다. 주류경제학으로 완전히 편입되지도 못하고 남아 있는 것도 있으나 대부분 경제정책을 설득하거나 정치적 이념으로 사용될 경우가 많은 것이 현실이다.

21세기 현재 전 세계적인 저성장과 양극화, 가계부채 증가, 인플레이션, 실업 등 경제학이 쉽게 풀지 못하는 과제 앞에 놓여 있다. 이를 위해서는 주류 일변도를 넘어선 다원주의적 접근이 필요하다. 오스트리아학파 경제학이 이 시대적 요구에 어떻게 대응할지는 아직은 판단하기 어렵다. 다만 비주류경제학으로의 정체성을 확보하기 위해서 더 많은 연구가 따르고, 올바른 사회의 현실적 조건을 제시하는 경제학으로 거듭나야 하는 것은 분명하다. 이러한 연구를 통해 극단적인 정치 이념으로 얼룩지지 않고, 객관적 사실과 공동체의 안녕을 지켜가는 진정한 보수의 경제학의 면모를 갖추는 것에 오스트리아학파의 미래가 달렸다. 자유는 인간 세상의 최고 덕목이다. 이를 실현할 힘 또한 인간은 가지고 있다. 머지않아 자유로운 세상이 와서 아름다운 빈의 거리를 산책하는 날이 오길 바라며 이 세계를 떠난다.

제7장

여성주의 경제학
Feminist Economics

근대인에게 '자유'라는 단어를 선물한 이는 존 스튜어트 밀(J. S. Mill)이다. 그리고 그를 자유로 이끈 이는 아내 헤럿 테일러 밀(Harriet Taylor Mill)이다. 그러나 그녀의 기여는 남편 뒤에 가려졌다. 가려진 역사의 베일을 걷으면 헤럿의 목소리가 또렷이 들린다. 그녀가 남편과 딸과 같이 쓴 책 『양성평등(*Sexual equality*)』에서 헤럿은 "특정 성별이 다른 성별에게 '적절한 영역'과 적절하지 못한 영역을 결정하는 권리가 있다는 것을 거부한다. …… 모든 여성이 자신의 생물적 기능과 그 결과에 자신의 삶을 자진해서 바쳐야 하는 근본적 이유도 없고 그럴 필요도 없다. 많은 여성이 단지 아내와 어머니이기만 한 이유는 그들에게 그 외 다른 경력과 다른 감정을 가지고 활동할 가능성이 없기 때문이다."라고 했다. 이렇게 헤럿은 여성에게 가능성의 문을 열었다.

세상을 향한 문이 열려도 사정은 크게 나아지지 않았다. 장시간 노동과 저임금, 그리고 가사노동에서 벗어날 수 없었다. 1889년 클라라 체트킨(C. Zetkin)은 "자본가에게 여성 노동이 특히 매력적인 이유는 저임금 때문만이 아니다. 그들이 순종적이기 때문이다."라고 파리구게노동자 대회에서 일갈한다. 이렇게 저임금을 받지만 착하기도 했어야만 여성들은 이후 100여 년이 지난 후에야 눈치 보지 않고 따질 수 있게 되었다.

1989년 메어린 워링(M. Waring)은 "남성들은 세계 인구 절반이 보상 없이 일하는 시스템을 결코 쉽게 포기하지 않을 것이다."라고 했다. 그래서 여성주의 경제학이 등장한다. 한 발짝 또 한 발짝 자유와 평등 그리고 공정을 만들어 가는 여성들의 경제학이다.

7장에서 우리는 여성주의 경제학의 세계로 들어선다. 들어서는 것만으로도 따가운 시선을 의식해야 하는 여성주의 경제학의 세계에서는 사회적 주류에서 배제되었지만 세상의 절반인 여성의 문제를 해결하려는 노력이 구체적으로 진행되고 있다. 아울러 그들은 점점 망해가는 세상을 구할 대책까지 제시한다. 그럼 이들의 외침을 들어보자. 동일 노동 동일 임금! 차별 금지!

제7장
여성주의 경제학
Feminist Economics

Ⅰ. 여성주의 경제학의 세계로 들어가며

20세기 말에서 21세기에 거쳐 가장 큰 발전을 이룬 비주류경제학은 단연 '여성주의 경제학(feminist economics)'이다. 1992년 랜디 앨밸다(R. Albelda)가 미국 경제학회 회원에게 여성주의와 경제학에 대한 설문조사를 했을 때 학계의 분위기는 그리 우호적이지 않았다(Albelda, 1997). 그러나 세월은 바뀌고 시절은 변했다. 그 사이에 여성 경제에 관한 연구나 여성주의적 관점을 경제학에 접목하는 작업의 수는 거의 폭발적일 만큼 증가했다. 그 내용도 단지 연구 축적이나 연구자의 양적 증가만이 아니라, 연구의 질적 향상도 이루어졌다(Peterson & Lewies, 1999: Ferber & Nelson, 2003, 홍태희, 2014).

차가운 시선과 사회적 냉대를 이겨낸 여성주의 경제학은 짧은 이력에 비해 많은 사회적 관심을 받았고, 2016년 영국의 《이코노미스트(*The Economist*)》는 여성주의 경제학이 학파로서 인정받을 가치가 있다고 공언했다(Economist, 2016). 이러한 변화는 전 세계에서는 물론 한국 경제학계에도 감지된다. 오랫동안 여성 학자를 보기 어려웠던 한국 경제학계에 여성학자들의 존재가 더는 낯설지 않게 되었고, 여성주의 경제학(feminist economics)에 대한 이해와 관심도 증가했다.[1]

이러한 변화는 여성주의가 이 시대의 시대정신이며 여성주의 경제학이 그 시

대 정신을 담고 있어서 가능한 것이다. 이 책의 7장에서 우리는 인권의 향상과
양성평등에 대한 시대적 요구에 부응하여 등장한 여성주의 경제학의 세계를 방
문하여 이 학파의 현주소와 미래의 비전을 알아본다. 이를 위해 먼저 여성주의
경제학의 전개 과정과 국제 여성주의 경제학회의 성립과 발전과정을 살펴본다.
아울러 여성주의 경제학의 정체성과 특징을 알아본다. 그리고 여성주의 경제학의
주류경제학에 대한 비판점을 여성주의 경제학을 주류경제학과 비교하면서 살펴
본다. 마지막으로 여성주의 경제학의 기여와 한계 그리고 앞으로의 과제에 대해
알아본다.

Ⅱ. 여성주의 경제학의 전개 과정

1. 여성주의 경제학의 전개 과정

생산과 분배과정에서 발생하는 양성 간의 문제는 인간의 역사 전체를 걸쳐 늘
있었다. 그러나 이 문제를 사회적인 관점에서 파악하고, 문제의 해결에 대한 구
체적이고 조직적인 요구가 나타난 것은 여성들이 어느 정도 인신적인 자유를 확
보한 17세기와 18세기 이후라고 할 수 있다. 이후 19세기 서구 사회의 사회적
변혁 운동과 자본주의적 발전은 여성의 정치적 권한에 대한 요구와 함께 경제 문
제를 수면 위로 올라오게 했다.

이후 20세기에 들어서면서 여성 문제에 대한 구체적인 경제학 연구가 등장한
다. 선구적 작업은 마거릿 라이드(M. G. Reid)가 1934년 출판한『가계 생산의 경
제학(*Economics of Household Production*)』이다. 이 책은 경제에서 가계 생산과
이를 담당하는 여성 노동의 가치에 대해 역설한다. 그러나 라이드의 이런 주장은
당시 경제학계의 관심을 끌지는 못했다.

20세기 후반기에 들어서 여성은 대부분 나라에서 참정권과 피 교육권을 가지게
되었고, 제2차 여성 운동기에는 법적 권리를 현실화하기 위한 여성권의 신장을

---

1) 이러한 변화는 무엇보다 여성주의가 21세기 시대정신이기 때문이고 여권의 신장과 여
   성주의의 발전이 사회적 정의의 실현으로 이해되기 때문이다. 또한, 이러한 변화가 주
   류경제학의 설명력을 높이거나, 한계를 보완하려는 측면도 있다(Foldvary, 1996;
   Peterson & Lewis, 1999; 홍태희, 2014).

요구했다. 이러한 사회적 요구에 부응하기 위해 '여성학'이 분과과학으로 등장했고, 양성 간의 생물학적 차이를 인정하지만, 성차별에는 반대한다는 점을 명시화하기 위해 '생물학적 성 개념(sex)'과 다른 사회·문화적 성 개념인 '젠더(gender)' 개념을 개발했다.

젠더 개념으로 생물학적 결정론에서 벗어난 각 분과과학은 여성주의를 빠르게 흡수하여 여성주의 법학, 여성주의 사회학, 여성주의 정치학 등의 분야를 정립시켜 갔다. 그러나 경제학계는 이런 시대적 변화에 뒤처져 있었다. 이는 돈 문제를 두고는 물러서기가 어려운 것이라서 경제적 기득권을 보호하려는 사회적 힘이 작동한 탓이기도 했다. 그 외에도 경제학의 학문적 성격도 작용했다. 화폐와 생산성이라는 성 중립적인 가치척도와 실증주의 가치중립적 연구 방식을 기반으로 한 주류경제학에 대항할 성인지적 경제학의 패러다임을 제시하는 것은 쉽지 않았다. 또한, 여성 문제에 관심을 가진 남성학자나 여성학자가 타 분과과학보다 현저하게 적은 것도 원인으로 작용했다.

이런 사정에도 변화를 막으려는 태도는 정당성을 찾기 어려웠고, 경제학은 시대의 요구에서 벗어날 수 없었다. 경제 문제는 여성 문제의 핵심이므로 경제학이 여성 문제 해명에 나서지 않을 수 없었다. 이런 변화는 대략 60년대 후반에 시작되었다. 1969년 베스티 웨리어(Betsy Warrior)가 소책자에 "가사노동은 노예노동인가? 사랑과 휴식 시간의 노동인가?"라는 글을 발표하며 여성 무급 가사노동의 실질적인 의미에 대해서 지적하면서 여성 노동의 가치를 고려하지 않은 경제학은 학문적 기초가 없는 것이라고 비판했다. 또한, 그는 이런 무급 가사노동 없이는 경제가 작동하지도 않는다고 하며 여성 노동과 지하경제의 가치를 인정하지 않는 GDP 측정의 문제점을 지적했다(Warrior, 1969).

1970년대의 반전 운동과 제2차 여성주의 운동은 여성주의가 경제학의 제도권으로 들어갈 통로를 마련해주었다. 1972년 미국 경제학계 내에 '여성 경제전문가 위원회(Committee on the Status of Women in the Economics Profession, CSWEP)'를 구성하면서 경제학계 내의 영향력을 키웠다. 이후 제3 세계에 관해 연구하는 연구자들이 중심이 되어 '새로운 시대를 위한 여성 발전 전략(Development Alternatives with Women for a New Era, DAWN)'이 조직되자 여성 문제에 대한 세계적인 차원에서 관심과 이를 해결하기 위한 움직임이 생겨났다. 1970년 에스터 보저럽(E. Boserup)이 쓴 『경제발전에서 여성의 역할(*Woman's Role in Economic Development*)』이 출판되자 경제 개발과 거시경제 운영에서 여성의 기여와 역할이 확인되었다. 이에 따라 여성주의 경제학은 제3 세계 여성 노동 문제로 그 범주를 확장했다.

여성주의 경제학의 추진 동력은 여성주의 철학이 마련해주었다. 산드라 하딩(S. Harding)과 같은 사회철학자들은 성몰인지적인 학문의 대표적인 예로 경제학을 꼽았다(Harding, 1986). 이들 여성주의 사회철학자들은 사회과학의 몰성성을 비판하며 분석대상, 분석 방법, 분석 결과의 해석에 고착된 남성적 가치와 남성 편향을 지적한다. 하딩은 '사회과학이 보편화된 모델만을 사용하고, 쉽게 실증되는 가시적인 영역에만 연구하고, 성별 문제에는 관심이 별로 없고, 변수에서 제외하려 하는 데 대표적인 분과과학이 경제학'이라고 했다(Harding, 1986, p. 16). 이들이 근대과학의 불완전성을 여성주의적 관점으로 보완하여 객관적 과학으로 만들어야 한다고 주장하자 여성주의 경제학은 추진력을 얻게 되었다(Harding 1986; Harding, 1991).

이후 1988년 여성주의 경제학의 기틀을 마련했다고 평가되는 워링의 『여성 노동이 계산된다면(*If Women Counted*)』이 출판된다(Waring, 1988). 경제학의 성편향성을 확인한 대표적인 연구는 1997년 출판된 앨벨다의 『경제학과 여성주의: 혼돈의 현장(*Economics & Feminism, Disturbance in the Field*)』이다. 그는 이 책에서 모든 사회과학 중에 경제학이 제일 남성 편향성이 크다고 지적하였다. 앨벨다는 그 이유를 경제학자의 지나친 성비 불균형에서 찾는다(Albelda, 1997). 남성 경제학자 대비 여성 경제학자 비율은 선·후진국을 불문하고 매우 적다. 21세기에 들어서 전 세계적으로 여성 경제학자 수가 늘어나는 추세이지만 다른 학문 영역보다는 여전히 적은 비율이다(Schneider, 2002).

이제 여성주의 경제학자들은 기존의 경제철학이나 연구방법론을 가지고는 여성 문제를 해명할 수 없다고 판단하며 기존의 경제학과는 다른 경제학을 구상했다. 그리고 그 구상을 하나씩 실행해 옮겼다(Ferber & Nelson, 1993; Nelson, 1995; Kuiper & Barker, 2003; Ferber & Nelson, 2003).

이렇게 양성평등을 요구하는 사회적인 요구를 확인하며 여성주의 경제학의 기틀을 마련했고, 이런 과정을 통해 경제학자들은 무엇을 해야 하는지를 알게 되었다. 객관과 주관을 포괄한 철학과 방법론으로 개발하면서 단지 여성권익만을 위한 것이 아니라, 양성 모두에게 더 나은 경제적 결과를 가져다주며, 더 완전한 학문체계를 위해 이바지한다는 존립의 명분도 찾았다(Foldvary, 1996, Peterson & Lewis, 1999).

| 표 7-1 | **여성주의 경제학의 전개 과정**

세대	연대	역사적 계기	젠더 인식	주장과 활동	주요 학자
제1차 여성 운동	19세기 후반 –	• 산업혁명 • 세계대전	• 여성 주체의 확인	• 무급 가사노동에 대한 인식 • 동등한 참정권과 교육권, 법적 권리	• 라이드(M. Reid)
제2차 여성 운동	20세기 중반 –	• 반전 운동 • 제2의 물결 여성운동	• 제2의 성 개념	• 가사노동 가치논쟁 • 동등한 경제적 결과 요구 • 여성 권한 강화 제도 정비	• 워리어(B. Warrior) • 보저럽(E. Boserup)
제3차 여성 운동	1980년대 후반 –	• 동구권 몰락 • 1993년 유엔 여성 인권 선언	• 젠더 개념 도입 • 차별과 차이의 인식 • 여성 권한 강화	• 포스트모던의 시대, 반실증주의 존재론과 인식론 • 여성주의 경제학이 비주류경제학으로 자리 잡기 시작 • 1992년 IAFFE 창립 • 1995년 학술지 *Feminist Economics* 발간	• 페버(M.Ferber) • 넬슨(J. A. Nelson) • 워링(M. Waring) • 폴버(N. Folbre) • 엘슨(D. Elson) • 버거먼(B. Bergmann) • 매클로스키 (D. McCloskey) • 앨벨다(R. Albelda) • 하딩(S. Harding)
제4차 여성 운동	2000년대 – 현재	• 후 자폐적 경제학 운동 • 2008년 글로벌 경제위기	• 인간 • 성 주류화	• 다원주의 경제학 운동 속 여성주의 경제학, 핸 드북, 사전 발간 • 여성주의 경제학의 도약기 • 서구 백인 사회를 넘어 서 다양한 인종의 여성 주의 경제학자 등장 • 세계 주요 경제 기구에 여성 경제학자 포진, 기 구의 수장이 됨	• 넬슨(J. A. Nelson) • 엘슨(D. Elson) • 하르트만(H. Hartmann) • 제이콥슨(J. Jacobsen) • 세기노(S. Seguino) • 폴버(N. Folbre)

자료: 홍태희, 2014, pp. 43-53

　나가야 할 방향을 잡은 여성주의 경제학자들은 다른 분과과학의 여성주의적 성과를 빠르게 학습했고, 경제와 경제학의 전 영역에서 여성 문제를 확인해가며 마침내 여성주의 경제학의 체계를 잡았다. 성인지적인 연구와 활동이 점차 많아지자 이를 체계화시키며, 파편화되어 있는 연구자들을 연대시킬 필요성이 제기되었다. 이런 염원의 결과로 1992년에 '국제 여성주의경제학회(International Association for Feminist Economics, IAFFE)'가 발족하였다.[2] 이후 1993년 네덜란드 암스테르담에서 제1차 국제학술대회가 '주변 머물기를 벗어나서 - 경제이론에 대한 여성주의자들의 시각(Out of Margin - Feminist Perspectives on Economic Theory)'이라는 주제를 가지고 개최되었다. 이 행사가 큰 사회적인 반향을 일으키자 여성학자들은 자신감을 가지게 되었다.

⏐ 표 7-2 ⏐ 국제 여성주의 경제학회의 설립 목적과 주요 활동

학회의 목적	주요 활동
• 경제학자와 여성주의자 간의 대화와 자료 공유 • 여성주의적 경제학 연구 촉진 • 경제 문제에 대한 여성주의적 관점을 경제학자, 정책입안자 등에게 교육 • 여성주의적 관점에서 경제학 전반을 검토 • 여성, 특히 소외계층 여성과 경제학에서의 기회 확대 지원 • 장학금이나 지원 정책을 위해 연구자, 활동가, 정책입안자 간의 연대 촉진 • 여성주의 경제학 교육 촉진	• 학문 교류를 위한 정기 학술대회 개최 • 국가, 지역 및 국제적 학술대회 개최 • 교육을 위한 워크숍 개최 • 소식지 발행 • 연구자 간의 소통을 위한 전자메일 네트워크 • 여성주의 경제학 관련 참고문헌, 강의계획서 및 논문 목록 편찬 • 학술지 《여성주의 경제학(*Feminist Economics*)》 발간 • 회원 명부 발행

자료: IAFFE 홈페이지

　IAFFE는 <표 7-2>에서 보듯이 여성 경제학자들 사이의 연대를 강화하고, 경제이론에 여성주의를 접목하려는 단체다. 또한, 여성주의의 관점에서 경제학의 기본원리를 재해석하며, 경제학자와 정책입안자가 경제 문제를 성인지적 관점에

2) IAFFE에 대한 정보는 홈페이지 참조. http://www.facstaff.bucknell.edu/jshackel/iaffe. 그러나 IAFFE가 모든 여성주의 경제학의 입장을 대변하고 있는 것은 아니다.

서 파악하도록 돕는다. 아울러 경제학계 내에서 여성의 과소 대표성을 해결하기 위한 현실적 방안을 모색한다. 그리고 여성주의 경제학과 여성 정책의 발전을 위해 연구자와 운동가, 정책입안자 사이의 원활한 연대를 도모한다. 경제학 교육과정에서 여성주의 시각을 함양할 수 있는 제도적 여건을 마련하려고 노력한다.

이를 위해 IAFFE는 매년 정기 학술대회를 개최하고 국가별, 지역별, 주제별 회합을 조직한다. 여성 경제학 교육 워크숍을 개최하며 학회소식지를 발간하고 있다. 또한, 여성 경제학에 대한 문헌 정보나 모임 안내지 등을 출간하고 전문 학술지와 전문서를 출간하고 있다. 특히 1995년부터 발간된 학술지 《여성주의 경제학 (Feminist Economics)》은 1997년 '학술지협회(Counil of Editors of Learned Journals)'에서 '최우수 신간 학술지상(Best New Journal)'을 받을 만큼 정평을 얻었다.

이렇게 IAFFE는 세계 지역별 산하 기구를 두며 지난 30여 년간 여성주의 경제학 발전의 견인차 구실을 하면서, 꾸준히 성장하고 있다. 회원 수도 2022년 현재 60여 개국에서 600여 명으로 증가했고, 그간 비체계적으로 이루어졌던 연구와 활동에 체계와 탄력을 제공하였다. 특히 IAFFE가 중점사업으로 여성 경제학 교육을 추진함에 따라 여성 경제학을 정규과목으로 채택한 대학이 증가하여 후진 양성도 이루어지게 되었다.

2. 여성주의 경제학 연구의 발전과정

여성주의 경제학 연구는 먼저 여성 문제가 집약된 노동 문제를 중심으로 이루어졌다. 자연히 노동시장과 자본시장에서의 여성차별이 집중분석 되었다. 그러나 미시영역의 문제가 바로 거시영역으로 연결되어 있음을 확인하면서 연구는 거시영역으로 확장되었다. 아울러 여성주의적 연구의 고유성을 확보하기 위해 여성주의적 경제학 방법론이 거론되었고, 후진 양성을 위해 여성주의 경제학의 교과서 집필과 여성경제학 교육법이 개발되었다(Schneider, 1999; Ferber & Nelson, 1993; Ferber & Nelson, 2003; Jacobsen, 2007; 홍태희, 2014). 2021년에는 권셀리 베릭(G. Berik)과 에부르 콩가르가(E. Kongar)가 핸드북을 발간했다(Berik & Kongar, 2021).

성인지적 관점에서 경제사나 경제학설사 작업도 이루어졌다. 이들은 경제사를 재조명하고, 역사 속에 묻힌 여성 경제학자를 발굴하고, 그들의 연구를 재평가했다. 1995년 로버트 디만드(R. W. Dimand)의 "경제학에서 여성의 기여 인정하지 않기(The neglect of women's contributions to economics)"를 계기로(Dimand, 1995), 1999년 로버트 디만드, 매리 앤 디만드(M. A. Dimand)와 에블린 포겟(E. L. Forget)의 『여성 경제학자 전기 사전(*A Biographical Dictionary of Women Economists*)』이 출판되었다(Dimand, Dimand & Forget, 1999). 또한, 1973년 처음 출판된 베티 폴킨혼(B. Polkinghorn)과 도로시 람펜 톰슨(D. L. Thomson)이 쓴 『아담 스미스의 딸들(*Adam Smith's Daughters*)』이 1998년에 개정 출판되며 주요 여성 경제학자들과 그들의 작업을 다시 조명했다(Polkinghorn & Thomson, 1998). 2019년에는 키스텐 매든(K. Madden)과 로버트 디만드(R. Dimand)가 『여성 경제사상 핸드북(*Handbook of Women's Economic Thought*)』을 출판했고, 2020년에는 지안 도메니카 베키오(G. Becchio)가 『여성주의와 젠더 경제학 역사(*A History of Feminist and Gender Economics*)』를 출판했다. 이러한 연구 작업은 여성 경제학자의 연구가 그간 '없었던 것'이 아니고, '보이지 않았다는 것'을 분명히 해주었고, 여성들의 역사에 대한 기여가 없었던 것이 아니라 가려져 있다는 것을 확인시켜 주었다.

　학계의 인정을 받는 경제학파로 성장하기 위해 여성주의 경제학의 체계와 방법론적 토대에 대한 논의도 있었다(Nelson, 1996, Van Staveren, 1997, Barker & Kuiper, 2003; Ferber & Nelson, 2003). 여성주의 철학과 사회과학방법론의 영향을 받으며 여성주의 경제학은 주류경제학의 가설 연역을 통한 실증주의 방법을 검증했고, 이를 통해서만은 성별의 특징이 제대로 드러날 수 없다고 보며 대안적 경제학 방법론을 찾아갔다. 대안적 연구방법론은 주류경제학 방법론을 기반으로 학제적 연구방법과 질적 방법론을 수용하는 것이다.

　이에 따라 칼 포퍼(K. Popper)의 실증주의와 르네 데카르트(R. Descartes)의 이원론의 함정에 매몰된 연구방법론을 극복하기 위한 시도로 수사적 방법론도 등장한다(Olmstead, 1997). 자연히 매클로스키의 '공조적 경제학(conjective economics)'이 여성주의 경제학의 주목을 받았다. 매클로스키는 학문이 사실(fact), 논리(logic), 은유(metaphor), 역사(history)로 구성되었다고 본다(McCloskey, 1993, 홍태희, 2014). 사실과 논리의 결합으로 남성성과 객관성이 만들어진다면, 은유와 역사의 결합은 여성성과 주관성을 확보한다. 여기서 매클로스키는 유독 사실과 논리의 결합만이 근대학문에서 학문성으로 인정받고 있는 점을 비판하며, 성인지적인 경제학 방법론에서는 이 네 가지 요소 모두를 도입하여야 한다고 주장한다(Nelson, 1996).

　또 다른 방법론적인 시도는 일반론, 전체론, 특정 요소 결정론 등의 학문 전통

을 비판하며, 학문을 실재의 반영으로 보는 근대 패러다임에 반대하는 구조주의
적 접근이다. '구조주의(structuralism)'에서 진리는 실재의 반영이 아니라 조건에
따라 변화될 수 있는 사회문화적 산물이다. 따라서 이들은 실증주의나 경험주의
에 대한 맹목적 추종을 비판하며, 진리 탐구에 정해진 방법은 없다면서 초월적
진리나 선험적 진리 자체도 부정한다. 이런 진리관은 보이지 않아서 계량화되지
못하고, 계량화된 자료가 없어서 실증하지 못하는 여성 노동에 관한 연구에 자신
감을 부여했다(홍태희, 2014).

　또 다른 방법론적인 대안은 양적 방법론의 발전된 기법을 받아들이는 것이다.
그 대표적인 것이 게임이론이나 행동경제학의 도입이다. 행동경제학은 실제로 성
별에 따라 다른 경제행위를 하는지를 확인할 수 있게 했고, 게임이론은 가계 내부
의 역학관계나 성별관계의 영향을 고려한 분석을 가능하게 했다. 또한, 가계를 단
일 주체로 보던 기존 경제학에서 벗어나 구성원들의 역학관계에 따른 경제적 결과
의 차이를 보여준 경제학이 가능하게 했다(Ott, 1992; Agarwal, 1997; Tickner, 2005).

　이렇게 등장한 여성주의 경제학은 성인지적 관점을 가진다는 점에는 공통점이
있지만, 경제학자마다 자신이 선택한 학파에 따라 결을 달리한다. 여성주의 경제
학의 갈래는 두 가지 잣대를 가지고 나누어 볼 수 있다. 하나는 방법론적인 측면
에서 주류경제학의 방법론과의 관계이다. 또 다른 잣대는 여성 문제의 근본 원인
이 개인에 있는지 사회 구조에 있는지에 관한 관점이다.

| 표 7-3 | **여성주의 경제학의 다양한 관점**

기준	관점	관련 학파
경제 문제 발생 근본 원인	개인	주류경제학
	사회	사회경제학, 제도경제학, 맑스경제학
경제 연구 방법	연역 가설 방법, 양적 방법	주류경제학
	양적 방법, 질적 방법	비주류경제학
경제적 보상 체계	성과에 따른 차등	주류경제학
	평등과 형평	맑스경제학

자료: 홍태희, 2014

여성주의 경제학계의 주류적 입장은 신고전파 주류경제학이다. 이들은 주류경제학의 경제학 연구방법론을 받아들인다. 따라서 경제학이 문제가 아니라 여성주의적 관점이 배제된 것이 문제라는 관점을 가진다. 그러므로 실증주의적 방법론에 대해 비판해서는 안 되며, 더 확실한 실증주의를 통해서 여성 문제를 드러내야 한다고 한다. 즉 주류경제학이 성 편향적인 것이 아니고, 연구자의 성 편향성이 신고전파경제학의 성 중립성을 그르치고 있다고 본다. 주류 신고전파적 연구방법론을 더 엄격하게 적용할 때 성차별 문제가 시정될 수 있다고 본다. 아울러 성차별이 개인적인 차원에서 이루어진다고 본다.

이러한 연구 방향은 세계 경제학계를 끌어가는 미국경제학회의 여성 지위위원회의 기본 관점이며 대부분 출판된 여성주의 경제학 연구 논문이 견지하는 방법이다. 이들은 기존 학계의 질서를 준수하면서 점진적 해결을 추구한다. 가능한 변수에 성별이나 성인지적 관점을 내생화시키는 방법을 사용한다. 그러나 주류경제학 내의 성몰인지성은 비판한다. 예를 들어 게리 베커(G. Becker)의 신가정경제학에서 제시한 '선한 가부장' 개념이나 '공동 선호모형' 등을 비판한다(Becker, 1965). 이들은 주류경제학이 허용하는 새로운 연구 기법을 통해 성별 간의 경제 문제를 해명하려고 시도하는데 가계 내부의 문제를 비협조적인 게임이론으로 설명하려는 것이 그 대표적인 사례이다(Ott, 1992).

이 관점에서는 여성 문제의 근본 원인을 개인적인 것으로 보기 때문에 신고전파 여성주의 경제학은 여성의 역량 강화가 문제 해결점이라고 본다. 또한, 경제학의 성 편향을 극복하기 위해서 여성 경제학자의 양적 증가를 강조한다. 물론 시장경제에서의 여성차별을 해결하기 위해서 적극적 조치(affirmative action), 여성 할당제, 여성배정제 등도 필요하다고 본다(Holzer & Neumark, 2006).

성차별이 개인적인 차원이 아니라 사회 구조적인 측면을 가지고 있다고 보는 학자들은 신고전파경제학의 방법론으로는 답을 찾을 수가 없다고 보았다. 따라서 적극적으로 맑스경제학, 제도경제학, 사회경제학, 포스트 케인지언 경제학, 구조주의 경제학 등의 비주류경제학과 연대를 시도한다. 이 중 가장 활발하게 이루어지는 결합은 맑스주의와 제도주의다. 여성 해방을 위한 사회 구조적인 변화를 추구하는지 아니면 기존의 사회 구조를 인정하고, 그 속에서 여성 문제 해결점을 찾는지에 따라 맑스주의적 여성주의 경제학과 제도주의적 여성주의 경제학으로 나뉜다.

제도경제학의 영향을 받은 학풍은 1990년대에 본격적으로 등장한다(Petersen & Brown, 1994). 현실에서 신고전파경제학의 한계를 경험한 경제학자들이 많이 제도경제학으로 선회했다. 3장에서 보았듯이 신제도학파가 제도의 유지를 경제적 효율성에서 찾았지만 구제도학파는 경제적으로 비효율적인 제도도 그 사회의 기득권들에 도움이 되면 장기간 존속할 수 있다고 본다. 구제도경제학, 즉 베블렌주의나 구조주의를 채택한 연구 조류는 효율성뿐 아니라 기회균등이나 분배의 정의 등도 경제학의 기준으로 사용되어야 한다고 한다. 다이애나 엘슨(D. Elson) 같은 학자들은 제도를 인간이 그 속에 놓여 있는 조건으로 본다. 이들은 여성 문제가 '교차성(intersectionality)'을 가지고, 혹은 '성별화된 구조(gendered structure)' 속에서 발생한다고 파악한다.

교차성이론은 사회적 정체성이 성별, 인종, 계급, 종교, 피부색, 성적 취향 등이 상호교차해서 작용하므로 이를 복합적으로 고려해서 이해하여야 한다는 이론이다. 여성 문제는 교차성이 작동하는 대표적인 사례이다. 따라서 여성 문제에 있어서 사회규범과 성별관계를 품고 있는 제도의 영향을 강조하며 비시장재, 비시장 노동, 계량되지 못하는 노동을 관리하는 제도의 역할을 주목하고, 문제 해결을 위해서는 제도가 바뀌어야 한다고 본다(Elson, 1995). 여기서 제도의 개선이란 여성의 더 나은 법적 지위, 사회적 연계망과 정보의 향유, 시장노동과 재생산 노동 결합방식의 재편 등을 의미한다.

신제도경제학에 영향을 받은 학자들은 여성 문제와 그것이 개인과 사회에 주는 경제적 편익을 계산하기 시작한다. 여성의 경제 문제를 따져보면 '완전한 정보'나 '영(zero)'의 거래비용과 같이 신고전파의 비현실적인 전제와 사회규범이나 전통 등의 영향을 배제한 신고전파의 초역사적 접근방식은 수용하기 어렵다. 제도의 존재와 유지의 이유는 경제적 편익, 즉 거래비용을 줄이기 위해서다. 이는 여성 문제에서도 마찬가지다. 양성 간의 경제행위에서 거래비용 절감을 위해 '성별관계(gender relations)'가 정해지고, 그에 따라 성별분업이 결정되며, 경제적 효율성도 이루어진다. 하지만 여기에 그 효율성의 대가를 누가 가져가는가는 신고전파경제학이 해명해주지 않는다는 것이다(Haug, 2003: Pollak, 1985).

여러 시도 끝에 경제학계에 알아들을 수 있는 언어로 여성에 대한 착취를 설명한 대표적인 사례가 잉그리드 파머(I. Palmer)의 '재생산세(reproduction tax)'다. 여성의 무급 가사노동은 사회가 여성에게 부가한 '재생산세'이다. 이 재생산세를

징수해서 공공재를 만들면 그 편익은 사회 전체가 누린다. 그러나 이런 납세로 여성의 노동시장 경쟁력이 떨어지면 시장 왜곡이 발생하여 자원 배분의 비효율이 나타난다고 한다. 따라서 재생산세 같은 성차별적 정책은 '외부불경제'를 만들기 때문에 정부가 나서서 이를 내부화해서 시장 왜곡을 막아야 한다고 주장한다 (Palmer, 1992; Palmer, 1994). 이런 시도는 여성의 비시장 노동, 돌봄 노동을 가능한 화폐화시켜 시장노동으로 전환함으로써 여성 문제 해결을 모색한 것이라고 할 수 있다. 이는 신제도경제학의 언어를 가지고 여성의 노동시장에서의 차별과 무급 돌봄 노동을 설명한 것이다.

1980년대 중반부터 아마트야 센(A. Sen)과 비나 아가르왈(B. Agarwal) 등이 주도한 '제도주의적 게임이론'은 권력 관계, 특히 '성별관계'와 성별분업 개념을 분석틀에 포함하면서 여성 문제에 접근한다(Agarwal, 1997). '제도주의적 게임이론'은 제도, 규범, 전통, 질서 등은 가계 외부의 게임을 통해서 만들어지고, 이를 근거로 가계 내부의 게임의 법칙이 만들어진다. 그러나 게임의 법칙도 경제적 결과에 대한 구성원들의 대응 전략에 따라 진화된다. '성별관계'도 사회·문화적 여건이 제시하는 게임의 결과로 결정되며, 양성의 대응 전략에 따라 진화한다. 이렇게 여성 문제뿐 아니라 빈곤, 차별 등의 각종 사회문제에 대한 접근법으로 많이 사용되고 있는 제도주의 게임이론은 '협조적 갈등(cooperative conflicts)'의 개념을 제시하며 '성별관계'를 분석에 장착시킬 가능성을 열어주었다(Sen, 1990; 홍태희, 2014, p. 32; 홍태희, 2014, p. 56).

근본적인 사회 구조의 변화를 통해 여성 문제를 해결하려는 갈래는 여성주의 맑스경제학이다. 비록 맑스경제학이 재생산영역, 가계 내의 경제활동을 자본주의적 가치창조 영역에서 배제시켜 '성몰인지적(gender-blind)'인 경향이 있지만, 차별과 착취에 대해 역사적·과학적으로 접근할 수 있는 분석틀을 가지고 있다. 따라서 맑스주의를 이용한 정치적 시도와 대안이 여성주의와 접목되며 다양한 형태의 흐름이 제시되었다. 맑스주의적 여성주의 경제학은 맑스주의의 기본틀을 보다 상위개념으로 두고, 자본주의의 운동 법칙을 여성 문제에도 기계적으로 적용한다. 이에 비해 사회주의적 여성주의 경제학은 서로 이질적인 두 시스템, 자본주의와 가부장 제도를 주목하며 이중적 착취 구도로 파악한다(Hartmann, 1981; 홍태희, 2003a; 홍태희, 2004b; Holmstrom, 2003).[3] 많은 연구 중에 맑스주의, 여성주의, 휴머니즘을 분리할 수 없는 기준으로 본 줄리 마테이(J. Matthaei)의 주장은 주목을 받았다(Matthaei, 1996).

여성주의적 정치경제학에서 특히 1990년대 중반부터 주목한 개념은 '사회적 재생산'이다. 사회적 재생산론은 여성 문제가 개인 차원에서 발생한 것이 아니라, 국민경제나 체제 차원에서 발생한다는 점을 강조한다(김경희, 2000). 따라서 사회적 재생산비용 지불 문제와 여성 경제활동 증가의 실질적인 의미를 주목한다. 사회적 재생산을 강조하는 학자들은 서구복지국가의 대두와 각종 가족 정책이나 사회정책 등을 재생산의 위기를 막기 위한 수단으로 파악하고 국가 가부장개념을 발전시킨다(홍태희, 2004c).

여성의 시장노동 참가가 증가하면서 여성은 시장노동과 가사노동의 이중고에 시달리게 된다. 이러한 여성의 상황이 지속하자 여성노동력이 고갈되고, 사회의 성별관계에도 균열이 오고, 사회 전체가 재생산의 위기에 봉착하게 된다. 이들은 경제위기도 재생산 위기와 연관해서 분석한다. 누군가에 의해 재생산 비용을 지불하지 않는다면 가정이 파탄이 나고, 출생률이 떨어지고, 축적 구도가 붕괴된다. 장기적으로 인류의 멸종으로 갈 수 있다. 그만큼 여성의 재생산 노동이 중요하지만, 사회는 그 가치를 인정하지 않고 있다. 케인즈경제학의 대두에 따라 국가 차원의 조절이 이루어지자, 이에 대한 정치경제학계의 반향으로 사회적 축적체제론이 등장했는데 '여성주의 사회적 축적론'도 등장했다(이은숙, 2017).

여성주의 경제학의 또 다른 축은 '돌봄 경제학(economics of care)'이다. 돌봄 경제에 대한 해석에는 다양한 관점이 녹아있다. 낸시 폴버(N. Folbre)는 정치경제학적 배경에서 진화론적 접근과 제도주의적 게임이론의 방법론을 채택하는 동시에 학제적 접근을 하며 여성주의 경제학과 사회학·인류학·정치경제학의 접목을 시도한다. 그는 '제한의 구조(structure of constraint)'라는 개념을 만든다. 그리고 인간에게는 경제만이 아니라 인종, 계급, 성별, 나이, 국가 등 여러 가지가 영향을 미치고, 사회가 특별히 선호하는 것이 사회의 결정에 더 큰 영향을 미치지만, 이것도 시간과 더불어 변화한다고 본다. 1994년 쓴 『누가 아이를 위해 돈을 내는

---

3) 두 조류 간의 대립과 협조의 관계는 20세기 전체를 걸쳐 나타났다. 60년대 말에서 70년대는 '가사노동가치논쟁'을 필두로 이루어진 맑스주의 페미니즘과 사회주의 페미니즘 사이의 논쟁이 있었다. 이들의 작업으로 가계가 단지 소비 주체가 아니라 생산 주체임이 강조되긴 했지만 '성별관계'와 재생산영역을 생산관계 속에 완전히 정착시키지는 못했고, 시대적 변화에 대한 대안 제시도 미흡했다(홍태희, 2020, p. 22).

가?(*Who Pays for the Kids?*)』에서 돌봄노동의 의미를 재해석하며, 아이의 공공재적 성격을 지적하며 양육의 책임과 비용의 평등을 요구한다(Folbre, 1994). 돌봄 경제학은 폴버의 연구와 함께 가사노동 가치 측정 등으로 큰 발전을 했다 (Badgett & Folbre, 2003; Folbre, 2006).

1980년대와 90년대를 지나면서 현실 사회주의의 몰락과 함께 구조주의적, 탈근대적 접근이 등장했다. 탈식민지주의 관련한 여성주의 경제학을 연구하며 '성인지적 맑스주의 경제발전론'으로 개척한 학자는 차루실라(S. Charusheela)이다(Charusheela, 2014). 피에르 부르드외(P. Bourdieu)의 '하비투스(habitus)' 개념 등을 여성주의 경제학에 접목하려는 논의도 있었다. 사회경제학의 '피구속성(embeddedness)'과 같은 개념을 수용한 여성주의 경제학자로는 마릴린 파워(M. Power), 데보라 파가트(D. M. Figart)를 들 수 있다(Figart, D. M. 1997; Power, 2004; 홍태희, 2014, p. 60).

포스트 케인지언 경제학에 성인지적 관점을 제시하려는 시도도 있다. 애크램 로디와 핸머(A. H. Akram & C. L. Hanmer)의 '재생산과 생산 이부문 모형'은 큰 공명을 일으킨 작업이다(홍태희, 2010a). 콜린 댄비(C. Danby), 스테파니 세기노(S. Seguino), 안토넬라 피키오(A. Picchio) 등도 포스트 케인지언 경제학과 여성주의 경제학의 접목을 시도하는 대표 학자이다(Danby, 2004; Seguino, 2019; Picchio, 2003; 홍태희, 2014, p. 60).

21세기에 들어서 2008년 맞는 글로벌 금융위기는 전례 없는 장기 침체로 이어졌고, 2020년에는 코로나 19 펜데믹 위기도 맞았다. 경제학계에서는 대안으로 기본소득이나 일자리 보장제 같은 논의가 등장한다. 엘사 멕케이(A. McKay)는 양성평등을 가능하게 하는 도구로 기본소득 도입을 주장한다(McKay, 2001). 일자리 보장제도도 여성주의 경제학의 대안으로 주목받는다. 이 정책이 채택된다면 수혜자는 실업이나 불완전 고용 상태에 있는 여성일 가능성이 크다. 그러나 이러한 정책 도입에 사회적 반대가 심해 전반적인 수용 여부는 미지수이다.

말겐 비른홀트(M, Bjørnholt)와 엘사 멕케이(A. McKay)는 2007~2008년 금융위기는 주류경제학의 위기를 드러냈다고 주장하며 경제학과 경제학자의 변화를 촉구했다(Bjørnholt & McKay, 2014). 리안 아이슬러(R. Eisler)는 2008년 출판된 그의 책 『국가의 실질적 부: 돌봄 경제학의 창조(*Real Wealth of Nations: Creationing Caring Economics*)』에서 돌봄 경제학이 중심이 된 새로운 경제 모델의 필요성과 가능성을 보여주었다(Eisler, 2008).

여성주의 경제학은 한 걸음 더 나가 여성의 권익뿐만 아니라 양성을 두루 아우르는 경제의 비전을 제시하며 단지 성차별에 대한 반대를 넘어 사회와 지구를 돌보는 역할로서의 여성주의 경제학으로 발전한다(Aslaksen, Bragstad, & Ås, 2014; Barker, 2005). 이는 여성주의와 생태주의의 결합으로 다양한 형태로 등장한다. 대표적인 사례가 패트리카 퍼킨스(P. E. Perkins)가 중심이 되어 생태주의와 여성주의 경제학의 접목을 시도한 '생태적 여성주의 경제학'이다(Perkins, 2000).

또한, 1996년 이후 독일에서 아델하이드 비젝커(A. Bieseker) 등의 여성 경제학자들이 결성한 '대책경제 네트워크(Netzwerk Vorsorgendes Wirtschaften)'가 제시한 '대책경제론(Vorsorgendes Wirtschaften)'도 대표적인 사례이다(Netzwerk Vorsorgendes Wirtschaften, 2013; Biesecker, Mathes & Scurrell, 2000). 대책경제론은 제도경제학의 한 종류로 사회경제학이나 생태경제학 특히 생태 여성주의의 영향을 받은 이론이다(Bieseker, 1997). 경제행위의 기준은 '돈 모으는 것'이 아니라 '사는 데 필요한 것을 충족시키는 것'이 되어야 한다고 주장한다. 이들의 경제학의 목표는 양성평등이 아니라 생태계 전체의 '지속가능성'이며 경제학은 '보살핌(Fürsorge)'의 학문이다. 이를 위해 문제가 생기 전에 대책을 세우는 '사전대책 방식'과 '경쟁보다는 합의 방식', '축적이 아니라 삶의 필요에 따라 재화를 배분하고 분배하는 방식'으로 우리의 경제행위방식을 변경해야 한다는 것이다(Busch−Lüty et al, 1994; Bieseker, 1997; Bieseker et al, 2000).

이런 생태적 여성주의 경제학의 움직임은 자연히 '세상을 돌보는 일'로 연결된다. 사빈 오하라(S. O'Hara)는 돌봄은 경제의 기초이고 그 대상은 삼라만상이며 이들 모두의 지속가능성이 경제 운영의 목표라고 한다(O'Hara, 2014). 이런 여성주의 경제학의 갈래는 자연히 '탈 성장(degrowth) 경제론'으로도 연결된다(D' Alisa et al. 2014). 이렇게 생태적 여성주의 경제학은 억압받는 제2의 성을 생태계를 갈무리하고, 삶과 사회의 지속 가능한 발전을 이루는 주체로 본다. 물신주의를 극복하고 자연과 인간을 살리기 위한 탈성장 체제에 대한 논의를 통해 여성주의 경제학은 규범적 경제학과 경제 윤리학으로 영역으로 확장된다(Tronto, 1993, Dengler & Strunk, 2017).

Ⅲ. 여성주의 경제학의 정체성과 특징

1. 여성주의 경제학의 정체성

여성주의 경제학의 정체성은 분명하다. 여성주의적 관점에서 경제학을 연구하는 것이다(홍태희, 2003a; Ferber & Nelson, 1993; Ferber & Nelson, 2003). 따라서 현대경제학 내에 여성의 경제 문제를 해결하려는 모든 연구가 여성주의 경제학의 범위라고 할 수 있다. 여기서 한 걸음 더 들어가자. 위의 발전과정에서 보듯이 여성주의 경제학 내에는 여러 관점이 존재한다. 그러나 이들 사이의 공통점을 살펴보면 다음과 같다.

여성주의 경제학은 현실 속에 있는 '여성의 경제 문제'에 대한 논의'와 '이론적으로 여성주의적 시각에서 경제학의 학문체계를 비판하고 대안을 제시'하려는 두 가지의 연구 과제를 수행하고 있다. 현실적인 여성 문제를 중심으로 한 논의가 특정 사회 속에서 여성이 직면하는 경제 상황을 분석하는 것이라면, 여성주의적 시각에서의 경제학 비판은 경제이론과 연구방법론의 성 편향성을 지적하고, 경제학을 양성평등적인 학문체계로 교정하려는 시도이다(Berik, 1997).

이에 따라 여성주의 경제학을 잠정적으로 정의하면 여성주의 경제학은 경제현상계 전체에 내재되어 있는 여성 문제를 주목하며, 이를 해결하기 위한 대책을 모색하는 동시에 경제학의 지식체계를 여성주의적 관점에서 재구성하는 경제학을 말한다. 따라서 기본적으로 규범 경제학적 성격을 가진다(Schneider & Shackelford, 2011; 홍태희, 2014). 그러므로 여성주의 경제학은 현실적인 여성 문제를 인지하면서, 여성주의적 시각에서 경제학을 재정립하려는 연구와 연구방법론적 모색을 통칭한다. 즉 여성주의가 특정 사회 속의 여성차별을 주목하고, 이를 해결하려고 모색하는 사조라고 한다면, 여성주의 경제학은 여성주의 관점에서 여성 문제와 경제학의 학문체계에 접근하는 연구 조류라고 할 수 있다.[4]

---

4) Ferber & Nelson(1993), Folbre(1996), Hewitson(1999), Jacobsen(1998), Barker & Kuiper(2003), Ferber & Nelson(2003), Barker & Feiner(2004), Barker & Kuiper(2010), Madden & Dimand(2019), Becchio(2020). 특히 Ferber & Nelson(1993)과 Ferber & Nelson(2003)은 여성주의 경제학의 전개 과정을 잘 보여준다. 1993년의 책이 여성주의 경제학 태동기의 상황을 대변하는 것이라면 2003년의 책은 그 후 10년 동안 여성주의 경제학이 일정한 성과를 거둔 현 상황을 잘 소개한다. 특히 2003년 책에는 여성주

여성주의를 경제학에 접목한 여성주의 경제학은 특히 여성의 경제적 현실을 주목한다. 따라서 경제이론 속에 있는 성차별은 물론이고 현실 경제 속에 존재하는 여성의 경제 문제의 해결을 모색한다. 이러한 실천적인 면은 비주류경제학인 여성주의 경제학이 기존의 경제학과 다르다는 것을 잘 보여준다(홍태희, 2005).

이렇게 여성주의 경제학은 기존 경제학에서 중요하게 인식되지 않았던 '성(sex)', '성성(sexuality)', '젠더(gender)', '성별관계(gender-relations)' 등을 주요 개념으로 채택하여 양성 평등적이고 '성인지적인(gender-ware) 경제학'의 가능성을 모색하고 있다. 여성 문제가 남성에 대해서 발생하는 문제라는 점을 고려할 때 이러한 여성주의 정체성에 핵심 고리가 되는 개념은 성별관계이다. 성별관계는 개별적이거나 자연적인 관계가 아니라, 물질적 가치생산을 위한 사회적 관계이며 일종의 생산관계라고 파악한다(Haug, 2001a; Haug, 2001b; 홍태희, 2014, pp. 17-18).

따라서 여성 문제가 개인적인 차원에서 발생하는 것만이 아니라는 것을 고려한다면 여성주의 경제학이 여성과 남성의 사회적 관계이며 권력관계인 성별관계가 경제행위와 결과에 미치는 영향을 연구하는 분야이다(Wolf, 1996; Schneider & Shackelford, 2011). 이를 통해 사회마다 다른 성별관계가 나라마다 다른 여성의 권익의 배경이 된다는 것을 다르게 결정되는 이유도 해명한다(홍태희, 2003a, pp. 168-169).

아울러 여성주의는 여성 문제를 해결하기 위한 이론적이며 실천적 이념이다. 이를 통해 불평등한 여성의 권익을 향상하고, 인간으로서의 여성의 자의식을 고취하며 여성의 삶과 노동은 물론이고 여성의 적극적인 사회적 활동을 지원한다. 그러나 여성주의는 단지 여성의 권익만을 주장하지 않고 사회적 약자, 소수자와의 연대를 강조한다. 즉 여성주의는 여성의 권익을 우선시하지만, 이것에만 머물지 않고 성별, 인종, 지역, 종교를 넘어 인간 보편의 권익을 위한다는 측면에서 휴머니즘의 전형으로 볼 수 있다. 현재 여성주의 경제학은 여성의 권리 보장에서 한 발짝 더 나아가 사회적 약자는 물론 지구상의 다른 생명체와 생태적 지속가능성을 지키는 경제학으로의 확장하고 있다.

그리고 여성주의 경제학의 특징으로는 민주적이고 다원적인 면을 들 수 있다. 여

의 경제학의 더욱 다양해진 스펙트럼에 대한 소개뿐 아니라 경영학과의 연계까지 모색되고 있다.

성주의라는 공통의 지향점을 가지고 있으나 학파 내부에서는 서로의 차이를 인정하고 다름을 받아들이고 있다. 따라서 여성주의 경제학은 다원주의와 학문적 민주주의의 수용을 특징으로 한다(홍태희, 2004b; 홍태희, 2021a).

2. 여성주의 경제학과 주류경제학

비주류경제학인 여성주의 경제학이 등장한 배경에는 주류경제학에 대한 실망이 작용했다. 주류경제학이 여성의 경제행위 및 행위 결과를 해석하는 데 한계를 가지고 있고, 여성 문제 해명에 무력하고, 오히려 성차별을 정당화시키는 도구로 사용되고 있다는 비판에 따른 것이다. 여성주의적 시각에서 보자면 주류경제학은 인식론과 방법론은 물론 연구 주제와 연구 결과에서 남성 편향성을 가지며, 양성을 아우르는 객관성을 확보하지 못했다는 것이다(홍태희, 2003a; Nelson, 1995). 이는 여성주의 경제학 내의 다양한 연구 경향이 있지만, 연구자들 사이의 공통된 시각이다. <표 7-4>는 여성주의 경제학과 주류경제학을 비교한다.

경제학 방법론에 대한 비판의 핵심은 인식론 속에 나타나는 성편향이다. 경제학 방법론의 현상 인식, 개념 설정, 검증 방법, 분석 결과의 해석의 근저에는 데카르트적인 이원론이 깔려 있고, 이에 따라 심각한 성별 분리와 성편향이 존재한다. 따라서 여성성이나 여성영역은 은폐되는 반면, 남성성이나 남성영역은 보편적이며 일반적인 것으로 드러나는 편향이 나타난다(Peterson & Lewies, 1999, pp. 142-153; 홍태희, 2003a).

다음으로 등장하는 것은 경제학 방법론에 대한 문제 제기다. 포퍼의 실증주의 방법론과 객관주의에 대한 비판으로 귀결되지 않을 수 없다(Nelson, 1996). 실증주의적 방법론에 따르면 학문은 현상의 인과관계를 가설로 세우고, 이에 대해 증거로 '사실(fact)'을 제시해야 한다. 여기서 사실이란 보통 사람이면 인지할 수 있는 형태로 가시화되고, 양화 되어야 한다. 실제 경제 현상에서 쉽게 가시화되고 양화 될 수 있는 것은 시장적 행위이다. 따라서 분석은 시장적 행위에 집중되고, 경제활동이란 '시장적 행위'를 주로 의미하며, 경제학의 주요 업무 또한 '시장적 행위'에 대한 해명에 두게 된다.

이렇게 실증될 수 없는 영역이나 비시장적인 행위는 분석에서 배제되는데 비시장적인 노동에 종사하는 대부분이 바로 여성이다. 자연히 가계생산과 가사노동

등은 체계적으로 분석대상에서 제외된다. 이 결과 경제학은 경제 현상의 주요 영역인 재생산영역이나 생산과 재생산의 관계 등에 대해서 제대로 파악하지 못함에 따라 경제 현상의 동학을 제대로 해명하지 못할 뿐 아니라, 동시에 인류의 절반, 여성의 경제행위를 제대로 해명하지 못한다.

아울러 주류경제학의 경제주체인 인류 일반을 대표하는 '경제적 인간(Homo Economicus)'을 자세히 살펴보면 여성이 아니다. 따라서 경제학에서 여성은 연구주체로도 연구대상으로도 배제되었으며 여성성은 가치척도로 인정받지 못한다. 이 배타적인 분위기는 오히려 일반적이며 상식적인 것으로 받아들여졌다. 그러면서 사실 기존의 경제학은 '남성경제인'을 연구하는 학문이 되었다(Ferber & Nelson, 1995, p. 107; 홍태희, 2003a, pp. 152-153).

여성주의 경제학의 주류경제학에 대한 비판은 남성 경제주체만이 아니라 남성 연구 주체에 대해서도 이루어진다. 오랫동안 경제학자가 대부분이 남성이었다는 점을 주목하며 연구가 남성적인 영역이나 남성적인 방법으로 편향되었다고 하더라도, 연구자 대다수가 남성일 경우에는 객관적인 상황으로 채택될 수밖에 없다. 이로 인해 경제학의 성몰인지성이 나타났다고 본다.(홍태희, 2003a, pp. 157-159; Nelson, 1992).

| 표 7-4 | 여성주의 경제학과 주류경제학

	여성주의 경제학	주류경제학
경제학의 목표	양성평등, 인간의 복지	자원의 최적 배분, 이익 극대화
경제주체	인간	경제인 (Homo Economicus)
경제행위의 이유	잘살기	이윤
경제행위 방법	연대와 자율	경쟁
보상 체계	평등과 형평	성과에 따른 차등
경제학 연구 방법	양적 연구, 질적 연구	양적 연구 선호
경제의 중점 연구 영역	가계와 시장	시장
성차별 원인	사회적 맥락 속에서 발생	개인의 능력에서 발생

자료: 홍태희, 2005; 홍태희, 2014; Barker & Kuiper, 2003; Ferber & Nelson, 1993

이처럼 여성주의 관점에서 본 주류경제학은 성몰인지성과 방법론의 성편향으로 인해 성 중립성을 가질 수 없는 체계이다(Mansbridge, 1990; England, 1989). 특히 문제시된 것은 현실 경제와 괴리된, 무엇보다 여성의 경제 현실과 지나치게 괴리된 전제들에 관한 것이다. 이 전제들은 미시경제 영역과 거시경제 영역, 개발경제 영역 등에 걸쳐 광범위하게 사용되며, 여성의 무급 노동 문제, 돌봄 노동 등에 대한 접근 방식을 결정한다. 이점이 여성주의 경제학이 신고전파경제학의 논리적 정합성과 분석의 엄밀성이란 장점을 인정하면서도 신고전파와는 일정 거리를 둘 수밖에 없는 이유 중 하나이다(England, 1989; Ferber & Nelson, 1993, p.49, pp.55-68; Barker & Kuiper, 2003).

주류경제학, 특히 신고전파경제학에서 경제주체의 행위방식과 시장기구 작동방식은 다음과 같이 설정되어 있다. 합리적 경제인은 유한한 재화와 무한한 욕망 사이에 자신에게 가장 유리한 선택을 한다. 각 경제인은 시장에서 재화의 수요자와 공급자 신분으로 만나 가격을 매개로 소통하며, 각자 자신에게 유리한 선택을 한다. 이를 통해 시장에는 균형이, 사회에는 자원 배분과 분배의 효율이 달성된다.

하지만 현실 속의 경제인이 과연 충분히 합리적이고, 거리낌 없이 자유롭게 경제적 선택하고 있는가? 이익 극대화 행위를 과연 인류 일반의 경제행위의 규범으로 채택할 수 있는가? 역사와 사회가 부여한 제약 속에 여성 경제인에게 주어진 자유와 경제행위의 범위는 남성 경제인과 동등한가? 등의 문제가 자연스럽게 제기되었다. 법적으로 자유가 보장된다고 하더라도 그 자유를 누릴 수 있으려면 '역량(capability)'이 있어야 하는데 사회가 이를 얼마나 보장해주느냐는 또 다른 문제이다(Nussbaum, 2013). 여성주의 경제학자들은 'HDI(인간개발지수)' 같은 지수를 개발하여 여성 경제활동을 가시화하려고 했다(Fukuda-Parr, 2003; Schüler, 2006). '사회적 권한 설정(Social Provisioning)'이 여성주의 경제학의 출발점이 되어야 한다는 논의도 있다(Power, 2004).

여성주의 경제학이 파악한 현실 사회는 불합리하고 부자유스럽고 불평등했다. 인간과 인간은 서로 독립되어 자율적으로 특정 현실을 선택하는 것이 아니라, 서로 종속되어 다른 사람의 이익에 영향을 받으며 상황을 선택한다. 특히 이 종속성이 상대적으로 강한 집단이 여성이다.[5] 따라서 '합리적인 경제인의 이익극대화

---

5) 이러한 여성의 종속성을 생물학적 결정론에 따라서 접근하면 여성 문제란 애초에 없는

가설'은 대다수 인간, 특히 여성을 대표하는 인간상으로 삼기에는 너무나 협소한 개념으로 파악되었다(England, 1989).

미시경제학이 흔히 전제하는 '시장노동과 휴식' 이분법은 삶을 나누어서 시장노동시간은 노동시간으로 그 나머지는 휴식으로 보고, 둘 사이의 선택을 경제행위로 본다. 그러면 비시장노동은 어떻게 해석할 수 있는가? 휴식인가? 대부분의 나라에서 여성과 남성의 노동시간은 불평등하게 배분된다. 그것은 선택이 아니라 암묵적으로 강제된 선택이라는 점이다. 그렇다면 자유로운 선택을 전제로 하는 주류경제학은 여성의 경제행위를 잘 설명할 수 없다(홍태희, 2020).

아울러 가계를 단일경제주체이며 소비 주체로 파악하고 가계 내부의 역학 관계 따위는 고려하지 않은 점도 현실에 부합되지 않는다. 가계 내부에는 여러 경제주체가 모여 있고, 나름대로 위아래가 있다. 그러므로 의사결정의 주도권을 누가 가지느냐에 따라 배분과 분배는 물론이고 소비성향, 저축성향 등에서 차이가 나는데 이를 간과했다. 또한, 가계가 노동력을 재생산하며 의식주를 해결하는 곳으로 그 어떤 조직보다 많은 가치를 생산해 냄에도 단순히 소비 주체로 파악하고 이론을 전개하는 것은 타당하지 않다(홍태희, 2014; Folbre, 2006).

여성주의 경제학자의 주류경제학 비판은 거시영역으로도 확장되었다. 특히 거시경제학에 대한 비판은 이론적인 부분에서보다 거시경제의 운용에 따른 성차별적인 결과를 중심으로, 개발경제학 영역에서 시작되었다(Elson & Cagatay, 2000; 홍태희 2004d). 개발경제학자 엘슨은 『경제발전에서의 남성 편향(*Male Bias in the Development Process*)』에서 경제성장 과정에서 나타나는 남성 편향성을 분석했다 (Elson, 1995). 로레인 코너(L. Corner)는 『남성과 경제학: 거시경제학에서의 성차별적 영향(*Men, Economics: the Gender-Differntiated Impact of Macroecnomics*)』에서 거시경제에서 어떻게 성별 특수적인 영향이 나타나는지를 설명한다(Corner, 1996). 이들은 노동시장이나 가계 내부에만 성별관계가 영향을 미치는 것이 아니라, 거시경제의 변화에도 영향을 미치며, 동시에 거시적 변화가 성별에 따라 다른 경제적 결과를 낳는다는 것도 밝혔다.

것이 된다. 그러나 여성의 종속성이란 각 사회 속에서의 성별관계의 역학 구도나 여성의 지위와 밀접하게 연관이 되어 있다. 선·후진국을 막론하고 법률상의 양성평등이 생활 속의 양성평등으로 정착되지 못함에 따라 나타나는 종속성이란 남성에 의한 여성지배의 현실적 표현이다(홍태희, 2003a, pp. 158-159; 홍태희, 2004c).

만약 '2재화 모형(시장재, 비시장재)'에 따라서 경제정책이 수립될 경우 경제위기 때에 개발도상국에는 특히 위기 타개책으로 대개 무역적자를 없애기 위해 시장재의 수출증대에 정책목표가 맞춰진다(Hong, 2002). 이러한 정책은 국제통화기금(IMF)이나 세계은행(World Bank) 등의 국제기구에 의해서 권장된다(Hong, 2003b). 이렇게 추진된 개발과 세계화가 여성 노동에 미친 영향에 대해서 롤즈 베너리아(L. Benería)의 연구에서 잘 나타난다(Benería, 2003, Bergeron, 2001).

2011년에는 OECD 26개국의 무급 가사노동의 양을 비교하고 그것이 경쟁에 미치는 영향을 측정하려 연구가 이루어졌다. 이런 무급 노동의 가치는 미국에서는 GDP의 20~50%, 영국에서는 70%에 이른다고 한다(Ahmadi & Koh, 2011). 이런 상황은 10여 년이 훌쩍 지난 지금도 별 변화가 없다.

이와 같은 거시정책들은 사실 비시장재나 재생산노동은 별 어려움 없이 조달된다는 것을 전제로 하고 있다. 그러나 조건 없이 공급되고 필요에 따라 늘 조절되는 재화나 서비스는 시장재든 비시장재든 존재하지 않는다. 단지 사회적 역학관계 속에서 누군가 거시경제정책의 실현에 따른 희생을 감내하고 재화와 서비스를 제공하고 있다. 특히 경제위기가 발생했을 때 희생을 강요받는 성별은 여성이다(Elson, 1995; Afshar & Dennis, 1992; Hong, 2002). 대표적인 예가 1980년대 초 제3 세계에 나타난 일련의 외채 위기 후 조정과정에서 나타난 세계은행이나 IMF 등의 국제기구의 안정화 프로그램의 성차별적인 결과이다. 한국에서도 IMF 경제위기 이후 비슷한 현상이 나타났고, 2020년 이후 코로나 19 팬데믹 상황에서 전 세계적으로 나타났다.

여성주의 경제학의 주류경제학에 대한 문제 제기를 종합하면 주류경제학이 성을 단지 생물학적 차원에서만 접근하고 성의 사회적인 관계(gender-relations)를 배제시키면서 성몰인지적 학문체계를 가지고 있다는 데 있다. 아울러 양화된 시장노동과 시장재를 중심으로 논의를 전개함으로써 비시장재, 비시장 노동 등 양화되고 화폐화되지 못하는 노동은 '비생산적'이거나 '가치 없다'는 편견까지 암묵적으로 확산한다고 본다. 따라서 쿤이 주장하는 패러다임의 근본적인 전환 없이는 여성 문제 해명에 한계를 나타낼 수밖에 없다(Woolley, 1993; Grapard, 1996; 홍태희, 2003a).

예를 들어 성별 임금 격차의 원인이 단지 시장의 힘에만 결정되는 것이 아니라 권력 관계, 노동 가치에 대한 각 문화권마다의 차이, 사회적 규범에서 결정된다 (Power, 2004). 따라서 다른 경제학이 요구된다는 결론에 도달한다. 이를 위해서는 기존의 경제학의 시장주의를 극복하고 시장과 비시장, 여성과 남성을 아우르는 원리로 바꾸어야 할 필요가 생긴다(Himmelweit, 2002). <표 7-5>는 주류경제학의 10대 원리와 비교해서 제프 슈나이더(G. Schneider)와 진 새클포드(J. Shackelford)가 기존의 경제 이념에서 고쳐야 할 10가지 원리를 정리한 것이다(Schneider & Shackelford, 2011).

| 표 7-5 | 기존 경제학의 문제점을 극복하기 위한 10가지 원리

1. 경제학의 원리에 여성주의 경제학적 관점을 포함해야 한다.
2. 가치란 여러 층위를 가지며 경제분석에서 다양한 수준에서 논의될 수 있다.
3. 가계경제에 대해 교육도 해야 한다.
4. 비시장적 경제행위도 중요하다.
5. 경제주체 사이의 역학 관계와 그것의 영향도 고려해야 한다.
6. 성별, 인종, 규범 등도 경제분석의 중요한 개념이다.
7. 인간 행위의 배경이 복잡하고 다양하다는 것을 고려해야 한다.
8. 경제교육에서 연대와 보살핌을 강조해야 한다.
9. 정부는 시장성과를 개선할 수 있다.
10. 경제학의 외연을 넓히고 다양한 학문 전통을 수용해야 한다.

자료: Schneider & Shackelford, 2011, pp. 80-86; 홍태희, 2008

이렇게 여성주의 경제학과 주류경제학의 관계는 기존 비주류경제학과의 관계보다 다면적이다. 기존의 시장 중심의 경제 이해에 대한 여성주의 경제의 비판은 기존의 경제 이해가 경제 현상을 제대로 해명하지 못하고, 때로는 경제 문제의 원인이 된다는 점에 있다. 물론 이러한 비판은 여러 가지 대안경제론이 가지는 공통점이지만 주류와의 관계를 어떻게 설정하느냐에 따라 각기 다른 특성을 나타낸다. 여성주의 경제의 특징은 무엇보다 성인지성을 강조한다는 점이다.

여성주의 경제학자들은 여성 문제를 노출시키는 모든 방법은 일단 유효하다고 본다. 그러니 신고전파 주류경제학을 통해서 여성 문제를 연구하는 것도 필요하다고 한다. 그러나 결국 사회적으로 결정되는 구조의 문제로 접근하려는 경제학으로 만이 문제를 해결할 수 있다는 것도 인지하고 있다. 현실에서 여성주의 경제학에는 신고전파 전통에 머물면서 찾느냐, 아니면 맑스경제학이나 제도경제학의 전통을 받아들일 것인가, 그것도 아니면 전적으로 다른 패러다임을 만드느냐 등에 대한 논의와 연구들이 확인되고 있다. 그러나 눈에 띄는 변화는 실용주의적 경향이다. 어떤 학문 전통이든 여성 문제를 더 분명히 보여줄 수 있다면 채택되어야 한다는 의견이 주도적이다.

이는 제2 여성운동기인 70년대 이데올로기적 갈등기와는 분명히 다른 분위기이다. 각 학파 간의 반목과 대립보다는 공존의 분위기가 조성되어 있고, 이에 따라 자연스러운 교류도 이루어지고 있다. 단적으로 규정하기는 어렵지만, 전체적 발전 방향은 대략 신고전파의 한계를 극복하려는 시도와 제도주의적 접근으로 요약될 수 있다(Ferber & Nelson, 1993; Ferber & Nelson, 2003).

여성주의 경제학자들은 현재 좋은 경제를 만들려는 운동으로 한 걸음 더 내디뎠다. 여성 문제 해결을 위해서는 여성 문제를 경제적 연관으로만 보는 시각을 확장하여, 사회문화적 지평에서 재해석하기도 했고, 여성주의 경제학이 여성의 권익만을 향상하려는 시도라는 비난을 수용하고, 양성을 두루 아우르는 경제학으로의 도약이 시도되기도 했다. 여성 문제를 인류 전체의 생존과 연결한 학자들은 경제행위의 목적을 '이익의 극대화'가 아니라 '필요의 충족'으로 재해석하며, 경제학의 패러다임 전환을 모색하기도 했다. 여성주의의 발전에 힘입어 경제뿐 아니라 생태계의 지속적 발전을 위한 모성적 역할이 강조되기도 했다.

| 표 7-6 | 여성주의 경제학의 대안경제 이념

바람직한 경제활동의 목적	이윤의 추구가 아니라 필요의 충족
바람직한 경제활동의 범위	더 많은 이익을 얻기보다 사는 것에 필요한 만큼 벌기
바람직한 경제활동의 범주	돈벌이를 위한 세계 시장이 아니라 지역을 중심으로 한 교환과 자급자족
바람직한 젠더 인식	돈벌이에 유용하면 성차별도 가능하다는 것에서 경제활동의 목표로 양성평등 추구

자료: 홍태희, 2008

위의 <표 7-6>은 여성주의 경제가 지향하는 경제 이념이다. 여성주의 경제학을 기존 경제학의 대안으로 보는가, 보완으로 보느냐에 따라 차이가 나지만 대안으로 본다면 그 변화는 더욱 근본적인 차원에 닿아야 한다. 이러한 여성주의 경제의 이념을 실현하기 위해서는 기존의 경제학의 단점을 보완한다기보다 기존 경제학과 경제 전체에 대한 전면적 수정이 요구된다.

따라서 여성주의 경제학이 지향하는 여성주의 경제는 현재 직면한 경제 문제의 발단이 근본적으로 잘못된 경제 이해에 있다고 보며, 지나친 남성중심의 경제주의 넘어서 모든 삶, 모든 경제, 삼라만상에 대한 돌봄이 중요시되는 경제를 목표로 해야 한다(홍태희, 2005; Busch-Lüty et al. 1994; O'Hara, 2014).

Ⅳ. 여성주의 경제학의 기여와 한계 그리고 과제

1. 여성주의 경제학의 기여

짧은 연역에도 불구하고 여성주의 경제학이 경제학계에 큰 충격을 주었고, 세상과 경제를 바꾸어가는 것에 영향력을 발휘했다. 이러한 기여는 이론과 현실 세계 모두를 변화시켰다. 이러한 기여를 정리하면 다음과 같다.

첫째, 성인지적 관점을 학계에 제공한 점이라고 할 수 있다. 그간 무관심했던 여성 문제에 관심을 가짐으로써 성별의 차이가 어떻게 여성과 남성들에게 어떤 경제적 결과를 가져다주고, 그 결과가 각 개인의 경제적 복지에 어떤 영향을 미치는지에 대하여 숙고해 볼 계기도 마련되었다. 이런 과정을 통해 여성주의 경제학은 여성주의 경제학에 거부감을 나타내던 경제학계를 변화시켰다. 이에 따라 연구자들의 성인지성을 키웠고, 더 많은 여성 경제학자와 정책입안자를 등장하게 했다.

둘째, 여성주의 경제학은 주류경제학의 문제점을 보여주고 그 한계를 지적하면서 현대경제학의 발전에 이바지했다. 주류경제학의 몰성적이고 몰역사적인 인식과 '실증 맹목적' 연구 경향의 한계를 분명히 보여주었고, 여성주의 경제학의 발전과 함께 경제학의 몰성성이 어느 정도 약화하였다.

셋째, 여성주의 경제학은 현실적으로 여성 문제와 사회문제 해결을 위한 정책을 제시했다. 성인지적인 관점에서 정책을 개발하여 배분과 분배의 효율성과 형평성을 조화시킬 가능성이 만들었다. 이러한 양성평등적 경제정책 수립의 이론적 기초도 제공함으로써 여성의 경제적 현실을 향상에 기여를 한 것뿐 아니라 사회의 건전한 발전을 이끌었다. 대표적인 사례로는 성인지예산, 적극적 조치 등을 통해 성차별을 극복할 방안을 제시한 것을 들 수 있다.

넷째, 경제적 성과의 측정 방식을 다양화시키면서 경제학 연구의 폭을 넓혔다. 여성의 경제활동을 포함하려고 노력하여 '인간 개발 지수(HDI)'에 'GDI(Gender- related Development Index)'를 도입했고, '사회제도 및 성별 지수(Social Institutions & Gender Index, SIGI)', '여성권한지수(GGI)' 등 각종 여성 관련 지수를 개발하면서 여성의 경제활동을 가시화했다. 또한, 여성주의 경제학은 여성이 주로 하는 가사노동, 무급 노동, 돌봄 노동의 가치를 계산할 수 있게 해주었다. 이를 통해 여성 노동의 가치를 확인하면서 여성의 경제적 지위 향상에 이바지했다(Chen, Sebstad, & O'Connell, 1999).

다섯째, 여성주의 경제학은 경제학 교육의 변화도 가져왔다. 여성주의 경제학의 영향력을 배경으로 많은 나라에서 여성주의 경제학, 여성경제학, 여성과 경제 등의 과목이 경제학과의 교과목으로 채택되었고, 여성 경제학자의 수도 늘었고, 이 분야를 전공하는 대학원생의 숫자도 급속하게 증가하고 있다.

여섯째, 여성주의 경제학의 기여는 여성이 주로 활동하는 경제 영역의 가치를 재고하게 함과 동시에 경제의 범위를 넓히고 연대와 협동을 경제의 주요 개념으로 만들었다. 특히 돌봄의 가치를 강조하며 여성의 경제를 미래 비전으로 제시한다. 세상을 돌보는 것이 경제의 기본 의무라는 점을 강조하면서 경제학의 발전 방향에 새로운 지평을 제공한다. 이를 통해 규범 경제학이나 경제 윤리학의 성인지적인 발전에 이바지한 측면도 있다. 이는 현재 급격하게 증가하고 있는 여성 문제, 가정 문제 등과 관련된 각종 사회병리 현상을 치유하기 위해서도 바람직하다.

일곱째, 여성주의 경제학은 주류경제학의 백인 남성 중심의 세계에서 다양한 인종의 경제학으로의 길을 열었다. 물론 초기의 여성주의 경제학은 선진국 백인 여성 경제학자들에 의해서 주도되었다. 그러나 그동안 여성주의 경제학은 다양한 인종의 여성학자와의 유대를 만들려고 노력했다. 그 결과 현재 어떤 학파보다 인종적·지역적·경제적 다양성을 가진 학자들로 구성된 학파로 등장하면서 지구의 평화를 위해 학문이 추구해야 할 전형을 보여주고 있다.

여덟째, 여성주의 경제학은 경제학 방법론을 다양화시키고 경제학 연구의 자료를 더 풍부하게 했다는 것이다. 그간 양적 자료에 묶여 있던 경제학 연구를 학제적 연구로 데이터의 범위를 넓히고 양적 연구에 기여한 점이 있다. 이렇게 여성주의 경제학은 21세기 장기 침체 속에 빠진 경제학에 대해서 대안경제학의 가능성을 열었다. 무엇보다 여성주의 경제학의 기여는 경제학을 반쪽짜리 경제학에서 온전한 경제학으로 돌리기 위한 시도를 했다는 점이라고 할 수 있다.

2. 여성주의 경제학의 한계와 과제

여성주의 경제학은 긴 인류의 역사 속에서 가려진 여성 노동의 가치를 등장시키고, 경제학의 외연을 확대했다. 그러나 여성 문제는 너무나 근본적인 문제라서 이를 위한 경제학도 단기간에 정립되기 어려운 문제점을 가지고 있다. 현재까지 연구에서 보여 준 한계와 과제를 정리하면 다음과 같다.

첫째, 가장 큰 한계는 여전히 비주류경제학으로 머물러 있다는 것이다. 여성주의 경제학의 체계를 일목요연하게 정리하기란 현재로선 어렵다. 또한, 현재 이루어지고 있는 다양한 연구와 시도들이 공인된 지식체계로 인정받고 있는지도 불분명하다. 여성주의 경제학이 어떤 경제학이며, 타 경제학 분야와의 차이점은 무엇이며, 어떤 방법론적 기초 위에 서 있으며, 어떤 지식체계를 축적해 놓았는지에 대해서 지속해서 묻고 대안을 제시해야 한다. 이에 따라 더 많은 연구과 교육 그리고 학문적 축적이 필요하다.

둘째, 여성주의 경제학이 경제학계에서 주류화되고, 뚜렷한 정체성을 지닌 실증과학으로 발전하려면 주류와의 관계 설정을 분명히 해야 한다. 이에 따라 일관된 정체성과 패러다임, 분석기법 및 분석의 함의를 제시해야 한다. 이를 위해서 여성주의 경제학의 지금까지의 전개 과정을 반성적으로 재검토하고, 현재의 연구 경향과 앞으로의 발전 방향에 대한 구체적인 논의가 무엇보다 필요하다.[6]

셋째, 여성주의 경제학파의 구체적인 체계는 현재 제시되지 못하고 있다. 이미 살펴본 것처럼 여성주의 경제학의 울타리 내에는 각 연구자가 여성주의를 어떻게 해석하고 있느냐에 따라 문제의식도 다양하고, 각자가 선택한 학파에 따라 연구 방법도 차이가 난다. 현재 여성주의 경제학은 이러한 다양한 연구 조류를 받아들이고, 이들 사이의 연대를 여성 문제라는 고리를 통해 유지하고 있다. 물론

---

6) 현실과 학문은 서로 피드백하면서 발전해 간다. 여성주의 경제학이 주류가 되기 위해서는 여성차별을 용인하는 사회적인 통념과 남성 편향성이 일상생활에서부터 교정되어야 한다. 실생활의 변화 없이는 현실적인 여성 문제는 물론 학문 세계의 편향성도 근본적으로 교정되기 어렵다(홍태희, 2003a; 홍태희, 2004).

다양성은 사실 미완의 분야인 여성주의 경제학이 현재 직면하고 있는 비체계성의 한 측면이기도 하다. 그리고 특정 시각에서만 문제가 조명되지 않고, 여러 시각이 존재한다는 것은 여성주의 경제학의 짧은 역사를 비추어볼 때 자연스럽고, 오히려 바람직하다고 생각할 수도 있다. 다만 앞으로의 과제는 학파로서의 완결된 체계를 갖추어야 한다는 점이다. 굳이 여성주의를 내걸지 않고도 경제학 내에서 여성의 문제를 주목하는 연구들도 점점 많아지고 있었으므로 여성주의 경제학의 정체성은 물론 필요성도 점점 불분명하고 불투명해질 수도 있다는 점을 주지하여야 한다.

넷째, 여성경제학의 문제점 중의 하나는 여성을 단일범주로 보고 여성들 사이의 차이를 고려하지 않았다는 비판을 면하기 어렵다는 점이다. 아울러 여성주의 경제학은 다른 사회적 약자와의 연대의 문제도 분명히 해야 한다. 이는 장애인, 성소수자 등과의 연대는 물론이고 가난한 나라의 여성 문제 등과도 관련된다.

다섯째, 통계의 문제점이다. 여성주의 경제학은 성인지적 통계를 개발하며 경제학 발전에 기여했다. 그러나 여전히 무급 가사노동 가치를 측정하려면 자료와 정보 수집의 문제가 발생한다. 특히 여성 문제가 가지는 교차성으로 인해 자료 문제가 복잡하다. 현재 많이 보완하고 개발되었지만, 여전히 부족하다. 질적 연구로 설문조사의 문제도 보강해야 한다. 이 분야에 관한 집중적인 연구가 필요하다.

여섯째, 여성 문제의 복잡성은 국가별 문화의 차이나 인종 문제를 해명하는 어려움이 있다. 젠더에 미치는 문화의 영향은 크지만 이를 객관적으로 해명하기 어려운 측면이 많아 특히 국가 비교 연구에 문제점이 노출된다(Luxton, 2010). 이를 보강해야 한다.

일곱째, 여성주의 경제학은 자신을 해체해가는 한시적 경제학이라는 특수성 속에서 주어진 여성 문제와 주어진 성편향적 경제학의 체계 속에서 그 체계를 전적으로 부정하지 못하면서, 동시에 여성 문제를 잘 해명하고 성인지적인 경제학으로의 변화도 추구한다는 것은 여성주의 경제학의 딜레마이다. 여성주의 경제학자들은 각자 이 딜레마에서 벗어나는 방법과 대안을 모색하고 있는데, 혹자는 전적인 거부를 통해, 혹자는 현재의 한계를 인정하고 이 딜레마 속에서 조금씩 문제해결을 방안을 간구하고 있다. 이에 대한 체계적인 접근이 필요하다.

결국, 비주류경제학으로의 여성주의 경제학의 과제는 논의를 보다 구체화하고, 체계화시켜, 더 과학적인 MSRP를 만들어내는 작업이라고 생각한다. 즉 현재의 다양성과 비체계성을 구체성과 체계성으로 바꾸는 작업을 해야 한다. 이를 위해 되며 여전히 확인되는 백인 여성 중심이 학계의 상황도 변화시킬 필요가 있다. 무엇보다 연구자의 수적 증가가 요구되는 시점이다.

Ⅴ. 여성주의 경제학의 세계를 떠나며

여성주의 경제학이 등장했을 때 경제학계의 기득권은 이 불편한 소리에 놀라고 눈살을 찌푸렸다. 그러나 여성의 경제적 현실은 기존의 경제학으로는 채 설명되지 못했기에 여성주의 경제학의 영토는 점점 넓어져 갔다. 학문적 기준이 정해지니 사회적 불만이 봇물처럼 터져 오히려 현실은 학문보다 더 먼저 변해 나라마다 경제적 측면에서 미투 운동인 '페이 미투(pay me too) 운동'으로 번지고 있다.

이러한 변화를 위한 약진 뒤에 여성주의 경제학의 활약이 있었음은 분명하다. 확실히 여성주의 경제학은 비교적 짧은 기간 동안 빠른 발전을 이루었으며, 현재에도 더 다양한 여성주의 경제정책들이 성공적으로 현실 속에 안착하고 있다. 이러한 변화는 세계 곳곳에서 확인되며 한국도 예외는 아니다. 한국에서도 여성 문제에 대한 사회적 관심이 증가하면서 여성주의 경제학의 필요성에 대한 공감이 형성되었다. 아울러 여성 경제학자의 수도 다른 나라처럼 많이 증가했다.

여성주의 경제학의 중요한 특징 중 하나는 이 비주류경제학의 존립 기반이 한시적이라는 점이다. 경제 문제에 성별의 특징이 사라질 때 이 학파는 필요를 다하고 역사 속으로 사라질 것이다. 그러나 아직은 아니다. 성별 임금 격차의 해소를 위해서는 앞으로 300여 년 정도의 시간이 걸린다는 이야기가 나온다. 여전히 세계 어디서나 여성은 더 가난하고 더 많이 일하고 더 긴 돌봄 노동을 한다. 사랑으로만 다 설명되기 어려운 이 거룩하지만 힘겨운 노동의 가치를 인정할 때, 출산이라는 인류에게 가장 중요한 사명을 가진 이들에게 그에 합당한 대우를 해줄 때까지 여성주의 경제학의 수명은 연장될 것이다. 빨리 여성주의 경제학을 땅에 묻을 날이 오길 기대하며 이 세계를 떠난다.

사회경제학
Social Economics

경제 문제의 시작과 끝은 사회이다. 이를 분명히 인식한 칼 폴라니(K. Polanyi)는 사회를 경제와 시장으로 재단하는 것을 비판했다. 그에게 사회는 사회적 관계의 총체이다. 이 총체를 하나의 잣대로 재단할 수는 없는 것이었다. 그는 1944년에 출판된 책 『거대한 전환(*The Great Transformation*)』에서 보이지 않는 손이라고 불리는 자본주의 시장체제를 악마의 맷돌이라고 했다. 그 맷돌이 사회를 갈고 인간을 갈아 버린다는 것이다. 그런데 이 맷돌의 유용성만을 강조하는 신고전파 주류경제학은 결국 인간과 사회를 파괴하는 데 공헌하게 된다는 것이다. 그리고 폴라니는 인간에게는 시장경제 외에도 다른 형태의 경제적 관계가 가능하다는 것을 인류의 살아온 기록을 통해서 알려준다.

대표적인 사회경제학자인 케네스 볼딩(Kenneth E. Boulding)은 절반은 간디이고, 절반은 밀턴 프리드먼이라고 불리던 경제학자였다. 시인이고 철학자이기도 했던 이 멋진 경제학자는 1945년에 쓴 책 『평화의 경제학(*The Economics of Peace*)』에서 "경제 문제는 경제학에만 머물지 않는다. 이러한 문제들은 결국 사회학, 정치학 그리고 윤리학의 문제로 변한다."라고 했다.

경제라는 좁은 세계를 벗어나 문을 열고 나서야 진짜 사회가 보인다. 사회경제학의 세계는 수많은 학문의 기록들을 가지고 경제학에게 사회로 가는 열쇠를 준다. 현실 경제를 설명하려는 우리의 노력의 끝에서 우리가 어떤 경제학을 만나게 될지는 모른다. 경제학은 아직은 채 완성되지 않은, 만들어지고 있는 우주이다. 사회경제학은 사회적 관계, 규범, 윤리, 제도 등이 경제에 미치는 영향을 주목한다. 그리고 경제를 사회라는 지평 위에서 설명할 수 있게 한다. 볼딩의 말처럼 경제 문제를 경제학을 넘어선 경제학으로 풀어보려는 세계, 우리는 8장에서 이 책의 마지막 여행지인 사회경제학의 세계로 들어가 본다.

제8장
사회경제학
Social Economics

Ⅰ. 사회경제학의 세계로 들어가며

경제와 사회는 동등한 범주의 용어가 아니다. 경제는 사회적 현상의 한 측면이므로 경제는 분명 사회의 하위개념이다. 사회과학을 축약한 학문이 사회학이라면 경제학은 사회과학의 한 분야라는 점에서도 이 두 학문 분야의 학문적 층위는 다르다. 즉 경제학은 사회학의 하위 분과라고 할 수 있다. 그러나 근대에 와서 학문의 발전과정에서 이런 관계는 바뀐다. 근대에는 전 근대 시기의 종합 학문이던 철학에서 각 분과과학이 독립한다. 분과과학으로 독립한 근대 경제학은 자본주의라는 역사적 배경과 화폐라는 측정의 단위를 가지고 과학적 엄밀성을 갖추게 되었고, 사회과학의 여왕으로 등극했다.

이런 과정을 거치면서 사회학과 경제학의 관계는 변했다. 논리적 엄밀성과 실증주의 학문 이념을 바탕으로 검증 가능한 과학으로 도약한 경제학과 경제학 방법론이 점차 사회과학 연구의 모범으로 여겨지게 되었다. 여기에다가 자본주의의 발전과 함께 경제 문제가 점점 중요해지자 사회과학 내에서 경제학의 입지가 강해지면서 경제학이 오히려 사회학의 변화를 가져오는 상황까지 생겼다.

이런 가운데 사회학에는 경제 문제에 집중하는 분야인 '경제사회학'이 생기고, 경제학에서도 사회적 관점을 강조하는 '사회경제학'이라는 분야가 등장했다. 그러나 연구학자가 사회학자인지 경제학자인지 구분하는 것 외에 두 분야 사이의 경계는 매우 모호하다(Bögenhold, 2010). 여기에 최근 '사회적 경제'라는 용어가 많이 사용되면서 혼란은 가중되고 있다(Abbott, 2001).

사회적 경제와 사회경제학의 관계가 합의된 원칙 없이 사용됨은 물론이고, 용어의 표현 자체도 혼란스럽다. 사회적 경제에서 사회는 경제의 수식어 역할을 한다. 그렇다면 경제에는 사회적이지 않은 경제도 있다는 것이다. 그러나 엄밀히 말해 사회적이지 않은 경제가 있을 수 없으므로 사회적 경제라는 용어 자체가 모순이다. 이러한 학문체계의 혼란과 학문적 용어의 현실적 사용에서의 혼선은 학문과 사회의 발전을 저해하는 요소가 된다. 사회경제학의 발전을 위해서 용어나 명칭 사용의 혼선을 정리하는 것은 바람직한 일이지만, 현실에서는 용어 하나 바꾸는 것도 그리 간단하지가 않다.

8장에서 우리는 비주류경제학의 한 분야이며 대안경제학의 가능성을 보이는 사회경제학을 만나본다. 8장의 순서는 다음과 같다. 먼저 사회경제학, 경제사회학 및 사회적 경제학의 전개 과정을 살펴본다. 다음으로 비주류경제학인 사회경제학의 특징을 주류경제학과 비교해 본다. 마지막으로 사회경제학의 기여와 한계 그리고 앞으로의 과제를 알아본다.

Ⅱ. 사회경제학의 전개 과정

1. 사회경제학과 경제사회학

사회경제학이라는 비주류경제학의 세계를 살펴보면 무엇보다 먼저 사회경제학이란 용어 자체가 통일되게 사용되지 않다는 점을 발견하게 된다. 가장 큰 혼선은 비주류경제학으로 현재 명명되는 사회경제학과 사회학이라는 분과과학의 하위 분야인 경제사회학 사이의 혼돈이다. 사실 사회경제학과 경제사회학의 엄격한 구분은 불가능에 가깝다. 이런 혼돈은 영어식 표현에서도 나타난다(Hellmich, 2015). 경제사회학의 영어식 표현은 'economic sociology'로 비교적 안정되어 있지만, 사회경제학은 'socioeconomics', 'social economics', 'socio-economics' 'sociological economics' 등이 혼용되어 있다. 사회경제학 내부에서는 'socioe-conomics'와 'social economics' 사이를 구분하고, 연구방법론적 차이가 있다고도 하지만 설득력을 갖춘 통일된 기준은 없다.

여기에다가 '사회적 경제에 관한 경제학'으로 '사회적 경제학' 혹은 이를 붙여 써서 '사회적경제학'이란 용어도 사용된다. 한국에서만 해도 사회적 경제는 이미 '사회적경제'로 부쳐서 표기하면서 고유명사로 사용되고 있다. 사회적 경제학은 대개 사회적 경제의 여러 사례에 대한 설명으로 구성되어 있다. 그러나 이를 영어로는 'social economics'라고 쓴다. 이렇게 사회경제학과 사회적 경제학이 같은 영어로 쓰이며 혼란이 발생한다.

이런 사정에도 불구하고 학문 영역의 구분을 애써 시도하면 다음과 같다. 일반적으로 경제사회학은 사회학을 뿌리로 두고 막스 베버로부터 태동하여 칼 맑스, 게오르규 짐멜(G. Simmel)의 기여에 힘입어 등장한 사회학의 분과 분야이다. 이런 고전적 경제사회학의 시기를 거치고, 요셉 슘페터, 칼 폴라니, 에밀 뒤르켐(D. É. Durkheim), 탈콧 파슨스(T. Parsons) 등의 영향을 받아 1960년대부터는 현대적 경제사회학으로 거듭난다. 1980년대에 들어와서 구조주의, '네트워크 이론(연결망, network)', '피구속성(embeddedness)' 등의 신개념을 장착하고 문화와 제도의 영향을 고려한 사회학으로 발전한다(Smelser & Swedberg, 2005).

기본적으로 경제사회학은 사회문제 중 경제 문제에 집중하는 사회학의 하위 분야이다. 그러나 경제사회학에 대한 이해는 사회학 내에서도 통일되어 있지 않고, 연구방법론은 물론 학자마다 강조점이 다르다. 경제사회학에 대한 또 다른 해석은 '경제학 제국주의'[1]에 반대한 사회학자들이 경제와 사회의 연관을 강조하며 만든 사회학의 분과라는 것이다(Beckert, 2009). 이는 특히 현대 경제사회학이 사회의 여러 현상을 경제학의 분석 도구를 통해 연구하려는 신제도경제학에 대한 반작용으로 등장했다는 것을 통해 확인된다. 이들은 경제주체의 행위를 이해할 때 주류경제학의 경제적 합리성이나 최적화뿐 아니라 사회 속에 있는 다양한 요인을 고려해야 한다고 주장한다(Beckert, 1996). 그러나 20세기 후반에 등장하는 '신경제사회학'은 신고전파경제학의 방법론으로 사회학 연구를 주도하려는 학풍이다. 신경제사회학은 경제학의 중요한 성과와 연구방법을 사회학에 응용하기

---

1) 주류경제학의 연구 방법과 사회 이해가 사회과학 연구의 표준이 되면서 주류경제학이 학문은 물론 사회와 인간을 지배하는 상황을 일컫는 말이다. 특히 사회적인 배경을 간과한 상태에서 경제변수에 대한 분석으로 충분하다는 것에 대한 비판으로 명명되었다(Granovetter, 1992; Aldred, 2020).

도 했다(Hedström & Stern, 2008). 현재 경제사회학 내에는 이런 다양한 관점이 혼재되어 있다.

경제사회학을 대변하는 학술단체는 1989년에 설립된 '사회경제학진흥학회 (Society for Advancement of Socio-Economics, SASE)'이다. SASE는 5개 대륙 50개 이상의 국가에 회원을 두며 경제학, 사회학, 정치학, 경영학, 심리학, 법학, 역사학 및 철학 전체에 걸친 학제적 학회이다. 회원들은 연구자뿐만 아니라 정부나 국제기구의 활동가나 정책입안자도 있다. 주축은 사회학이지만 학회의 영어 이름을 번역하자면 역설적이게도 '사회경제학회'이다.

비주류경제학의 하나인 사회경제학은 경제학의 한 분파이다. 내부에는 경제 문제를 사회적 관점에서 연구하는 흐름과 사회문제를 경제적 잣대와 방법론을 가지고 이해하는 흐름이 혼재해있다. 분명한 것은 이들이 주류경제학의 가치중립적이고 합리적인 개인의 최적화로는 경제 문제를 제대로 해석할 수 없다는 반성을 통해서 규범적 가치까지 포함된 경제학을 추구한다는 점이다.

사실 사회경제학이란 용어에는 많은 혼선이 있다. 비주류경제학자인 슘페터는 경제학을 사회경제학으로 이해했고, 사회경제학만이 '과학적 경제학(scientific economics)'이라고 했다. 그러나 주류경제학의 핵심적 이론인 일반균형을 만들고 한계혁명을 이끈 왈라스는 1896년 쓴 저서에 『사회경제학 연구(*Études d'économie sociale*)』라는 제목을 부쳤다. 또 다른 혼란을 사회경제학이란 용어가 좌파 경제학에 대한 사회적 저항이 심한 나라에서 정치경제학이나 맑스경제학이 주는 부정적 인상을 피하려는 방편으로 사용되면서 발생한다.[2] 이 같은 용어 사용의 혼란은 사회경제학에 대한 체계적인 이해에 걸림돌이 되고 있다.

현재 사회경제학은 국제적 학회인 '사회경제학회(Association for Social Economics, ASE)'에 의해서 주도되고 있다. ASE는 경제학에 뿌리를 두지만 주류경제학과는 달리 윤리적 책무와 사회 구성원의 상호 작용을 고려한 경제학 연구를 목표로 한다. 또한, 경제적 문제가 발생하는 범주에 단지 개인적 차원만이 아니라 사회적 차원까지 고려해야 한다고 주장한다. 아울러 공동체의 윤리적 가치를 지지하며, 인간의 존

---

2) 한국의 대표적인 진보경제학회인 한국사회경제학회도 비슷한 사정으로 사회경제학회로 명명되었다. 이런 경향은 일본에서도 비슷하게 나타나 정치경제학이 사회경제학으로 자주 명명되고 있다(大谷禎之介, 2001).

엄성이 존중되는 경제이론을 만들고 정책을 개발하는 것을 경제학의 과제로 보았다. 1941년에 설립된 ASE는 현재 5개 대륙, 20개국 이상에서 200명 이상의 회원이 있다. 이들은 1942년 학술지 《사회적 경제 연구(*Review of Social Economy*)》를 창간하고, 1971년부터는 《사회경제학 포럼(*Forum for Social Economics*)》을 발행했다.

　이러한 경제사회학과 사회경제학의 전개 과정의 차이에도 불구하고 이들 간에는 공통점이 더 많다. 가장 큰 공통점은 이들 모두 신고전파 주류경제학에 반대한다는 점이다. 이 공통점을 통해 보면 이들이 70년대 이후 이룬 학문적 성과도 비슷하다는 것을 알 수 있다. 두 분야 모두 네트워크 연구, 시장 성격에 관한 연구, 기업 연구, 여성 문제 연구, 자본주의의 다양성에 관한 연구, 환경문제 연구를 중점적으로 하고 있고, 연구방법론이나 연구 결과도 많이 중첩된다.

　물론 엄밀하게 살펴보면 두 분야의 차이가 있겠지만 20세기 후반부터는 동일한 주제에 대해 경제사회학이 사회학에 뿌리를 두고 사회학자들이 하는 학문이라면, 사회경제학은 경제학에 뿌리를 두고 경제학자들이 주로 하는 작업으로 이해해도 무방할 정도로 근접해 있다(정주연, 2005, p. 86). 따라서 둘 사이를 구분하는 것은 많은 부분 무의미하고 비효율적이다. 이는 아래 <표 8-1>의 경제사회학과 사회경제학 비교에서도 잘 나타난다. 두 학문 분야는 학파를 주도하는 학자와 주도하는 학과가 다르다는 점과 주류경제학에 반대한다는 것 외에는 경제와 사회 이해에서 차이가 별로 없다. 따라서 분과과학의 경계를 넘어 두 분야를 통합하는 노력이 필요하다(Hellmich, 2015).

| 표 8-1 | 경제사회학과 사회경제학

	경제사회학	사회경제학
뿌리	사회학	경제학
신고전학파 경제학에 대한 평가	• 경제 행위의 목표: 경제주체는 합리성뿐 아니라 사회성, 지위 등에 영향을 받으면 선택 • 경제적 선택: 예산제약 외에도 다른 경제주체, 사회에 영향 • 제도의 존립 이유: 합리성 외에도 다양한 목적	• 경제 행위의 목표: 경제주체는 합리성뿐 아니라 사회성, 지위 등에 영향을 받으면 선택 • 경제적 선택: 예산제약 외에도 다른 경제주체, 사회에 영향 • 제도의 존립 이유: 합리성 외에도 다양한 목적
경제와 사회의 관계	• 경제는 사회의 한 단면 • 사회 이해 선행	• 경제는 사회의 한 단면
학파의 토대 학자	• 맑스(K. Marx) • 베버(M. Weber) • 뒤르켐(D. É. Durkheim) • 폴라니(K. Polnayi) • 짐멜(G. Simmel)	• 밀(S. T. Mill) • 맑스(K. Marx) • 베버(M. Weber) • 시스몽디(J. C. Sismond) • 프루동(P. J. Proudhon)
주요 학자	• 스멜서(N. J. Smelser) • 스웨드버그(R. Swedberg) • 그라노베터(M. Granovetter)	• 니취(T. O. Nitsch) • 디바인(T. F. Divine) • 뎀시(B. W. Dempsey) • 오보일(E. O'Boyle) • 루츠(M. A. Lutz)
국제 학회	• Society for the Advancement of Socio—Economics	• Association for Social Economics
대표 학술지	• 《Socio—Economic Review》	• 《The Journal of Socio—Economics》 • 《The Review of Social Economy》

자료: Smelser & Swedberg, 2005, pp. 3−15; 박길성·이택면, 2007; Davis & Dolfsma, 2008; 정주연, 2005

2. 사회경제학의 전개 과정

비주류경제학인 사회경제학은 태동부터 학제적 성격을 가졌다. 이러한 특징은 사회경제학의 전개 과정에서 고스란히 나타난다. 사회경제학은 역사학파 경제학은 물론이거니와 고전파경제학에도 학문적 뿌리를 가지고 있다. 또한, 자본주의적 발전과 함께 생긴 다양한 사회문제를 해결하려는 다양한 경제사상적 시도들도 사회경제학의 배경이 된다.

특히 역사적 배경이 되는 사건은 19세기의 프랑스 혁명과 영국의 산업혁명이다. 이에 따라 등장한 공상적 사회주의, 맑스주의, 기독교 사회주의, 산업민주주의 등의 사회 변혁 사상은 사회경제학 태동의 맹아가 되었다. 특히 영감을 준 학자는 베버, 뒤르켐, 맑스 등을 들 수 있다. 이 과정을 통해 사회경제학은 실증경제학보다는 규범 경제학으로의 면모를 갖추며, 도덕적 가치를 경제학의 세계에 도입한다.

현대적 의미의 사회경제학은 20세기 전반기에 미국에서 등장한다. 이 시기 유럽에서 미국으로 이주한 학자들로부터 유럽의 사회학이 미국에 전달되었다. 미국 고유의 사회경제학으로의 발돋움은 제도학파 경제학자 베블렌의 경제학을 빼고는 생각할 수 없다. 이 시기에 주류경제학도 제도의 존재 이유에 대해서 주류경제학의 도구로 설명하려고 노력했다. 그 대표적인 사례가 '코즈의 정리(Coase theorem)'다. 이처럼 신고전파경제학의 미시적 측면에서의 한계에 대해 1930년대 로널드 코즈(R. Coase)와 올리버 윌리엄슨(O. Williamson)이 '거래비용 경제학(transaction cost economics)'을 발전시키자 학계에 큰 반향을 불러일으켰다. 이 시기에 사회경제학은 사회에 대한 설명력과 과학적 엄밀성을 갖춘 검증 가능한 학문으로의 길을 연다(박길성·이택면, 2007: 172).

당시 학자들은 주류경제학의 일반균형으로만 설명할 수 없는 경제 현실에서 경제학의 연구 방법과 그렇게 연구해야 할 이유를 찾았다. 이런 연구를 한 사회경제학자로는 베블렌, 윌리엄슨, 파슨스 등을 들 수 있다. 당시만 해도 경제학과 사회학의 경계가 분명하지 않았지만, 경제학에 대한 사회적 요구가 증대되어 1940년대에 들어서 본격적인 경제학파로 활동한다. 국제사회경제학회가 1941년에 설립되었고, 1942년부터는 학술지도 발간한다.

| 표 8-2 | 사회경제학의 역사적 전개 과정

시기	주요 역사적 사건	내용	주요 학자
맹아기	• 프랑스 혁명 • 영국 산업혁명	• 자본주의 문제점 해결하기 위한 개량적 시도들 등장 • 공상적 사회주의 • 기독교적 경제학	• 베버(M. Weber) • 맑스(K. Marx) • 뒤르켐(D. É. Durkheim)
1920년대 – 1930년대	• 미국에 유럽 사회학 도입	• 미국 제도경제학 등장 • 거래비용 경제학 등장	• 베블렌(T. Veblen) • 파슨스(T. Parsons) • 윌리엄슨(O. Williamson)
1940년대	• 세계대전 • 케인즈경제학	• 학파의 제도적 정비 • 국제적 움직임 • 1941년 학회 설립 • 1942년 학술지 발간	• 오보일(E. O'Boyle)
1950년대	• 전 후의 수정자본주의	• 경제학 내에 공인된 학파로 활동 • 전미경제학회(Allied Social Science Association) 참가	• 폴라니(K. Polanyi)
1970년대	• 선진국의 스태그플레이션 • 통화주의 경제학	• 사회학 내의 하위 분야로 경제사회학 정립, 경제학 내에서 사회경제학 정립 • 사회학 내에서 주류경제학 방법론 도입	• 베커(G. Becker) • 오스트롬(E. Ostrom) • 올슨(M. Olson)
1970년대 – 현재	• 새고전학파 등장 • IT 혁명	• 새로운 경제학 방법론 적용 • 기독교의 영향을 가능한 배제한 중립적 흐름으로 발전 • 사회학이 신경제사회학으로 발전 • 게임이론, 네트워크 분석. 시뮬레이션 등 이 등장 • 조절이론(regulation theory) • 콩방시옹이론(convention) • 집단행위론(theory of collective action) • 동태적 행위자 시스템 이론(actor–system dynamics) • 사회체제론(social systems theory) • 복잡계 이론(complex theory)	• 볼탕스키(L. Boltanski) • 셸링(T. C. Schelling) • 데이비스(J. B. Davis) • 돌프스마(W. Dolsma)

자료: Hellmich, 2015; 홍태희, 2021b; Chavance, 2007; Davis & Dolfsma, 2008

1950년대에는 경제사회학의 주요한 성과들이 사회경제학에 이식되면서 다양한 학문적 시도가 나타난다. 특히 맑스주의, 슘페터주의, 폴라니주의, 베블렌주의, 다원주의 등의 학문적 전통이 사회경제학에 접목되었다(박길성·이택면, 2007, pp. 55-). 이후 20세기 후반부에 와서 주류경제학의 한계를 넘어서는 다양한 시도들이 신제도경제학, 행동경제학, 게임이론, 법경제학 등으로 본격적으로 등장한다. 이 중에 사회경제학의 발전에 큰 계기가 된 것은 거래비용 경제학, 진화경제학, 네트워크 이론 등이다.

1980년대에 들어와서 사회경제학은 신고전파경제학에 반대하는 비주류경제학으로의 면모를 갖추었다(Hellmich, 2015, p. 6). 현재 사회경제학은 환경문제, 여성 문제, 사회적 약자 문제, 빈부 격차 문제, 도시 문제, 건강 문제, 교육 문제, 기업 문제, 자본주의 다양성 등으로 점점 더 연구 범위를 확장하고 있다. 특히 학제적이고 다원적인 경제학파로 발전하면서 경제학의 전 영역에 연구의 틀을 마련했고, 다양한 비주류경제학을 포괄하면서 주류경제학의 한계를 극복하는 대안 경제학의 면모를 갖추어가고 있다.

Ⅲ. 사회경제학의 정체성과 특징

1. 사회경제학의 정체성

경제학이 사회과학에서 독립하여 고유한 분과 학문으로 명명된 지가 오래지 않기 때문에 무엇이 사회경제학이라고 정확하게 정의하는 것은 어렵고, '사회적'이라는 수식어의 해석에 따라 정의가 달라질 수도 있다(김의영 외, 2016, pp. 129-). 그러나 잠정적으로나마 정의를 내리자면 사회경제학은 비주류경제학의 일종으로 사회의 여러 가지 측면이 경제에 미치는 영향을 고려하려는 경제학이다. 아울러 시장경제 외의 경제활동, 즉 제3 섹터, 비영리 조직, 연대 경제 등의 사회적 경제에 관한 경제학도 사회경제학이라고 할 수 있다(Davis & Dolfsma, 2008).

이처럼 사회경제학은 기존의 경제학이 인간의 사회적 측면을 충분히 고려하지 못한 경제학이라는 비판하며, 주류경제학의 초 사회적 경제주체인 합리적 경제인 가설에 이의를 제기하고, '제약하의 최적화'를 경제 연구의 목적으로 하는 신고전파경제학에 반대하는 경제학이다.

사회경제학이 제시하는 경제주체는 사회의 제약을 받지만, 사회를 변화시키는 주체인 보통 사람이다. 그리고 이 사람은 고립된 개인이 아니라 서로 연결된 존재이다. 따라서 이들이 같이 사는 세상에서 발생하는 경제 현상을 연구하는 것은 경제적 요소뿐 아니라 사회적 · 역사적 문화적 요소도 고려해야 한다고 주장한다. 이들에게 사회는 제도의 총화이다. 따라서 경제분석에 제도와 제도의 역사적 변화와 그것이 경제에 미치는 영향을 강조한다. 아울러 사회의 제약을 받으면서도 사회를 변화시켜가는 주체인 인간과 그들의 사회에 관한 연구에는 윤리적 가치도 중요하다고 주장한다.

대표적인 사회경제학자 루이스 힐(L. E. Hill)은 사회경제학을 ① 사회적 약자의 경제 문제를 해결하기 위한 가치 지향적 학문, ② 문제 해결을 위한 혁명적 방법보다 점진적 개선을 선호하는 학문, ③ 연구자의 활동가적인 태도가 요구되는 학문, ④ 전체주의적 관점에서 사회를 인식하고 주류경제학의 환원주의에 반대하는 학문, ⑤ 사회를 유기체로 이해하고 접근하는 학문으로 규정한다(Hill, 1990).

에드워드 오보일(E. O'Boyle)이 편집한 대표적인 사회경제학 교재 『사회경제학(*Social economics*)』에는 사회경제학의 특징을 신고전파경제학의 기본전제에 대한 이의를 제기하는 것에 있다고 한다. 그에 따르면 사회경제학은 ① 고립된 개인인 경제주체, ② 경제행위의 목적이 이기적인 자기 이익 추구, ③ 보이지 않는 손의 조화로운 기능, ④ 시장기구를 통해서도 공공재도 잘 제공한다는 주류경제학의 주장에 반대하는 학문이다(O'Boyle, 1996). 이처럼 사회경제학은 도덕적 기준도 중요시하는 경제학파로 경제 문제 해결에 있어서 시장주의를 전면에 내세우는 신고전파 주류경제학에 반대하는 비주류경제학이다.

2. 사회경제학과 주류경제학

사회경제학의 특징을 신고전파 주류경제학과의 비교를 통해서 살펴보자(Johnson, 2017). 먼저 신고전파경제학과 경제사회학을 비교하면 <표 8-3>에서 보듯이 학문적 뿌리가 사회학과 경제학으로 다르다. 그러나 경제사회학에서는 경제행위의 목적이 개인의 합리성에 의한 이익 추구만이 아니라 사회적 역할이나 사회적 관계에서 주어지는 것이다. 신고전학파가 개인의 경제행위에 제약을 주는 것을 예산제약으로 보는 것에 비해 경제사회학에서는 예산제약은 물론 다른 경제주체의 상황이나

사회의 평가 등에 영향을 받는다고 본다. 사회에 제도가 있는 이유를 신고전파경제
학은 비용 절감을 추구하는 합리성에 두지만, 경제사회학은 합리성 외에도 역사, 관
습이나 문화 등의 이유를 든다. 또한, 경제와 사회의 관계에 대해서도 경제를 사회
의 한 측면으로 보는 경제사회학과는 달리 신고전파 주류경제학은 경제를 사회와
분리해서 파악한다.

연구의 진리성 확보 방법도 경제사회학은 통찰력 있는 서술을 제시하지만, 신
고전파경제학은 논리적 엄밀성과 실증과 가설 연역법을 택한다. 분석 방법에서도
경제사회학은 질적 분석, '서베이(survey)', '필드 워크(field work)'를 고루 사용하
지만, 신고전파경제학은 양적 분석, 가설 연역 방법을 선호한다.

| 표 8-3 | **경제사회학과 신고전파경제학**

	경제사회학	신고전파경제학
뿌리	• 사회학	• 경제학
경제 행위의 목적	• 합리성 추구 • 사회성과 사회적 지위 반영	• 합리성 추구
선택의 제약	• 예산제약 • 다른 경제주체 • 사회	• 예산제약
제도의 목적	• 합리성과 기타 다양한 이유	• 합리성
경제와 사회	• 경제는 사회의 한 단면	• 경제 현상만 주로 분석
진리성 확인 방법	• 통찰력 있는 서술	• 논리적 일관성 • 실증
분석 방법	• 질적 분석, 서베이(survey) • 필드 워크(field work)	• 양적 분석 • 가설·연역 방법
주요 학자	• 맑스(K. Marx), • 베버(M. Weber) • 뒤르켐(D. É. Durkheim) • 폴라니(K. Polanyi) • 파슨스(T. Parsons)	• 스미스(A. Smith) • 피구(A. Pigou) • 마셜(A. Marshall) • 왈라스(L. Walras)

자료: Davis & Dolfsma, 2008; 정주연, 2005, pp. 86-89; 박길성·이택면, 2007, pp. 47-52

아래 <표 8-4>는 사회경제학과 신고전파경제학을 비교한 것이다. 사회경제학은 신고전파경제학과 경제학에 뿌리를 둔다는 점은 같지만, 경제에 대한 이해나 경제학 방법론이 다르다. 경제란 용어의 적용 범위가 신고전파경제학은 시장에서의 경제활동으로 제한된 것에 비해 사회경제학은 시장경제는 물론 제3 섹터 경제, 연대 경제, 사회적 경제도 대상으로 한다.

특히 사회경제학은 구조주의 철학을 받아들이고 사회구성주의적 관점에서 경제 문제에 접근하지만, 신고전파경제학은 사회계약설에 의해 합의된 사회를 전제한다. 신고전파경제학의 핵심 이론이 일반균형이라면 사회경제학의 대표적인 이론은 네트워크 이론이라고 할 수 있다. 아울러 사회경제학은 규범 경제학적 요소가 강하고 경제학에 윤리적 요소를 가미한다. 따라서 경제철학적 배경에도 신고전파경제학이 공리주의와 실용주의를 배경으로 하지만 사회경제학은 칸트의 도덕 철학을 수용한다.

인간 이해에도 사회경제학은 인간을 도덕적 가치와 쾌락주의 사이에 갈등하는 존재로 본다. 또한, 실용주의와 도구주의적 배경도 가지고 있다. 따라서 사회경제학은 인간을 공익과 사익 사이에 놓인 존재로 보지만, 신고전파경제학에서 인간은 사익을 우선적으로 추구한다. 신고전파경제학이 사회의 구성단위를 개인에 국한하는 것에 비해, 사회경제학에서 사회는 개인은 물론 사회의 공동체도 사회를 만든다. 신고전파의 연역적 분석 방법보다 사회경제학은 학제적으로 접근하면서 다양한 방법론을 사용하고, 규범적 분석도 포함한다. 도덕적 가치를 경제학에 적용하려는 사회경제학이 경제학 연구의 목적을 사회의 안정적인 재생산으로 두지만, 신고전파경제학은 희소한 자원의 최적 배분에 초점이 맞추어져 있다.

| 표 8-4 | 사회경제학과 신고전파경제학

	사회경제학	신고전파경제학
뿌리	• 경제학	• 경제학
경제 범위	• 광의	• 협의
사회 구성	• 사회구성주의	• 사회계약설
핵심 이론	• 네트워크 이론	• 왈라스 일반균형
인간 이해	• 도덕적 가치와 쾌락 사이에 갈등하는 존재 • 공익과 사익 사이에 갈등하는 존재	• 자기 이익(효용)을 극대화하는 존재 • 사익을 극대화하는 존재
사상적 배경	• 칸트 도덕 철학 • 실용주의 • 도구주의	• 공리주의 • 실용주의
경제주체의 선택	• 합리성의 제한	• 합리적이고 논리적 기준으로 선택
사회의 구성단위	• 개인과 공동체	• 개인
사회적 의사결정	• 제도와 사회 집단	• 경쟁과 이기심 추구
분석 방법	• 학제적, 귀납적	• 연역적
이론과 현실의 관계	• 연결	• 분리
경제 연구 목적	• 사회의 재생산	• 희소한 자원의 효율적 배분
학문적 기원	• 밀(J. S. Mill) • 시스몽디(J. C. Sismondi) • 맑스(K. Marx) • 베버(M. Weber) • 뒤르켐(D. É. Durkheim) • 폴라니(K. Polanyi)	• 스미스(A. Smith) • 왈라스(L. Walras) • 마샬(A. Marshall)

자료: Hellmich, 2015, pp. 5-6; 정주연, 2005, pp. 86-89; 홍태희, 2021b; Johnson, 2017

3. 사회경제학 경제사상의 특징

사회경제학의 특징을 사회경제학의 배경이 되는 경제사상을 통해 살펴보자. 사회경제학에는 맑스의 경제사상, 폴라니의 경제사상, 슘페터의 경제사상, 베블렌의 경제사상, 기독교의 사회사상이 배경이 되고 있다. 이러한 경제사상은 현재 경제학파로 독립해서 맑스경제학, 슘페터리언(schumpeterian) 경제학 혹은 진화경제학, 폴라니언(polanyian) 경제학, 베블렌주의(veblenian) 경제학 혹은 제도경제학, 종교경제학으로 자리 잡고 있다. 이를 통해서도 사회경제학의 다원주의적 성격이 잘 나타난다.

각 사회경제학 분파와 신고전파경제학과의 비교는 아래 <표 8-5>에 정리되어 있다. 먼저 맑스경제학의 영향을 받은 사회경제학은 신고전파경제학과 자본주의에 대한 인식부터 다르다. 신고전파경제학은 자본주의가 인간의 자연적 본능에 충실하면서도 시장과 사유재산제도를 통해 사회를 잘 관리하고 발전하게 하는 체제로 보는 것에 비해, 맑스주의 사회경제학에서 자본주의는 생산력의 발전은 가져왔지만, 모순과 갈등이 존재하며 사회의 경제 문제를 잘 해결하지 못하는 것으로 본다. 인간을 자유로운 존재로 설정한 신고전파경제학과는 달리 맑스주의 전통을 가진 사회경제학에서 인간은 계급적 사회관계에 구속된 부자유스러운 존재이다. 아울러 맑스주의 사회경제학은 시장을 착취가 발생하는 제도로 보는 것에 비해, 신고전파경제학에서 시장은 개인의 이익을 극대화할 수 있는 제도이다. 신고전파경제학의 시간 개념은 논리적이며 가역적이고 몰역사적인 것에 비해, 맑스주의 사회경제학의 시간은 실재적이고 불가역적이며 역사적이다(박길성·이택면, 2007).

폴라니의 영향을 받는 사회경제학에서도 신고전파경제학과의 차이가 뚜렷이 나타난다. 폴라니에게 경제행위는 두 가지로 이해된다. 하나는 신고전파경제학처럼 제약하의 최적화 행위를 하는 것인데 이는 형식적 경제행위라고 한다. 다른 하나인 실질적인 경제행위는 살아가기 위해서 타인과 환경과 상호작용하는 것을 말한다. 또한, 시장경제를 인간 본성과 역사적 과정에서 자연스럽게 발생한 것으로 보는 신고전파경제학과는 달리 폴라니는 시장을 인위적으로 만들어진 제도로 이해했다.

| 표 8-5 | 사회경제학과 신고전파경제학 비교

분파		사회경제학	신고전파경제학
맑스주의 사회경제학	자본주의	• 모순과 갈등, 인간 소외를 조장한 제도	• 시장과 사유재산 제도를 바탕으로 경제적 부의 증대 • 효율적인 제도
	인간	• 계급관계와 사회관계 속에 있는 존재	• 자신의 이익을 극대화하는 존재
	시장	• 착취가 발생하는 사회적 장소	• 개인의 이익 극대화가 이루어지는 장소
	시간	• 실재적, 역사적, 불가역적 시간	• 논리적, 몰역사적, 가역적 시간
폴라니언 사회경제학	경제 개념	• 형식적 개념: 제약하의 최적화 • 실질적 개념: 생계를 유지하기 위해 타인과 환경과의 상호 작용하는 것	• 제약하의 최적화
	개념적 도구	• 피구속성(embeddedness) • 통합형식(forms of integration)	• 부분균형 • 일반균형
	시장	• 역사적 • 인위적으로 등장	• 초역사적 • 인간의 본성에 따라 자연스럽게 등장
	경제 행위 목적	• 개인적 동기가 관습과 제도로 제어됨	• 개인의 최적화 선택
	경제 제도 존립 원칙	• 사회가 처한 정치·사회·문화적 여건 속에서 결정	• 효율성
슘페터리언 사회경제학	분석방법론	• 다원적 방법론(역사주의 경제학 방법, 실증주의 방법)	• 실증주의 연구 방법 • 가설·연역 방법
	경제주체 이해	• 방법론적 개인주의	• 방법론적 개인주의
	경제 과정	• 불균형의 연속	• 균형으로 가는 과정
	완전경쟁	• 존재하지 않음	• 존재함
베블레니언 사회경제학	경제 분석	• 변화과정 분석	• 균형 분석
	경제적 결정	• 관습, 계약, 문화, 법, 사회적 제도	• 시장기구
	거래비용	• 존재	• 존재
	경제인 특성	• 비합리적 개인이 다양한 동기(도덕 적 동기 포함) 추구	• 합리적인 개인이 자기 이윤 추구
기독교적 사회경제학	자본주의 기원	• 기독교	• 임노동의 등장, 자연 발생적임
	경제인의 덕목	• 성실, 청빈, 이웃 사랑	• 이기심, 이익 극대화
	경제성장	• 생산요소, 종교	• 생산요소, 자본축적

자료: 박길성·이택면, 2007, pp. 79-133; 홍태희, 2021b; 정주연, 2005

따라서 폴라니에게 경제는 독립적인 체계가 아니다. 사회를 이루는 일부에 불과하다. 이를 따르는 폴라니언 사회경제학에서는 개인의 경제행위가 관습이나 전통, 제도 등에 의해서 제어된다고 본다. 이에 비해 신고전파경제학은 개인의 합리성에 따른 최적화 행위가 가능하다고 본다. 아울러 제도의 존재 이유에 대해서도 신고전파경제학이 효율성을 강조하는 것에 비해 폴라니언 사회경제학에서는 한 사회의 역사적 · 정치적 · 경제적 · 사회적 조건 속에서 결정된다고 했다. 이들은 이것을 '피구속성'이라고 명명한다. 신고전파경제학이 '경제주의적 오류(economistic fallacy)'를 범한다고 비판하면서, 생산과 분배를 조직하는 통합형식에서 호혜성, 재분배, 교환의 특징을 강조한다(Polanyi et al. 1957, p. 270).

슘페테리언의 경제사상은 진화경제학과 함께 사회경제학에 지대한 영향을 미쳤다. 이들에 영향을 받은 사회경제학은 다른 사회경제학 분파와는 달리 신고전파의 방법론적 개인주의를 어느 정도 받아들인다. 그러나 구체적으로 살펴보면 차이는 분명하다. 신고전파경제학이 경제 과정을 균형으로 가는 과정으로 본 것에 비해 이들은 불균형의 연속으로 본다. 분석 방법에서도 신고전파경제학의 실증주의와 가설 연역 방법을 사용하지만, 슘페테리언 경제학에서는 역사주의 경제학의 방법론은 물론 주류경제학의 방법론과 기타 다양한 경제학 방법이 용인된다. 또한, 완전경쟁시장을 가정하는 신고전파경제학에 비해 슘페테리언 사회경제학은 완전경쟁을 전제하지 않고, 완전경쟁이 가능하다고 생각하지도 않는다. 이런 차이는 사회경제학이 신고전파경제학과는 다른 정체성을 가지며 다른 연구 방법이나 배경을 가진 경제학파라는 것을 보여준다.

아울러 사회경제학은 실용주의와 도구주의적 경제철학을 가지고 있다는 점에서 제도경제학과 공통점이 있고, 사회경제학 내에서는 베블렌의 전통을 잇는 베블레니언 사회경제학도 있다. 특히 코먼스는 제도경제학의 입장에서 노동 문제를 연구하여 사회경제학의 지평을 넓혔다. 비합리적 개인이 다양한 동기(도덕적 동기 포함)를 추구하며 경제 행위를 한다는 점을 강조한 베블레니언 사회경제학은 제도경제학과 사회경제학의 연결고리가 되고 있다.

또한, 신고전파경제학도 사회 문제에 관심을 가지고 등장한 '신사회경제학(new social economics)'도 넓은 의미에서 사회경제학으로 이해된다. 이를 정초한 베커는 방법론에서 한계를 보이기는 하지만 경제학의 분석 대상이 사회 전반으로 확장되는 것에 이바지했다(Becker & Murphy, 2001). 또 다른 사회경제학의 전통은

'기독교적 사회경제학(catholic social economics)'이다. 막스 베버의 종교사회학의 영향은 사회학을 거쳐 경제학에도 전달되었고, 종교와 자본주의의 관계에 대한 규명이 학문적 연구 대상이 되었다. 기독교적 사회경제학은 교황 레오 13세로부터 시작되었다. 이 분파는 기독교의 윤리관인 이웃 사랑의 실천으로 경제적 약자의 복지를 위한 공공의 역할을 강조한다(정주연, 2005, p. 96). 종교와 과학을 배타적으로 이해하는 시대적 분위기로 1970년대 후반에 와서는 사회경제학에 종교적 색채가 희석되었지만, 현재 국제사회경제학회가 도덕적 가치를 강조하는 것으로도 그 뿌리에는 여전히 기독교의 영향이 있다는 것이 확인된다.

사회경제학의 중요한 학문적 배경은 경제진화론이다. 진화론적 경제학의 태동은 슘페터로부터 시작된다고 한다. 그러나 좀 더 근본적으로 살펴보면 찰스 다윈의 생물진화론이 그 배경에 있다. 이것이 경제학으로 전파되면서 경제진화론으로 발전한다. 경제를 유기체로 보는 경제진화론에 따르면 경제 현상은 몇몇 특정 원인의 직접적 결과로만 생기는 것이 아니다. 경제 현상은 경제적 · 정치적 · 환경적 · 문화적 조건의 상호 작용으로 중층 결정된다(England, 1994, p. 7).

이런 이해 방식은 환원주의적 인식론을 가지고 있는 신고전파경제학과 전적으로 다르다. 진화론적 사회경제학에서는 경제학 연구 목적을 경제의 진화해가는 실제적 메커니즘을 밝히는 것으로 본다. 따라서 신고전파경제학처럼 가설을 세우고 이를 실증하고 예측하는 것을 비판한다.

사회경제학의 또 다른 축은 구조주의 경제학과 상통하는 네트워크 이론이다. 사회적 관계망인 네트워크 이론은 경제분석에서 사회적 맥락을 강조하는데 사회적 맥락 속에 놓여 있는 구조를 도외시하고는 올바른 연구를 할 수 없다고 주류경제학을 비판한다. 이 외에도 사회경제학에는 거시경제와 미시경제로 양분된 경제학에 '중 범위 경제학'도 포함되어야 한다는 문제의식과 경제학 제국주의를 극복해야만 올바른 경제학이 될 수 있다는 비전도 포함되어 있다.

게임이론이나 실험경제학도 사회경제학의 범주에 들어갈 수 있다. 특히 경제의 기제들이 경제학만으로 접근할 수 없으며 다양한 분과과학 특히 생물학이나 심리학 뇌과학 등의 결과를 응용한 행동경제학도 크게는 사회경제학의 범주에 속한다(Young, 2017). 또한, 선형적 인과관계를 배경으로 하는 주류경제학의 한계를 극복하려는 다양한 시도들과 복잡계 경제학, 생태경제학, 여성주의 경제학 등도 사회경제학 속에서 융합되어 성장하고 있다.

　이러한 사회경제학의 다양한 내용 속에서도 공통점이 있다면 신고전파경제학에 반대하며 사회의 영향을 받는 인간으로부터 경제를 이해하고, 이윤 극대화가 아니라 여러 가지 가치의 혼합 속에서의 선택으로 경제행위의 목적을 현실화한다. 또한, 경제에서도 도덕성과 윤리성을 강조한다. 이처럼 경제학이 사회와 접목되면서 사회경제학으로 지칭될 때 가지는 특징은 무엇보다 경제를 경제만으로 분석하는 것은 지양되어야 한다는 것이고, 다음으로 경제는 효율성만이 아니라 다양한 잣대를 가지고 돌아간다는 것에 대한 인식이다. 이를 지지하는 사회경제학은 다원주의적 관점을 가진 비주류경제학의 종합이며, 학제적 학문으로의 정체성을 가지고 있다(Dolfsma, Hands & McMaster, 2019).

Ⅳ. 사회경제학과 사회적 경제

1. 사회적 경제의 등장과 사회적 경제학의 이념

　주류경제학의 한계에 대한 비판과 기존의 경제 운용방식이나 경제학에 대한 비판은 다른 경제학과 다른 경제 운영 방식을 요구하고 그 대안으로 등장한 것이 사회경제학과 사회적 경제이다. 사회적 경제는 사회적 목적을 위한 경제활동을 지칭한다. 따라서 국가와 시장 사이에서 경제적 요소와 사회적 요소를 모두 포함한 경제를 말한다.3) 사회경제학을 시장경제에 포함되지 않은 사회의 각종 경제활동도 연구하는 학문이라고 본다면 사회적 경제와 사회경제학의 관계는 분명하다. 사실 제3 섹터 경제나 협동조합, 연대 경제, 비영리 경제단체 같은 것은 큰 틀에서는 사회경제학의 연구 대상이기도 하다(Davis & Dolfsma, 2008).

　따라서 사회적 경제는 사회경제학이 현실 경제에 접목된 형태로 볼 수도 있다. 나라마다 지역마다 시기마다 차이는 있지만, 사회적 경제는 상호성과 연대의 가치를 존중하며, 기독교적 사회경제학이나 폴라니언 사회경제학의 영향을 특히 많이 받으며 대안 운동으로 성장했다. 사회적 경제는 신고전파경제학으로는 설명할

---

3) 정태인·이수연은 경제를 시장경제, 공공경제, 사회적 경제, 생태경제의 네 영역으로 나눈다. 주류경제학의 대상은 네 영역 중 하나인 시장경제이며, 사회적 경제는 상호성의 원리에 따라 공동체가 연대의 가치를 실현하는 경제라고 한다. 그리고 이에 대한 경제학을 '협동의 경제학'이라 한다(정태인·이수연, 2013, pp. 171-172).

수 없는 사회적 현상으로 기본적으로 무한 경쟁과 적자생존이 아니라 공생하며 공존하는 상호호혜의 경제를 지향한다. 따라서 경제 운영 방식이 이윤이 아니라 사람에 맞춰 있다. 또한, 호혜적 경제를 실현하기 위해 정부만이 아니라 사회의 각 단위, 즉 개인, 공동체, 지역이 나서서 문제를 해결해나간다고 본다. 이러한 사회적 경제는 제3 섹터, 비영리 조직, 자원봉사, 연대 경제라는 개념으로 이해되기도 한다(김의영 외, 2016; 장원봉, 2006).

현재 사회적 경제는 사회경제학의 영역을 넘어 사회적 경제학으로 독자적 영역을 구축하고 있는데, 지역마다 나라마다 나타나는 차이에도 불구하고 나타나는 공통점은 인간의 삶과 사회적 맥락과의 연계를 주목한다는 점이다. 그리고 시장경제뿐 아니라 가계, 공동체 등의 비시장적 영역에서 이루어지는 비영리적 경제활동과 돌봄 노동이나 자원봉사와 같이 화폐로 쉽게 환산될 수 없는 경제활동, 그리고 환경문제, 복지 문제도 고려한 경제를 주목한다. 이에 따라 사회적 경제는 '이익보다 사람 우선의 원칙', '연대와 책임의 원칙', '민주적 운영', '독립적 운영', '이익의 공유화' 등의 원칙을 가지고 있다(고동현 외, 2016, pp. 62-63).

이런 원칙은 신고전파 주류경제학이 제시하는 경제의 원칙과는 다르므로 이를 위한 경제학이 주류경제학과는 다른 경제학을 요구한다. 따라서 사회적 경제학은 사회적 경제의 다양한 사례를 분석하여 신고전파경제학의 제한 속에서의 최적화가 아니라 인간이 생존이 가능한 경제 운용을 연구하고, 이윤 외에도 민주주의, 양성평등, 사회적 약자의 권익 강화, 국제적 연대, 환경 보호, 지속 가능한 발전 등의 가치를 추구하는 경제정책을 제시한다.

2. 사회적 경제의 현실적 적용 원칙

사회경제학의 현실적 적용의 형태인 사회적 경제가 현대사회에서 자리매김하기 시작한 것은 1970년대 이후이다. 사회적 경제에는 조직의 운영 방식과 운영 원칙에 따라 신용조합, 협동조합, 공제조합, 결사체, 연대 경제, 자조자립 경제, 사회적 경제, 제3 섹터 경제, 공동체 경제, 지역 경제, 도덕 경제, 자선단체 등으로 다양하게 나타난다(김의영 외, 2016). 최근 '신사회적 경제(new social economy)'라고 불리며 많은 관심을 받으며 등장한 것이 사회적 기업과 사회적 협동조합이다.

대표적인 조직인 국제협동조합 연합(International Co-operative Alliance)의 기

본 원칙인 '민주의 원칙', '독립의 원칙', '장려와 지원의 원칙', '연대의 원칙'은 사회적 경제가 어떻게 운영되는지 보여준다. 2022년 현재 ICA에는 세계 112개국 318개 협동조합 단체가 속해 있으며 거의 10억 명의 개인 회원이 소속되어 있다(2022.2.28 ICA 홈페이지 검색). 아래의 <표 8-6>은 기존의 경제 조직 운영과는 다른 사회적 경제의 운영 원칙을 보여준다(홍태희, 2011b).

| 표 8-6 | 국제 협동조합회의 운영 지침

---

1. 자유롭고 개방된 조직(Voluntary and Open Membership)
2. 구성원 간의 민주적인 의사결정(Democratic Member Control)
3. 구성원의 경제 문제 해결을 위한 협동(Member Economic Participation)
4. 자율과 독립성의 보장(Autonomy and Independence)
5. 교육, 숙련, 정보를 공유(Education, Training and Information)
6. 구성원 사이의 협동(Co-operation among Co-operatives)
7. 공동체 중심(Concern for Community)

자료: http://www.ica.coop/coop/principles.htm; 홍태희, 2011b

자본주의 사회에서 사회적 경제 적용의 또 다른 대표적인 조직은 사회적 가치와 경제적 가치를 동시에 실현하고 있는 '사회적 기업'이다. 사회적 기업은 공익과 사익을 동시에 추구하는 경제주체로서 기존의 경제학에서는 인정하지 않던 경제주체이다. 사회경제학은 슘페터의 전통에 따라 자본주의 체제의 변동 과정에서의 기업가의 역할을 주목하는데, 여기에서 한 발 더 나가서 사회적 기업은 이윤 추구를 위한 자기 혁신만이 아니라 현실 경제를 지탱하기 위한 완충 역할도 하고 있다.[4]

사회적 경제의 또 다른 적용은 '연대 경제(solidarity economy)'이다. <표 8-7>에서 보듯이 연대 경제는 경쟁을 통한 시장기구의 작동을 경제 운영의 중심에 두지

---

4) 사회적 기업은 1970년대부터 전 세계적으로 증가하고 있는데 한국에서도 꾸준히 증가하고 있다. 프랑스의 앙비(Envie), 미국의 루비콘 프로그램즈(Rubicon Programs Inc.), 영국의 빅 이슈(The Big Issue, 영국), 이탈리아의 라 스트라다 디 피아자 그랜드(La Strada di Piazza Grande), 한국의 아름다운 가게가 대표적인 기업이다(홍태희, 2011b).

만, 협동과 연대를 통한 상호성의 원리도 강조하면서 호혜적 경제의 가능성을 연다. 이러한 연대 경제에는 폴라니언 사회경제학이 핵심 이론으로 작용하고 있다.

이처럼 사회적 경제는 사회경제학이 강조하는 도덕적 가치를 경제에 직접 적용한다. 이에 대한 사회적 경제의 대표적인 사례가 '공정 무역(fair trade)'이다. 이는 주류경제학과 주류적 국제 거래 방식이 공정하지 않다는 지적과도 연관된다. '공정하다'라는 것은 생산, 판매, 소비의 전 과정에 걸쳐 사람과 자연에 공정하다는 것을 의미한다. 이처럼 '세계 공정무역기구(World Fair Trade Organization, WFTO)'가 제시하는 '경제적 약자인 제3 세계 생산자 보호', '경영의 투명성과 책임성', '경제적 자립 능력 강화', '공정한 거래 촉진', '공정 가격 지급', '양성평등', '아동노동 권리 보호', '환경 보호', '생산자 보호를 위한 호혜적인 금융'의 10대 원칙에는 사회적 경제학이 지향하는 경제의 운영 방식이 잘 나타난다(World Fair Trade Organization, WFTO, 홈페이지). 이 같은 원칙은 주류경제학에서는 비경제적인 원칙으로 해석되지만, 인류의 긴 역사에서 늘 가졌던 경제 운영의 원칙이었다는 것이 사회적 경제학이 던지는 메시지이다. 이처럼 사회적 경제학을 사회경제학의 하위 분과로 볼 때 사회경제학은 광의로 보아서는 현실 경제에 관한 주류경제학의 이해가 미치지 못하는 영역인 사회적 경제에 관한 연구도 포함하고 있는 경제학으로 볼 수 있다.

| 표 8-7 | **연대 경제의 원칙과 종류**

연대 경제의 원칙	연대 경제의 종류
• 연대, 상호부조, 협동 • 인종, 민족, 국적, 계급, 성별 모든 면에서의 평등 • 이윤 추구, 통제 불가능한 시장을 넘어선 복지에 대한 자각 • 지속가능성 고려 • 사회적 · 경제적 민주주의 추구 • 다원주의와 유기체적 접근, 차이 허용, 아래로부터의 변화 수용	• 공동 소유를 통한 연대 • 공동 주거를 통한 연대 • 물품 직거래 연대 • 지식과 정보 공유 연대 • 국제적 공정 교역 연대 • 대안적 금융 연대

자료: Solidarity Economy Network 홈페이지, http://ussen.org/solidarity/what; 홍태희, 2011b

V. 사회경제학의 기여와 한계 그리고 과제

1. 사회경제학의 기여

사회경제학은 경제학의 한 학파이지만 경제학이 태어난 고향 같은 곳이다. 이들의 등장만으로 주류경제학의 한계를 보완하거나 극복할 가능성이 열릴 만큼 이들의 관점은 경제학에서는 근본적이다. 주류경제학도 이 점을 인지하고 있고 결국 더 많은 변수를 적절히 사용하여 사회의 모습을 제대로 그리려는 노력을 하지 않을 수 없다. 이들의 기여를 살펴보면 다음과 같다.

첫째, 사회경제학은 '경제학에게 사회과학적 기반'을 제공했다(Hellmich, 2015, p. 7). 다원주의적 이해와 학제적 접근을 통해 고립된 경제학을 열린 경제학으로 만들어 현실 사회문제를 해결하는 것에 구체적인 대안을 제시할 가능성을 열었다(홍태희, 2021b). 이런 과정에서 사회과학 전반의 긍정적 발전에도 이바지했다.

둘째, 학문적으로는 경제학 제국주의라는 사회과학계의 비판에서 경제학을 자유롭게 했고, 타 학문 분야의 긍정적 성과를 흡수하면서 사회과학과 경제학의 동시적 발전에 이바지했다. 이에 따라 사회경제학은 주류경제학이 묵과하던 경제학의 한계를 넘기 위해 경제학의 범위를 넓히고, 타 학문과의 유기적 연대를 통해 학제적 작업으로 경제 문제 해결을 위한 대안 제시에 이바지했다. 이를 통해 사회경제학은 실제 사회뿐 아니라 학문 세계의 민주적 운영 가능성을 제공한다.

셋째, 사회경제학은 경제학 연구 방법의 다양화에도 이바지했다. 양적 분석만이 아니라 다양한 질적 분석도 사용했고, 사회과학 연구의 최신 방법론도 사용하게 했다. 이처럼 사회경제학은 기존 경제학의 한계를 넘어선 대안경제 이념을 제시하고 경제 문제의 해결을 위한 구체적인 전략과 장기적인 비전을 보여준다(Hedtke, 2014).

넷째, 사회경제학은 시장경제를 넘어선 경제에 대한 분석을 가능하게 하면서 시장경제와 추상적인 수준에 묶였던 경제 개념을 현실적인 개념으로 바꾸고, 경제 행위를 일상의 경제활동으로 돌리면서 실재성을 확보하게 했다.

다섯째, 사회경제학은 경제 행위와 경제 제도의 관계 및 그것의 윤리적 영향을 해명함으로써 실제 경제 문제 해결을 위한 현실적 방안을 제시한다. 이는 사회적 경제의 발전으로 나타났다. 이러한 사회경제학은 이러한 학문적 노력으로 위기 속에 있는 자본주의 경제 문제를 해결할 방안과 경제학의 위기를 극복할 대안경제학이 될 가능성을 열고 있다.

2. 사회경제학의 한계와 과제

용어 자체의 혼선부터 학파의 정체성에 이르기까지 학파를 체계화하지 못한 사회경제학은 현재로는 주류경제학을 넘어서지 못하는 비주류경제학에 머물고 있다. 이런 사회경제학의 한계와 그에 따른 과제를 정리하면 다음과 같다.

첫째, 사회경제학이 여전히 비주류경제학에 머무르고 있단 점이다. 사실 사회경제학은 아직 주류경제학에 대적할 학문적 축적, 학문체계, 학자 수는 물론 사회적 지지도 받지 못하고 있다. 이는 사회경제학이 대안적 MSRP로의 완결성을 갖지 못하고 있다는 점을 시사한다.

둘째, 이론적인 완성도 문제이다. 사회경제학은 원론적 수준에서 신고전파경제학을 비판하지만, 구체적 연구에서는 어디까지 주류경제학을 받아들이고 어떤 점은 양보할 수 없는지에 대한 경계가 불분명한 측면이 있다. 따라서 이론적인 얼개를 확실히 정비할 필요가 있다. 현재 사회경제학 연구는 많은 부분 경험적 연구에 집중되어 있다. 이를 총괄하여 전체 경제 문제를 유기적으로 파악하고 재단할 수 있는 이론 체계가 필요하다(Hellmich, 2015, p. 5).

셋째, 사회경제학의 연구방법론 문제이다. 주류경제학의 방법론을 벗어나서 질적 분석이나 서베이, 복잡계 등을 통해 연구방법론을 발전시켰지만, 그간의 노력에도 불구하고 현재로서는 설득력 있는 연구방법론의 체계를 갖추지 못하고 있다. 따라서 사회경제학은 계량화될 수 없는 가치도 인정해야 한다고 주장에 그치지 말고 계량화할 수 있는 것은 최대한 계량화하는 노력을 해야 한다.

넷째, 사회경제학은 주류경제학 및 기타 비주류경제학과의 관계 설정을 분명하게 해야 한다. 특히 제도경제학과의 관계 재설정도 필요하다. 사실 사회경제학과 제도경제학은 철학이나 방법론, 연구 목적이 매우 흡사하다(홍태희, 2021b). 따라서 좀 더 유기적 결합을 시도할 필요가 있다. 동시에 타 사회과학, 특히 경제사회학과의 유기적 연대나 통합은 대안경제학으로의 위치를 확고하게 하기 위해서도 이루어져야 한다.

다섯째, 사회경제학은 사회적 경제학과의 관계를 재정립할 필요가 있다. 대안

운동의 배경이 되는 실천적 성격의 사회적 경제학은 이론적 성격의 사회경제학과 차이가 있다. 그러나 학파로서의 사회경제학과 현실적 대안인 사회적 경제 사이에 서로 견인하여 상생하는 고리를 만들어 갈 필요가 있다. 왜냐하면, 경제 문제를 해결하기 위해서는 일회적이거나 일시적인 것이 아니라 지속적이고 근본적인 변화를 끌어내야 하는데 이를 위해서는 이론과 실천 사이의 유기적인 연대가 필요하기 때문이다(Hedtke, 2014).

Ⅵ. 사회경제학의 세계를 떠나며

경제학을 과학으로 만든 고전파 경제학자들은 경제를 사회와 분리된 것으로 보지 않았다. 이들은 경제에 영향을 주고받는 사회라는 시스템을 정확하게 이해했고, 이를 '정치경제(political economy)'라고 했다. 이후 한계혁명을 거쳐 신고전파로 발전하면서 경제학을 수학적 공리를 갖춘 엄밀한 학으로 만들려는 시도와 함께 경제를 사회와 분리시켜 버린다. 이런 사정으로 경제학 연구는 현실 사회를 살아가는 구체적인 인간과 분리된 학문이 되었다.

이런 전개 과정에서 현대경제학의 발전과 더불어 시장경제를 시장기구의 균형을 통해 설명하는 주류경제학의 문제점을 지적하고 대안을 제시하려는 움직임이 등장했고, 그 대안은 사회경제학이란 경제학파를 형성하게 했다. 사회경제학은 시장경제 분석에서 제외된 사회적 경제에 관해 연구하는 측면과 사회가 경제 현상에 미치는 다양한 요소를 고려하고 경제를 연구하는 측면이 있다. 8장에서는 이러한 사회경제학의 전개 과정과 학파의 특성을 알아보았다. 특히 신고전파 주류경제학과의 비교해 보기도 했다. 이와 함께 학파가 현대경제학에 이바지한 것을 정리하고 학파가 가지는 한계와 앞으로의 과제를 알아보았다.

경제학이 사회과학의 여왕이란 호칭 앞에 우쭐거리며 자연과학 같은 엄밀한 학문으로 경제학을 만들어 가면서 경제학은 오히려 경제 현실에서 괴리되는 과정을 겪었다. 그러나 현실 경제 문제의 해결은 합리적 경제인이라는 전제를 가지고는 해결할 수 없는 경우가 많다. 따라서 다양한 학문적 시도와 타 학문 분야의 발전에 대한 적극적인 수용을 통해 합리적 경제인을 보통 인간으로 바꾸는 작업을 해야 한다. 이것이 경제학의 위기를 극복해야 할 선결 과제라면 사회경제학은 경제학이 나아가야 할 비전을 분명히 보여주고 있었다. 악마의 맷돌에서 인류를 구원할 슈퍼히어로를 꿈꾸는 사회경제학이 사회라는 큰 품으로 경제를 보듬는 공력으로 대안경제학으로 우뚝 서길 빌며 이 세계를 떠난다.

책을 닫으며

    긴 여행이었다. 이타가를 찾던 오디세이처럼, 보현의 지혜를 찾는 선재처럼 절실하지도 못했고, 미진한 항해 실력으로 경제학의 바다를 표류도 했다. 가끔 폭풍우도 몰아쳤지만, 가끔 아름다운 섬에 도착하여 세상의 아픔을 치유하던 경제학자를 만나기도 했다. 그러나 대부분 풍광은 눈이 나빠 제대로 보지도 못했다. 그래도 여기서 첫 번째 여정의 걸음을 멈춘다. 멈춰서 지나온 길을 돌아보니 이리로 가라 하면 저리로 가고, 저리로 가라 하면 이리로 오고, 이 길이 옳다 하며 저 길을 쳐다보고 저 길에 가서는 또 다른 길을 쳐다보는 지은이가 보였다. 이는 분명 청맹과니의 길이었다.

    그래서 대안은 무엇인가? 경제학은 세속의 학문이다. 이것으로 도를 통하는 것이 아니라 이것으로 배를 채워야 하는 공부다. 그렇다면 제 배를 더 불리기 위해서는 전쟁도 서슴지 않는 인간 세상에서 인간 이성으로 무슨 대단한 계산을 할 수 있는가? 할 수는 있겠지만 해결책은 학문이 아니라 인간이 내려야 한다. 그래서 경제학은 세속의 학문이지만 세속을 넘어선 학문일 수밖에 없다. 같이 먹고 같이 사는 삶이 좋은 삶이라는 신호를 보내는 윤리학일 수밖에 없다. 한쪽에서는 먹거리가 넘쳐나는 21세기에 한쪽에서는 굶어 죽는 것이 현실이라면 경제학은 나누어야 한다고 훈수를 두는 학문일 수밖에 없다. 아니면 이게 다 무슨 소용인가?

    지은이의 순례기가 좋은 시절에 태어나고 좋은 머리를 가졌으며 잘 다듬어진 체력으로 길을 떠나는 누구에게는 철 지난 잔소리에 지나지 않을 수도 있다. 그래도 길 떠나는 그대들에게 전하고 싶은 말 하나는 있다.

    "삐딱해도 괜찮아! 세상의 모든 길은 삐딱한 길을 택한 이들로 인해 더 넓어졌어!"

●●●
참고문헌

고동현 외 (2016). 『사회적 경제와 사회적 가치』, 파주: 한울아카데미.

고인석 (2010). 빈 학단의 과학사상: 배경, 형성과정, 그리고 변화. 『과학철학』, 13(1): 53−81.

김강식 (2016a). 후설의 선험적 현상학은 오이켄의 질서자유주의에 어떠한 영향을 미쳤는가? 『경상논총』, 34(1): 43−71.

김강식 (2016b). 질서자유주의의 규범성 및 경제윤리에 대한 함의. 『질서경제저널』, 19(1): 1−17.

김경희 (2000). 국가페미니즘의 가능성과 한계. 『경제와 사회』, 봄호, 62−88.

김균 (2011). 하이에크는 자연주의자인가. 『사회경제평론』, 37(1): 9−38.

김병용 (2012). 『서양사의 이해』, 서울: 형설출판사.

김수행·신정완 (2001). 『현대 마르크스경제학의 쟁점들』, 서울: 서울대학교출판부.

김이석 (2005). 신(新)오스트리아학파 − 의도와 인지적 한계를 지닌 인간의 경제학. 박만섭 (편). 『경제학 더 넓은 지평을 향하여』, 서울: 이슈투데이, 191−217.

김의영 외 (2016). 『사회적경제의 혼종성과 다양성』, 서울: 푸른길.

김종헌·백훈 (2017). 유로 위기에 있어 Rule Setter로서의 독일 질서자유주의. 『질서경제저널』, 20(4): 1−37.

나혜심 (2008). 독일 사회국가(Sozialstaat)의 기원과 성격. 『사림』, 31: 321−348.

류동민 (2005). 맑스주의 경제학−자본주의 경제의 해부학적 비판을 위하여. 박만섭 (편). 『경제학 더 넓은 지평을 향하여』, 서울: 이슈투데이, 309−335.

류동민 (2016). 『수리 마르크스 경제학』, 대전: 충남대학교 출판부.

박길성·이택면 (2007). 『경제사회학 이론』, 파주: 나남출판.

박만섭 (1999). 지킬박사와 하이드−스라피안이 읽는 신고전파 경제학의 자본 이해. 『경제학의 역사와 사상』, 2: 97−129.

박만섭 (2005). 스라피언 경제학−과거를 향하여 앞으로. 박만섭 (편). 『경제학, 더 넓은 지평을 향하여: 신고전파에 대한 12대안』, 서울: 이슈투데이, 281−306.

박만섭 (2007). 비주류경제학: 해외 동향과 국내 연구. 『사회경제평론』, 29: 131−175.

박만섭 (2020). 『포스트케인지언 내생화폐이론』, 서울: 아카넷.

박지웅 (2004). 노동−가치−가격의 양적 관계에 관한 논리적 정합성 연구. 『경제학 연구』, 52(1): 141−176.

배진영 (2017). 하이에키언 삼각형(HT)의 의미와 한계: 재평가.『제도와 경제』, 11(3): 39 – 68.

서환주 (2005). 조절이론: 경제의 위기와 경제학의 위기. 박만섭 (편).『경제학, 더 넓은 지평을 향하여: 신고전파에 대한 12대안』, 서울: 이슈투데이, 365 – 391.

안현효 (2013). 탈자폐경제학과 대안적 경제교육 교육과정 : 다원주의 접근의 사례분석. 『경제교육연구』, 20(1): 67 – 89.

안희남 (2002). 신·구 제도주의 비교연구.『현대사회와 행정』, 12(3): 1 – 41.

오동윤·정남기 (2016). 질서자유주의와 한국의 경제 질서.『질서경제저널』, 19(3): 1 – 16.

이상헌 (1999). 방법론적 시각에서 본 사회주의 계산논쟁: 미제스 – 하이에크의 사회주의 비판 재해석.『경제학의 역사와 사상』, 2: 285 – 323.

이상헌 (2005). 포스트 케인지언 경제학 – 시장실패가 예정되어 있는 현대 화폐신용경제. 박만섭 (편).『경제학, 더 넓은 지평을 향하여: 신고전파에 대한 12대안』, 서울: 이슈투데이, 221 – 251.

이은숙 (2017).『페미니즘 자본축적론』, 서울: 엑티비즘.

임배근 (2012). 제도주의 경제학의 접근방법과 한계점.『제도와 경제』, 6(2): 97 – 121.

장원봉 (2006).『사회적 경제의 이론과 실제』, 서울: 나눔의 집.

장하준 (2005). 제도경제학, 사람은 시장만으로 살 수 없다. 박만섭 (편)『경제학, 더 넓은 지평을 향하여: 신고전파에 대한 12대안』, 서울: 이슈투데이, 59 – 82.

전용덕 (2014a).『경제학과 역사학 – 오스트리아학파의 방법론과 인식론』, 서울: 한국경제연구원.

전용덕 (2014b). 오스트리아학파의 경제학 대(對) 신고전학파의 경제학.『제도와 경제』, 8(1): 85 – 126.

정성진 (2020).『21세기 마르크스경제학』, 부산: 산지니.

정주연 (2005). 사회경제학. 경제보다 더 넓은 경제의 분석, 박만섭 (편).『경제학 더 넓은 지평을 향하여』, 서울: 이슈투데이, 85 – 103.

정태인·이수연 (2013).『정태인의 협동조합의 경제』, 서울: 레디앙.

조복현 (2009). 세계 금융위기와 케인스 – 민스키의 새로운 해석.『경제발전연구』, 15(1): 153 – 184.

조복현 (2015). 금융화의 발전과 자본축적: 포스트 케인지언 분석.『사회경제평론』, 47: 341 – 381.

조태희 (2006). 진화적 포스트 케인지언 기업이론의 모색.『사회경제평론』, 27: 191 – 217.

한성안 (2020).『진보 집권 경제학』, 파주: 아름다운사람들.

홍기현 (2010). 1890~1930년대 경제학계 논쟁에 대한 방법론적 평가: 오스트리아학파를 중심으로.『경제논집』, 49(3): 139 – 164.

홍 훈 (2000). 『마르크스와 오스트리아 학파의 경제사상』, 서울: 아카넷.

홍 훈 (2007). 『경제학의 역사』, 서울: 박영사.

홍태희 (2003a). 경제학과 젠더(Gender): 성별 경제학(gender economics) 정립을 위한 근대 경제학비판. 『경제학연구』, 51(2): 151－177.

홍태희 (2003b). 경쟁과 대자본화 － 과잉설비와 장기불황에 대한 논쟁사적 접근. 『경제학 연구』, 51(1): 137－162.

홍태희 (2004a). '구조적 과잉축적'과 중소기업 중심의 경제구조. 『한독경상논총』, 30(2): 129－152.

홍태희 (2004b). 여성주의 경제학의 시각과 대안 경제학으로의 가능성. 『여성경제연구』, 1(1): 23－46.

홍태희 (2004c). 성별 관계를 통해 본 현대자본주의국가의 동일성과 다양성. 『사회경제평론』, 23: 347－382.

홍태희 (2004d). 경제발전론의 성인지적 재해석: '발전에의 여성참여'에서 '성주류화'로. 『경상논집』, 18: 41－61.

홍태희 (2005). 조화로운 삶을 위한 '보살핌의 경제론'의 함의와 대안 경제론으로서의 가능성. 『경제학연구』, 53(3): 153－181.

홍태희 (2007). 후자폐적 경제학 운동과 비판적 실재론. 『경제와사회』, 74: 284－318.

홍태희 (2008). 맨큐의 경제학의 10대 기본원리와 대안적 재해석. 『사회경제평론』, 30: 331－358.

홍태희 (2009). IS－LM 모형과 거시경제학에서의 역할－라카토슈의 과학적 연구프로그램 방법론을 중심으로. 『경제학 연구』, 57(1): 185－214.

홍태희 (2010a). 성인지적 포스트 케인지언 경제학의 정립 가능성 모색. 『질서경제저널』, 13(2): 67－87.

홍태희 (2010b). 현대 거시경제학 방법론에 대한 연구. 『질서경제저널』, 13(4): 53－70.

홍태희 (2011a). Vom Homo Ökonomikus zum Homo Sapiens?: Die Wirtschaftskrise und die Krise der Mainstream－Ökonomik. 『경상논총』, 29(3): 123－136.

홍태희 (2011b). 젠더와 대안 경제: 여성주의 경제의 이념과 적용 가능성. 『여성경제연구』, 8(2): 99－118.

홍태희 (2014). 『여성주의 경제학: 젠더와 대안 경제』, 파주: 한울출판사.

홍태희 (2015). 여성주의 경제학의 대안적 연구 동향과 비전. 『질서경제저널』, 18(4): 81－104.

홍태희 (2016a). 포스트 케인지언 경제학의 전개과정과 대안경제학으로서의 가능성. 『사회경제평론』, 49: 31－70.

홍태희 (2016b). 독일 빈곤의 현황과 배경. 『경상논총』, 34(2): 69－90.

홍태희 (2017). 일하겠다, 그러니 돈·욕·매 앞에 평등을 허하라. 윤보라·김보화 외 10명. 『그럼에도 페미니즘 (일상을 뒤집어 보는 페미니즘의 열두가지 질문들)』, 서울: 은행나무.

홍태희 (2018). 질서자유주의 경제학의 함의와 한계. 『질서경제저널』, 21(4): 1−17.

홍태희 (2020). 『여성과 경제 − 한국에서 여성 호모에코노미쿠스로 살기』, 서울: 박영사.

홍태희 (2021a). 다원주의 경제학의 전개과정과 대안경제학으로서의 가능성. 『사회경제평론』, 66: 189−214.

홍태희 (2021b). 제도경제학의 전개과정과 대안경제학으로의 가능성. 『경상논총』, 39(1): 23−41.

홍태희 (2021c). 맑스경제학의 전개 과정과 대안경제학으로의 가능성과 한계. 『경상논총』, 39(3): 23−41.

홍태희 (2022a). 오스트리아학파 경제학의 정체성과 현대경제학에 대한 기여와 한계. 『여성경제연구』, 18(4): 21−43.

홍태희 (2022b). 사회경제학의 정체성과 현대경제학에 대한 기여와 한계. 『경상논총』, 40(2): 25−45.

황신준 (1995). 발터 오이켄의 질서경제정책. 『경상논총』, 13: 33−49.

황준성 (2001). 독일형 질서자유주의와 영미형 신자유주의의 비교. 『경상논총』, 19(2): 217−240.

황준성 (2006). 한국 시장경제에서 하이에키안 자유주의와 오이케니안 자유주의의 비교. 『질서경제저널』, 9(2): 23−45.

황준성 (2011). 『질서자유주의, 독일의 사회적 시장경제』, 서울: 숭실대학교 출판부.

大谷禎之介 (2001). 図解 社會經濟學−資本主義とはどのような社會システムか. 정연소 (옮김) (2010). 『그림으로 설명하는 사회경제학 : 자본주의란 어떤 사회시스템인가』, 파주: 한울아카데미.

Abbott, A. (2001). *Chaos of disciplines*, Chicago: University of Chicago Press.

Afshar, H. & Dennis, C. (2011). Women, Recession and Adjustment in the Third World: Some Introductory Remarks. Afshar, H. & Dennis, C. (eds.). *Women and Adjustment Policies in the Third World*, London: Palgrave Macmillan, 3-12.

Agafonow, A. (2012). The Austrian Dehomogenization Debate, or the Possibility of a Hayekian Planner. *Review of Political Economy*, 24(2): 273−287. doi:10.1080/09538259.2012.664337. S2CID 154692301.

Agarwal, B. (1997). Bargaining and Gender Relations: Within and Beyond The Household. *Feminist Economics*, 3(1):1−51.

Ahmadi, N. & Koh, S.−H. (2011). Incorporating Estimates of Household Production of Non−Market Services into International Comparisons of Material Well−Being. *OECD Statistics Working Papers*, 2011/07.

Albelda, R. (1997). *Economics and Feminism, Disturbance in the Field*, New York: Twayne Publishing.

Aldred, J. (2020). *Licence to Be Bad: How Economics Corrupted Us*, London: Penguin. 강주헌 (옮김) (2020). 『경제학은 어떻게 권력이 되었는가』, 파주: 21세기 북스.

Arestis, P. (1992). *The Post−Keynesian Approach to Economics*, Aldershot: Edward Elgar Publishing.

Arestis, P. (1996). Post−Keynesian economics: towards coherence. *Cambridge Journal of Economics*, 20(1): 111−135.

Arestis, P. & Skouras, T. (eds.) (1985). *Post−Keynesian Economic Theory: A Challenge to Neo−Classical Economics*, Brighton: Wheatsheaf.

Aslaksen, I., Bragstad, T. & Ås. B. (2014). Feminist economics as vision for a sustainable future. Bjørnholt, M. & McKay, A. (eds.). *Counting on Marilyn Waring: New Advances in Feminist Economics*, Bradford: Demeter Press, 21−36.

Backhouse, R. E. (1994). The Lakatosian legacy in economic methodology. Backhouse, R. E. (ed.). *New directions in economic methodology*, London: Routledge, 173−191.

Badgett, M. V. L. & Folbre, N. (2003). Job Gendering: Occupational Choice and the Marriage Market. *Industrial Relations*, 42(2): 270−298.

Baethege, H. et al. (2005). Eine Nation im Zwiespalt. *Capital*, 19: 18−24.

Barker, D. K. (2005). Beyond Women and Economics: Rereading 'Women's Work. *Signs*, 30 (4): 2189−2210.

Barker, D. K. & Feiner, S. F. (2004). *Liberating Economics: Feminist Perspectives on Families, Work, and Globalization*, Ann Arbor: University of Michigan Press.

Barker, D. K. & Kuiper, E. (eds.) (2003). *Toward a feminist Philosophy of Economics*, London & New York: Routledge.

Barker, D. K. & Kuiper. E. (2010). *Feminist Economics. Critical Concepts in Economics*, Vol. I, II, III, IV, London & New York: Routledge.

Becchio, G. (2020). *A History of Feminist and Gender Economics*, Abingdon: Routledge.

Becker, G. S. & Murphy, K. M. (2001). *Social Economics: Market Behavior in a*

Social Environment, Cambridge: Harvard University Press.

Beckert, J. (1996). Was ist soziologisch an der Wirtschaftssoziologie? Ungewißheit und die Einbettung wirtschaftlichen Handelns. *Zeitschrift für Soziologie,* 25: 125–146.

Beckert, J. (2009). Wirtschaftssoziologie als Gesellschaftstheorie. *Zeitschrift für Soziologie,* 38: 182–197.

Benería, L. (2003). *Gender, development, and globalization: economics as if all people mattered,* New York: Routledge.

Bennett, J., Briggs, W. & Triola, M. (2014). *Statistical Reasoning for Everyday Life,* 4th edition, Boston: Pearson Education Inc.

Bergeron, S. (2001). Political Economy Discourses of Globalization and Feminist Politics. *Signs Globalization and Gender,* 26(4): 983–1006.

Berik, G. (1997). The Need for Crossing the Method Boundaries in Economics Research. *Feminist Economics,* 3(2): 121–125.

Berik G. & Kongar, E. (eds.) (2021). *The Routledge Handbook of Feminist Economics (Routledge International Handbooks),* London: Routledge.

Biebricher, T. & Ptak, R. (2020). *Soziale Marktwirtschaft und Ordoliberalismus zur Einführung,* Hamburg: Junius Verlag.

Biesecker, A. (1997). Für: eine vorsorgende Wirtschaftsweise notwendige(neu?) Institutionen. Diskussionskreis frau und wissenschaft (ed.). *Ökonomie weiterdenken!* Frankfurt & New York: Campus Verlag.

Biesecker, A., Mathes, M., Schön, S. & Scurrell, B. (eds.) (2000). *Vorsorgendes Wirtschaften: Auf dem Weg zu einer Ökonomie des Guten Lebens,* Bielefeld: Kleine Verlag.

Bjørnholt, M. & McKay, A. (2014). Advances in Feminist Economics in Times of Economic Crisis. Bjørnholt, M., & McKay, A. (eds.). *Counting on Marilyn Waring: New Advances in Feminist Economics,* Bradford: Demeter Press, 7–20.

Blumenthal, K. von (2007). *Die Steuertheorien der Austrian Economics: Von Menger zu Mises,* Marburg: Metropolis–Verlag.

Boddy, R. & Crotty, J. (1975). Class Conflict and Macro–Policy: The Political Business Cycle. *Review of Radical Political Economics,* 7(1): 1–19.

Bögenhold, D. (2010). From heterodoxy to orthodoxy and vice versa: Economics and social sciences in the division of academic work. *American Journal of Economics and Sociology,* 69: 1566–1590.

Böhm–Bawerk, E. von (1921). *Kapital und Kapital Zins,* 4th edition, Jena:

Gustav Fischer.

Boettke, P. J. (ed.) (1998). *The Elgar companion to Austrian Economics*, Cheltenham: Edward Elgar Publishing.

Boettke, P. J. (2011). Anarchism and Austrian Economics, *New Perspectives on Political Economy*, 7(1): 125−140.

Bontrup, H. J. (2007). Wettbewerb und markt sind zu wenig. *Aus Politik und Zeitgeschichte*, 13: 25−31.

Boserup, E. (1970). *Woman's Role in Economic Development*, London: George Allen &. Unwin.

Boulding, K. E. (1945). *The economics of peace*, New York: Prentice−Hall.

Brenner, R. (2006). *The Economics of Global Turbulence*, London: Verso.

Bristor, J. & Fischer, E. (1993). Feminist Thought: Implications for Consumer Research. *Journal of Consumer Research*, 19(4): 518−538.

Busch−Lüty, C., Jochimsen, M., Knobloch, U. & Seidl, I. (eds.) (1994). *Vorsorgendes Wirtschaften: Frauen auf dem Weg zu einer Ökonomie der Nachhaltigkeit, Politische Okologie*, Sonderheft 6. München: ökom.

Charusheela, S. (2014). Gender, Economy and Capitalo centrism. Paper for symposium on postcolonial economies. *Journal of Contemporary Thought*, 40(4): 174−179.

Chavance, B. (2007). *L′ éacute;conomie institutionnelle*, Paris: La D&eacute. 양준호 (옮김) (2009). 『제도경제학의 시간과 공간』, 파주: 한울아카데미.

Chen, M., Sebstad, J. & O'Connell, L. (1999). Counting the Invisible Workforce: The Case of Homebased Workers. *World Development*, 27 (3): 603−610.

Colander, D. (2009). How did macro theory get so far off track, and what can heterodox macroeconomists do to get it back on track? Hein, E., Niechoj, T. & Stockhammer, E. (eds.). *Macroeconomic Policies on Shaky Foundations − Whither Mainstream Economics?*, Marburg: Metropolis.

Colander, D. et al. (2008). *The Financial Crisis and the Systemic Failure of Academic Economics*. http://www.debtdeflation.com/blogs/wp−content/uploads/papers. (2021.02.28.).

Corner, L. (1996). *Women, Men and Economics: The Gender−Differentiated Impact of Macroeconomics*, New York: UNIFEM.

D'Alisa, G. et al. (2014). *Degrowth. A Vocabulary for a New Era*, New York: Routledge.

D'Amico, D. J. & Martin, A. G. (eds.) (2022). *Contemporary Methods and*

Austrian Economics (Advances in Austrian Economics, 26), Emerald Publishing Limited.

Danby, C. (2004). Toward a gendered Post Keynesianism: subjectivity and time in a nonmodernist framework. *Feminist Economics,* 10(3): 55−75.

Davidson P. (1994). *Post Keynesian Macroeconomic Theory,* Aldershot: Edward Elgar.

Davidson P. (2009). *The Keynes solution: the path to global economic prosperity,* New York: Palgrave Macmillan.

Davis, B. & Dolfsma, W. (2008). *Social Economics: An Introduction and a View of the Field. The Elgar Companion to Social Economics,* Cheltenham: Edward Elgar.

Decker S. et al. (eds.) (2019). *Principles and Pluralist Approaches in Teaching Economics: Towards a Transformative Science* (Routledge Advances in Heterodox Economics Book 41), London: Routledge.

Dengler, C. & Strunk B. (2017). The Monetized Economy Versus Care and the Environment: Degrowth Perspectives On Reconciling an Antagonism. *Feminist Economics,* 3(24): 160−183.

Dequech, D. (2021). The Future of Heterodox Economics: An Institutional Perspective. *Journal of Economic Issues,* 55(3): 578−583.

Desai, M. (2019). A history of Marxian economics 1960–2010: how we 'did' it. Sinha, A. & Thomas, A. M. (eds.). *Pluralistic Economics and Its History,* London: Routledge.

Dimand, M. A., Dimand, R. W. & Forget, E. L. (eds.) (2000). *A Biographical Dictionary of Women Economists,* Cheltenham & Northampton: Edward Elgar.

Dimand, R. W. (1995). The neglect of women's contributions to economics. Dimand, M. A., Dimand, R. W. & Forget, E. L. (eds.). *Women of Value.* Cheltenham: Edward Elgar.

Dobusch L. & Kapeller, J. (2012). Heterodox United vs. Mainstream City? Sketching a Framework for Interested Pluralism in Economics. *Journal of Economic Issues,* 46(4): 1035−1058.

Dold, M. & Krieger, T. (eds.) (2020). *Ordoliberalism and European Economic Policy− Between Realpolitik and Economic Utopia,* New York: Routledge.

Dolfsma, W., Hands, D. W. & McMaster, R. (eds.) (2019). *History, Methodology and Identity for a 21st Century Social Economics,* (Routledge Advances in Social Economics), New York: Routledge.

Dow, S. C. (1996). Horizontalism: a critique. *Cambridge Journal of Economics,*

20(4): 497−508.

Dow. S. C. (2004). Structured Pluralism. *Journal of Economic Methodology*, 11(3): 275−290.

Dowd, D. (ed.) (2002). *Understanding Capitalism Critical Analysis From Karl Marx to Amartya Sen*, London: Pluto.

Duménil G. & Lévy, D. (1993). *The Economics of the Profit Rate*, Aldershot: Edward Elgar Publishing.

Dunn S. P. (2000). Wither Post Keynesianism? *Journal of Post Keynesian Economics*, 22(3): 343−364.

The Economist Staff writer (2016). A proper reckoning: feminist economics deserves recognition as a distinct branch of the discipline. *The Economist* 2016/03/12.

Eggertsson, T. (1990). *Economic Behavior and Institutions*, Cambridge: Cambridge University Press.

Eichner A. S. & Kregel, J. A. (1975). An Essay on Post−Keynesian Theory: A New Paradigm in Economics. *Journal of Economic Literature*, 13(4): 1293-1314.

Eisler, R. (2008). *The Real Wealth of Nations: Creating a Caring Economics,* San Francisco: Berrett−Koehler Publishers.

Ekelund, R. B. & Hebert, R. F. (1990). *A History of Economic Theory and Method*, 3rd edition, New York: McGraw−Hill.

Elson, D. (1995). *Male Bias in the Development Process,* Manchester & New York: Manchester University Press.

Elson, D. & Nilufer, C. (2000). The Social Content of Macroeconomic Policies. *World Development.* 28 (7): 1347-1364.

England, P. (1989). A Feminist Critique of Rational−Choice Theories: Implication for Socioiogy. *The American Sociologist*, 20(1): 14−28.

England, R. (1994). *Evolutionary concepts in contemporary economics*, Ann Arbor: University of Michigan Press.

Esim, S. (1997). Can Feminist Methodology Reduce Power Hierarchies in Research Settings? *Feminist Economics,* 3(2): 137−139.

Eucken, W. (1939). *Die Grundlagen der Nationalökonomie,* Berlin, Göttingen & Heidelberg: Springer Verlag.

Eucken, W. (1951). *Unser Zeitalter der Misserfolge. Fünf Vorträge zur Wirtschaftspolitik*, Tübingen: J. C. B. Mohr Siebeck.

Eucken, W. (1952). Grundsätze der Wirtschaftspolitik, Eucken, E. & Hensel, K. P. (eds.). *Grundsätze der Wirtschaftspolitik*, Bern & Tübingen: Francke und

Mohr Verlag.

Felgendreher, F. (2016). *The Austrian—post—Keynesian synthesis Alternative monetary, institutional policies of H. P. Minsky and F. A. Hayek*, Marburg: Metropolis—Verlag.

Ferber, M. A. & Nelson, J. A. (eds.) (1993). *Beyond Economic Man: Feminist Theory and Economics,* Chicago: The University of Chicago Press. 김애실 외 (옮김) (1999). 『남성들의 경제학을 넘어서 : 페미니스트이론과 경제학』, 서울: 한국외국어대학교 출판부.

Ferber, M. A. & Nelson, J. A. (eds.) (2003). *Feminist Economics Today: Beyond Economic Man,* Chicago & London: University of Chicago Press.

Figart, D. M. (1997). Gender as more than a dummy variable: Feminist approaches to discrimination. *Review of Social Economy,* 55(1): 1—32.

Fine, B. & Saad—Filho, A. (2017). Marxist Economics, Fischer, L. et al. (eds.). *Rethinking Economics An Introduction to Pluralist Economics*, London & New York: Routledge. 한성안 (옮김) (2019). 『리씽킹 이코노믹스 다원주의 경제학입문 —최전선의 경제학들』, 고양: 개마고원, 48—76.

Fine, B., Saad—Filho, A. & Boffo, M. (2013). *The Elgar Companion to Marxist Economics*, Aldershot: Edward Elgar Publishing.

Fischer, L. et al. (eds.) (2017). *Rethinking Economics An Introduction to Pluralist Economics*, London & New York: Routledge. 한성안 (옮김) (2019). 『리씽킹 이코노믹스 : 다원주의 경제학 입문—최전선의 경제학들』, 고양: 개마고원.

Folbre, N. (1994). *Who Pays for the Kids? Gender and the Structures of Constraint.* London & New York: Routledge.

Folbre, N. (2006). Measuring Care: Gender, Empowerment, and the Care Economy. *Journal of Human Development,* 7 (2): 183–199.

Foldvary, F. (ed.) (1996). *Beyond Neoclassical Economics*, Cheltenham & Brookfield: Edward Elgar.

Foley, D. (1986). *Understanding Capital*, Cambridge: Harvard University Press.

Fontana, G. (2005). A history of Post Keynesian economics since 1936: some hard (and not so hard) questions for the future. *Journal of Post Keynesian Economics,* 27(3): 409—421.

Fontana, G. (2009). *Money, Uncertainty and Time*, Abingdon & New York: Routledge.

Fontana, G. & Gerrard, B. (2006). The future of Post Keynesian economics. *Banca Nazionale del Lavoro Quarterly Review,* 59(236): 49—80.

Fukuda—Parr, S. (2003). The Human Development Paradigm: Operationalizing

Sen's Ideas on Capabilities. *Feminist Economics,* 9(2-3): 301-317.

Fullbrook, E. (ed.) (2008). *Pluralist Economics*, London: Palgrave Macmillan.

Fullbrook, E. (2013). New paradigm economics. *real-world economics review*, 65: 129-131. http://www.paecon.net/PAEReview/issue65/Fullbrook65.pdf (2021.03.2.).

Garnett, R. F., Olsen, E., & Starr, M. (2010). Introduction — Economic Pluralism for the 21st Century. Garnett R., Olsen, E. & Starr, M. (eds.). *Economic Pluralism*, London: Routledge, 1-15.

Garnett R. F., Olsen, E. & Starr, M. (eds.) (2010). *Economic Pluralism*, London: Routledge.

Gerber, J.-F. & Steppacher, R. (eds.) (2011). *Towards an Integrated Paradigm in Heterodox Economics: Alternative Approaches to the Current Eco-Social Crises*, London: Palgrave Macmillan.

Gibson-Graham, J. K. (1996). *The End of Capitalism (As We Knew It): A Feminist Critique of Political Economy*, Oxford & Cambridge: Blackwell Publishers. 엄은희·이현재 (옮김) (2013). 『그따위 자본주의는 벌써 끝났다: 여성주의 정치경제 비판』, 서울: 알트.

Glyn, A. & Sutcliffe, B. (1972). *Capitalism in crisis*, New York: Pantheon Books.

Gorden, W. & Adams, J. (1989). *Economics as Social Science, Riverdale*, Maryland: The Riverdale Company.

Gräbner, C. (2020). Pluralism in economics: its critiques and their lessons. *Journal of Economic Methodology*, 27(4): 311-329.

Granovetter, M. (1992). Economic Institutions as Social Constructions: A Framework for Analysis. *Acta Sociologica*, 35(1): 3-11.

Grapard, U. (1996). Feminist economics: let me count the ways. Foldvary, F. (ed.). *Beyond Neoclassical Economics,* Cheltenham & Brookfield: Edward Elgar.

Hamouda O. F. & Harcourt, G. C. (1988). Post-Keynesianism: From Criticism to Coherence? *Bulletin of Economic Research*, 40(1): 1-33.

Harcourt, G. C. & Kriesler, P. (eds.) (2013). *The Oxford Handbook of Post-Keynesian Economics*, Vol. I, II, Oxford: Oxford University Press.

Harding, S. (1986). *The Science Question in Feminism*, Ithaca: Corell University Press. 이재경·박혜경 (옮김) (2002). 『페미니즘과 과학』, 서울: 이화여자대학교 출판부.

Harding, S. (1991). *Whose Science? Whose Knowledge?: Thinking from Women's Lives*, Ithaca: Cornell University Press.

Hartmann, H. (1981). The unhappy marriage of Marxism and Feminism: towards a More Progressive Union. Sargent, L. (ed.). *Women and Revolution: A Discussion of the Unhappy marriage of marxism and feminism,* Boston: South End Press.

Hauff, M. von. (2007). *Die Zukunftsfähigkeit der Sozialen Marktwirtschaft,* Marburg: Metropolis—Verlag.

Haug, F. (2001a). Geschlechterverhältnisse. Haug, W. F (ed.). *Historisch—Kritisches Wörterbuch des Marxismus,* Vol. Ⅴ, Hamburg: Argument, 493−531.

Haug, F. (2001b). Zur Theorie der Geschlechterverhältnisse. *Das Argument,* 243: 761-787.

Hayek, F. (1944). *The Road to Serfdom,* London: Routledge.

Hedström P. & Stern, C. (2008). Rational choice and sociology. Durlauf, S. N. & Blume, L. E. (eds.) *The New Palgrave Dictionary of Economics,* 2nd edition, New York: Palgrave Macmillan.

Hedtke, R. (ed.) (2014). *Was ist und wozu Sozioökonomie?* Wiesbaden: Springer.

Heilborner, R. I. & Milberg, W. S. (1995). *(The) crisis of vision in modern economic thought,* Cambridge University Press. 박만섭 (옮김) (2007). 『비전을 상실한 경제학』, 고양: 필맥.

Hein, E. (2014a). Post—Keynesian Economics: An Introduction. IMK—Workshop Pluralismus in der Ökonomik.
http://www.boeckler.de/pdf/v_2014_08_10_hein1.pdf.

Hein, E. (2014b). *Distribution and Growth after Keynes: A Post—Keynesian Guide,* Cheltenham: Edward Elgar.

Hein, E. & Stockhammer, E. (eds.) (2011). *A Modern Guide to Keynesian Macroeconomics and Economic Policies,* Cheltenham: Edward Elgar.

Hein, E. & Truger, A. (2007). Die deutsche Wirtschaftspolitik am Scheideweg. *Aus Politik und Zeitgeschichte,* 13: 17−24.

Hein, E., Truger, A. & van Treeck, T. (2011). The European Financial and Economic Crisis: Alternative Solutions from a (Post−) Keynesian Perspective. *Working Paper IMK,* 9/2011.

Heine, M. & Herr, H. (2013). *Volkswirtschaftslehre: Paradigmenorientierte Einfürung in die Mikro− und Makroöonomie,* 4th edition, Müchen: Oldenbourg.

Hellmich, S. N. (2015). What is Socioeconomics? An Overview of Theories,

Methods, and Themes in the Field. *Forum for Social Economics*, 46(1): 3−25.

Henry, J. (1993). Post−Keynesian methods and the post−classical approach. *International Papers in Political Economy*, 1(2): 1−26.

Hewiston, G. J. (1999). *Feminist economics: interrogating the masculinity of rational economic man*, Cheltenham: Edward Elgar.

Hill, L. E. (1990). The Institutionalist Approach to Social Economics. Lutz, M. A. (ed.). *Social Economics: Retrospect and Prospect*, Boston: Kluwer Academic Publisher, 155−176.

Himmelweit, S. (2002). Making Visible the Hidden Economy: The Case for Gender−Impact Analysis of Economic Policy. *Feminist Economics*, 8(1): 49−70.

Hodgson, G. M. (2006). What are Institutions? *Journal of Economic Issues*, 40(1): 1−25.

Hodgson, G. M. (2017). Institutional Economics. Fisher, L. et al. (eds.) (2017). *Rethinking Economics An Introduction to Pluralist Economics Rethinking Economics,* London & New York: Routledge. 한성안 (옮김) (2019). 『리씽킹 이코노믹스 다원주의 경제학입문−최전선의 경제학들』, 고양: 개마고원.

Hodgson, G. M. (2019). *Is There a Future for Heterodox Economics?* Edward Elgar.

Hodgson, G. M., Mäki, U. & McCloskey, D. et al. (1992). Plea for a Pluralistic and Rigorous Economics. *American Economic Review*, 82(2): 25.

Holcombe, R. G. (ed.) (1999). *15 Great Austrian Economists*, Auburn: Ludwig von Mises Institute.

Holcombe, R. G. (2014). *Advanced Introduction to the Austrian School of Economics*, Cheltenham: Edward Elgar Publishing. 이성규 · 김행범 (옮김) (2018). 『오스트리아 경제학파의 고급 입문서』, 서울: 해남.

Holmstrom, N. (2003). The Socialist Feminist Project. *Monthly Review,* 54(10). DOI:10.14452/MR−054−10−2003−03_4.

Holt, R. P. F. (2007). What is Post Keynesian economics? Forstater, M., Mongiovi, G. & Pressman, S. (eds.). *Post−Keynesian Macroeconomics: Essays in Honour of Ingrid Rima*, London: Routledge, 89−107.

Holzer, H. J. & Neumark, D. (2006). Affirmative Action: What Do We Know?. *Journal of Policy Analysis and Management,* 25(2): 463−490.

Hong, T.−H. (2002). Unsichtbare Frauenarbeit. *frauen solidarität*, 82.

Hong, T.−H. (2007). Ahnenkult, Produktionsweise und Geschlechterverhältnisse im Neuen China und im Neuen Ära China. *Das Argument*, 5−6: 122−128.

Hoppe, H. (2007). *Economic Science and the Austrian Method*, Auburn, Ala.: Mises Institute.

Howard, M. C. & King J. E. (1989). *A History of Marxian Economics*, Vol. I, 1883－1929, Princeton: Princeton University Press.

Howard, M. C. & King J. E. (1992). *A History of Marxian Economics*, Vol. II, 1929－1990, Princeton: Princeton University Press.

Hülsmann, J. G. (1999). Economic Science and Neoclassicism. *Quarterly Journal of Austrian Economics*, 2(4): 3－20.

Jo, T.－H. (ed.) (2019). *The Routledge Handbook of Heterodox Economics: Theorizing, Analyzing, and Transforming Capitalism* (Routledge International Handbooks), New York: Routledge.

Johnson, R. D. (2017). *Rediscovering Social Economics: Beyond the Neoclassical Paradigm (Perspectives from Social Economics)*, Cham: Palgrave Macmillan.

Kaldor, N. (1955－1956). Alternative Theories of Distribution. *The Review of Economic Studies*, 23(2): 83－100.

Kalecki, M. (1971). Class Struggle and the Distribution of National Income. *Kyklos*, 24(1): 1－9.

Kapeller, J. & Schütz, B. (2013). Exploring Pluralist Economics: The Case of the Minsky－Veblen Cycles. *Journal of Economic Issues*, 47(2): 515－524.

Kapeller, J. & Springholz, F. (2016). *Heterodox Economic Directory*, 6th edition. URL: http://heterodoxnews.com/hed/ (2021. 01. 16).

Kapp, K. W., Berger, S. & Steppacher R. (2011). *The Foundations of Institutional Economics* (Routledge Advances in Heterodox Economics Book 13), London: Routledge.

Kautsky, K. (ed.) (1904). *Theorien über den Mehrwert*, MEW (Marx－Engels－Werke) Band 26.1－26.3, Berlin: Dietz Verlag.

Kenn, S. (2015). Post Keynesian Theories of Crisis. *American Journal of Economics and Sociology*, 74(2): 298－324.

Keynes, J. M. (1936). *The General Theory of Employment, Interest and Money*, London: Macmillan.

King, J. E. (2002). *A History of Post Keynesian Economics Since 1936*, Cheltenham: Edward Elgar.

King, J. E. (ed.) (2012). *The Elgar Companion to Post Keynesian Economics*, 2nd edition, Cheltenham: Edward Elgar.

King, J. E. (2013). Post Keynesian Economics and others. Lee, F. S. & Lavoie, M. (eds.). *In Defense of Post Keynesian and Heterodox Economics*, London:

Routledge, 1−17.

King, J. E. (2015). *Advanced Introduction to Post Keynesian Economics*, Cheltenham: Edward Elgar.

Kirzner, I. M. (1973). *Competition and Entrepreneurship*, Chicago: University of Chicago Press.

Kirzner, I. M. (1997). Entrepreneurial Discovery and the Competitive Market Process: An Austrian Approach. *Journal of Economic Literature*, 35(1): 60−85.

Kirzner, I. M. (2008). Austrian Economics. Durlauf S. N. & Blume L. E (eds.). *The New Palgrave-Dictionary of Economics*, Vol. I, 2nd edition, New York: Palgrave Macmillan, 313−320.

König, A. (2015). *A Beginners Guide to Bitcoin and Austrian Economics*, München: Finanz Buch Verlag.

Kuiper, E. & Barker, D. K. (2003). *Toward a feminist philosophy of economics.* London & New York: Routledge.

Lakatos, I. (1978). The Methodology of Scientific Research Programmes. *Philosophical Paper*, 1: 8−101.

Langlois, R. N. (ed.) (1986). *Economics as a Process*, Cambridge: Cambridge University Press.

Lavoie, M. (1992). *Foundations of to Post−Keynesian Economics*, Cheltenham & Northampton: Edward Elgar.

Lavoie, M. (2006). *Introduction to Post−Keynesian Economics*, Basingstoke: Palgrave.

Lavoie, M. (2011). History and methods of post−Keynesian economics. Hein, E. & Stockhammer, E. (eds.). *A Modern Guide to Keynesian Macroeconomics and Economic Policies*, Cheltenham & Northampton: Edward Elgar.

Lavoie, M. (2012). Perspectives for Post−Keynesian Economics. *Review of Political Economy*, 24(2): 321−335.

Lavoie, M. (2013). After crisis Perspectives for Post−Keynesian Economics. Lee, F. S. & Lavoie, M. (eds.). *In Defense of Post Keynesian and Heterodox Economics*, London: Routledge, 18−41.

Lavoie, M. (2014). *Post−Keynesian Economics: New Foundations*, Cheltenham: Edward Elgar.

Lawson, T. (2006). The nature of heterodox economics. *Cambridge Journal of Economics*, 30(4): 483−505.

Lee, F. S. (2002). Post Keynesian Economics. Dowd, D. (ed.). *Understanding Capitalism: Critical Analysis From Karl Marx to Amartya Sen,* London: Pluto

Press. 류동민 (옮김) (2007). 『자본주의에 대한 비판적 이해』, 서울: 필맥.

Lee, F. S. (2010). Pluralism in heterodox economics. Garnett R., Olsen, E. & Starr, M. (eds.), *Economic Pluralism*, London: Routledge, 20−35.

Lee, F. S. (2010b). A heterodox teaching of neoclassical microeconomic theory. *International Journal of Pluralism and Economic Education*, 1(3): 203−235.

Lee, F. S. & Lavoie, M. (eds.) (2013). *In Defense of Post Keynesian and Heterodox Economics*, London: Routledge.

Littlechild, S. (ed.) (1990). *Austrian economics*, Cheltenham: Edward Elgar.

MacDonald, M. (1995). Feminist Economics: From Theory to Research, *Canadian Journal of Economics,* 28(1): 159−176.

Madden, K. & Dimand, R. (2019). *Handbook of Women's Economic Thought,* London: Routledge.

Mansbridge, J. J. (ed.) (1990). *Beyond self−interest,* Chicago: University of Chicago Press.

Marx, K. (1845). *Thesen über Feuerbach*, MEW (Marx−Engels−Werke) Band 3, Berlin: Dietz Verlag.

Marx, K. (1857). *Grundrisse der Kritik der Politischen Ökonomie*, MEW (Marx−Engels−Werke) Band 42, Berlin: Dietz Verlag.

Marx, K. (1859). *Zur Kritik der politischen Ökonomie,* MEW (Marx−Engels−Werke) Band 13, Berlin: Dietz Verlag.

Marx, K. (1867). Das Kapital I, Kritik der politischen Ökonomie, MEW (Marx−Engels−Werke) Band 23, Berlin: Dietz Verlag.

Matthaei, J. (1996). Why feminist, Marxist, and anti−racist economists should be feminist-Marxist-anti−racist economists. *Feminist Economics*, 2(1): 22−42.

McCloskey, D. N. (1993). Some Consequences of a Conjective Economics. Ferber, M. A. & Nelson, J. A. (eds.). *Beyond Economic Man: Feminist Theory and Economics,* Chicago: University of Chicago Press.

McKay, A. (2001). Rethinking Work and Income Maintenance Policy: Promoting Gender Equality Through a Citizens' Basic Income. *Feminist Economics,* 7(1): 97-118.

McLennan, G. (1995). *Pluralism Concepts in Social Thought*, Minneapolis: University of Minnesota Press.

Mearman, A., Berger, S. & Guizzo, D. (2020). *What is Heterodox Economics?* (Routledge Advances in Heterodox Economics), London: Routledge.

Menger, C. (1871). *Grundsätze der Volkswirtschaftslehre*, Wien: Wilhelm Braumüller.

Ménard, C. & Shirley, M. M. (2022). *Advanced Introduction to New Institutional Economics* (Elgar Advanced Introductions series), Aldershot: Edward Elgar.

Méra, X. & Hülsmann J. G. (2017). Austrian Economics. Fischer, L. et al. (eds.). *Rethinking Economics An Introduction to Pluralist Economics*, London & New York: Routledge. 한성안 (옮김) (2019). 『리씽킹 이코노믹스 : 다원주의 경제학 입문 – 최전선의 경제학들』, 고양: 개마고원.

Mill, J. S. et al. (1994). *Sexual equality: writings*, Toronto: University of Toronto Press.

Minsky, H. P. (1975). Financial resources in a fragile financial environment. *Challenge*, 18(3): 6 – 13.

Minsky, H. P. (1993). The financial instability hypothesis. Arestis P. & Sawyer M. (eds.). *Handbook of Radical Political Economy*, Aldershot: Edward Elgar, 153 – 158.

Mises, L. (1949). *Human Action: A Treatise on Economics*, London: W. Hodge.

Mises, L. (2007). *Die Gemeinwirtschaft–Untersuchungen über den Sozialismus*, Jena: Gustav Fischer.

Moore, B. J. (1988). *Horizontalists and Verticalists: The Macroeconomics of Credit Money*, Cambridge: Cambridge University Press.

Moseley, F. (2017). Money and Totality: A Macro – Monetary Interpretation of Marx's Logic in Capital and the End of the 'Transformation Problem'. *International Journal of Political Economy*, 46(1): 2 – 21.

Müller, M. H. – P. (2019). *Neo – Ordoliberalismus: Ein Zukunftsmodell für die Soziale Marktwirtschaft (Ökonomien und Gesellschaften im Wandel)*, Wiesbaden: Springer Gabler.

Müller – Armack, A. (1947). *Wirtschaftslenkung und Marktwirtschaft*, Hamburg: Verlag für Wirtschaft und Sozialpolitik.

Müller – Armack, A. (1956). Soziale Marktwirtschaft. von Beckerath, E. et al. *Handwörterbuch der Sozialwissenschaften*, Stuttgart: Gustav Fischer, 390 – 392.

Müller – Armack, A. (1974). *Genealogie der sozialen Marktwirtschaft: Frühschriften und weiterführende Konzepte*, Bern & Stuttgart: Haupt.

Nelson, J. A. (1995). Feminism and Economics. *Journal of Economic Perspectives*, 9(2): 131 – 148.

Nelson, J. A. (1996). *Feminism, objectivity and economics*, London & New York: Routledge.

Nesvetailova, A. (2007). *Fragile Finance Debt, Speculation and Crisis in the Age of Global Credit,* Basingstoke: Palgrave Macmillan.

Netzwerk Vorsorgendes Wirtschaften (ed.) (2013). *Wege Vorsorgenden Wirtschaftens,* Weimar bei Marburg: Metropolis Verlag.

Nussbaum, M. (2013). *Creating capabilities: the human development approach,* Cambridge: The Belknap Press of Harvard University Press.

O'Boyle, E. (ed.) (1996). *Social Economics: Premises, Findings and Policies,* Routledge Advances in Social Economics, London: Routledge.

O'Hara, P. A. (2019). History of institutional economics. Sinha, A. & Thomas, A. M. (eds.). *Pluralistic Economics and Its History,* London: Routledge, 71－190.

O'Hara, S. (2014). Everything Needs Care: Toward a Context－Based Economy. Bjørnholt, M. & McKay, A. (eds.). *Counting on Marilyn Waring: New Advances in Feminist Economics,* Bradford: Demeter Press, 37–56.

Okishio, N. (2001). Competition and Production Prices. *Cambridge Journal of Economics,* 25(4): 493–501.

Olmstead, J. (1997). Telling Palestinian Women's Economic Stories. *Feminist Economics,* 3(2): 141－151.

Ott, N. (1992). *Intrafamily Bargaining and Household Decisions,* Berlin, Heidelberg & New York: Springer.

Palmer, I. (1992). Gender Equity and Economics Efficiency in Adjustment Programmes. Afshar, H. & Dennis, C. (eds.). *Women and Adjustment Policies in the Third World,* New York: St. Martin's Press.

Palmer, I. (1994). *Social and Gender Issues in Macro－Economic Policy Advice,* GTZ－Social Policy Series No. 13, Eschborn.

Pasinetti, L. L. (2012). Piero Sraffa and the future of economics. *Cambridge Journal of Economics,* 36(6): 1303－1314.

Peterson, J. & Brown, D. (eds.) (1994). *The Economic Status of Women Under Capitalism: Institutional Economics and Feminist Theory,* Aldershot & Brookfield: Edward Elgar.

Peterson, J. & Lewis, M. (1999). *The Elgar companion to feminist economics,* Cheltenham & Northampton: Edward Elgar.

Pirker, R. & Stockhammer, E. (2009). Die Marxsche Ökonomie: von Marx zu aktuellen Debatten. Becker, J. et al. *Heterodoxe Ökonomie,* Marburg: Metropolis－Verlag, 55－89.

Plumpe, W. & Dubisch, E. J. (2010). *Wirtschaftskrisen Geschichte und Gegenwart,* Müchen: C. H. Beck. 홍태희 (옮김) (2017). 『경제위기의 역사－위기는 자본주의 경제의 숙명인가』, 파주: 한울아카데미.

Polanyi, K. (1944). *The Great Transformation,* New York: Beacon Press.

Polanyi, K., Arensberg, C. M. & Pearson, H. W. (eds.) (1957). *Trade and Market in the Early Empires: Economies in History and Theory*, Glencoe: The Free Press.

Polkinghorn, B. & Thomson, D. L. (1998). *Adam Smith's Daughters: Eight Prominent Women Economists from the Eighteenth Century to the Present,* Cheltenham: Edward Elgar.

Pollak, R. A. (1985). A Transaction Cost Approach to Families and Households. *Journal of Economic Literature*, 23(2): 581−608.

Posluschny, M. (2007). *Walter Eucken und Alfred Müller−Armack: Ein Vergleich ihrer Konzeptionen des Ordoliberalismus und der Sozialen Marktwirtschaft,* München: GRIN Verlag.

Power, M. (2004). Social Provisioning as a Starting Point for Feminist Economics. *Feminist Economics,* 10(3): 3-19.

Quaas, F. (2019). Die New Austrians als Pseudo−Heterodoxe? *MPRA Paper*, https://mpra.ub.uni−muenchen.de/97470/1/MPRA_paper_97470.pdf.

Quaas, F. & Quaas, G. (2013). *Die Osterreichische Schule der Nationalokonomie, Darstellung, Kritiken und Alternativen*, Marburg: Metropolis−Verlag.

Race, A. (2015). *Thinking about Religious Pluralism: Shaping Theology of Religions for Our Times*, Augsburg: Fortress Publishing.

Reid, M. G. (1934). *Economics of Household Production,* New York: John Wiley and Sons.

Resnick, S. & Wolff, R. (2006). *New Departures in Marxian Theory*, London & New York: Routledge.

Robinson, J. (1937). *Introduction to the theory of employment*, London: Macmillan and Co.

Robinson, J. (1955). *Marx, Marshall, and Keynes*, Delhi: University of Delhi.

Robinson, J. (1956). *The accumulation of capital*, London: Macmillan and Co.

Robinson, J. (1962). *Economic Philosophy: An essay on the progress of economic thought*, Chicago: Aldine Publishing Company.

Robinson J. & Eatwell, J. (1973). *An introduction to modern economics*, London: McGraw−Hill.

Rosenberg, P. (2014). New Paradigm Economics versus Old Paradigm Economics: Interview with Edward Fullbrook. *real−world economics review*, 66: 131−143.

Rothbard, M. (2004). *Man, Economy, And State: A Treatise On Economic Principles*, Princeton: D. Van Nostrand Co.

Rothschild, K. W. (2001). A Note on Economic Imperialism. *Jahrbücher für Nationalökonomie und Statistik*, 221(4): 440−447.

Rowthorn, B. (1981). *Demand, real wages and economic growth*, London: Thames Polytechnic.

Sawyer, M. C. (1988). Theories of monopoly capitalism. *Journal of Economic Surveys*, 2(1): 47−76.

Schneider, G. E. (2017). Towards Real Pluralism in Economics. *American Review of Political Economy*, 11(2): 102−110.

Schneider G. E. (2021). *Economic Principles and Problems: A Pluralist Introduction* (Routledge Pluralist Introductions to Economics), London: Routledge.

Schneider, G & Shackelford, J. (2011). Economics Standards and Lists: Proposed Antidotes for Feminist Economists. *Feminist Economics*, 7(2): 77−89.

Schüler, D. (2006). The Uses and Misuses of the Gender-related Development Index and Gender Empowerment Measure: A Review of the Literature. *Journal of Human Development*, 7(2): 161-181. doi:10.1080/14649880600768496. S2CID 347402.

Sebastini, M. (1994). *Kalecki and Unemployment Equilibrium*, New York: St. Martin's Press.

Seguino, S. (2019). Feminist and Stratification Theories: Lessons from the Crisis and Their Relevance for Post−Keynesian Theory. *European Journal of Economics and Economic Policies*, 16(2): 193−207.

Sent, E.−M. (2013). The Economics of Science in Historical and Disciplinary Perspective. Spontaneous Generations. *A Journal for the History and Philosophy of Science*, 7(1): 6−11.

Shaikh, A. (1978). Political Economy and Capitalism: Note's on Dobb's Theory of Crisis. *Cambridge Journal of Economics*, 2(2): 233−251.

Shaikh, A. & Tonak, A. (1994). *Measuring the Wealth of Nations, The Political Economy of National Accounts*, Cambridge: Cambridge University Press.

Share, C. (2012). A Defense of Rothbardian Ethics via a Mediation of Hoppe and Rand. *Journal of Ayn Rand Studies*, 12(1): 117−150.

Sheaff, R. (2000). The New Institutional Economics. *Public Management Review*, 2(4): 441−456. DOI: 10.1080/14719030000000027 (2021.03.03).

Sinha, A. & Thomas, A. M. (eds.) (2019). *Pluralistic Economics and Its History*, London: Routledge

Skousen, M. (2005). *Vienna & Chicago, friends or foes?: a tale of two schools of free－market economics*, Washington: Capital Press.

Smelser, N. J. & Swedberg, R. (2005). Introducing Economic Sociology. Smelser, N. J. & Swedberg, R. (eds.) *The Handbook of Economic Sociology*, 2nd editon, Princeton: Princeton University Press, 3－25.

Solow, R. M. (1956). Contribution to the Theory of Economic Growth. *The Quarterly Journal of Economics*, 70(1): 65-94.

Sraffa, P. (1960). *Production of Commodities by Means of Commodities*, Cambridge: Cambridge University Press.

Steedman, I. (1977). *Marx after Sraffa*, London: NLB.

Steindl, J. (1952). *Maturity and Stagnation in American Capitalism*, Oxford: Basil Blackwell.

Stockhammer, E. & Ramskogler, P. (2009). Post－Keynesian economics How to move forward. *European Journal of Economics and Economic Policies: Intervention*, 6(2): 227－246.

Swedberg, R. (1990). *Economics and Sociology: Redefining Their Boundaries: Conversations with Economists and Sociologists*, Princeton: Princeton University Press.

Swedberg, R. (2008). *Economic sociology.* Durlauf, S. N. & Blume, L. E. (eds.) *The New Palgrave Dictionary of Economics*, 2nd edition, New York: Palgrave Macmillan.

Sweezy, P. M. (1942). *The Theory of Capitalist Development: Principles of Marxian Political Economy*, New York: Monthly Review Press.

Thirlwall, A. P. (1993). The Renaissance of Keynesian Economics. *Banca Nazionale del Lavoro Quarterly Review*, 186: 327-337.

Tickner, J. A. (2005). Gendering a Discipline: Some Feminist Methodological Contributions to International Relations. *Signs: Journal of Women in Culture and Society,* 30(4): 2173－2188.

Tronto, J. (1993). *Moral Boundaries: A Political Argument for an Ethic of Care*, New York: Routledge.

Ulrich, P. (1994). *Die Zukunft der Marktwirtschaft: neoliberaler oder ordoliberaler Weg? Eine wirtschaftsethische Perspektive*, Stuttgart: Steiner.

Van Staveren, I. (1997). Focus Groups: Contributing to a Gender－Aware Methodology. *Feminist Economics,* 3(2): 131－135.

Veblen, T. (1917). *The Theory of the Leisure Class*, New York: MacMillan.

Veblen, T. (1917). *An Inquiry into the Nature of Peace and the Terms of Its Perpetuation*, New York: MacMillan.

Voigt, S. (2019). *Institutional Economics: An Introduction*, Cambridge: Cambridge University Press.

Voskuil, E. (2020). *Cryptoeconomics: Fundamental Principles of Bitcoin*, Amazon Digital Services LLC.

Walras, L. (1896). *Etudes d'economie sociale*. 이승무 (옮김) (2020). 『사회경제학 연구』 서울: 지식을만드는지식.

Waring, M. (1988). *If Women Counted: A New Feminist Economics*, San Francisco: Harper & Ro.

Warrior, B. (2000). Housework: Slavery or a Labor of Love. Crow B. A. (ed.). *Radical Feminism: A Documentary Reader*, New York: NYU Press.

Weintraub, S. (1961). *Classical Keynesianism, Monetarism and the Price Level*, Philadelphia: Chilton Company.

Weisskopf, T. E. (1979). Marxian crisis theory and the rate of profit in the postwar U.S. economy. *Cambridge Journal of Economics*, 3(4): 341−378.

Whalen, C. J. (2021). *Institutional Economics: Perspectives and Methods in Pursuit of a Better World*, London: Routledge.

Whalen, C. J. (ed.) (2022). *A Modern Guide to Post−Keynesian Institutional Economics*, Elgar Modern Guides, Aldershot & Brookfield: Edward Elgar.

Williamson, O. E. (1985). *The Economic Institutions of Capitalism: Firms, Markets, Relational Contracting*, London: Collier Macmillan.

Wohlgemuth, M. (2008). *Die Freiburger Schule als ordoliberale Grundlage der Sozialen Marktwirtschaft, Soziale Marktwirtschaft − damals und heute*, Freiburg: Walter Eucken Institut.

Wojnilower, A. M. (1980). The Central Role of Credit Crunches in Recent Financial History. *Brookings Papers on Economic Activity*, 11(2): 277−340.

Wolf, D. L. (ed.). (1996). *Feminist Dilemmas In Fieldwork*, New York: Routledge.

Wolfgang G. & Smith, B. (eds.) (1986). *Austrian Economics. Historical and Philosophical Background*, New York: New York University Press.

● ● ●
인명 찾아보기

●●●
주제어 찾아보기

저자약력

홍태희

모두가 잘 먹고 잘사는 세상에 관심이 있어서 경제학을 공부하고 있고,
독일 베를린 자유대학교에서 경제학 박사 학위를 받았으며,
빛고을 광주, 조선대학교 경제학과 교수로 가르치며 배우며 살아가는
두 아이의 엄마이며 대한민국의 한 사람입니다.

비주류경제학과 대안경제학 Ⅰ

초판발행	2022년 9월 1일
지은이	홍태희
펴낸이	안종만·안상준
편 집	김민조
기획/마케팅	이후근
표지디자인	BEN STORY
제 작	고철민·조영환
펴낸곳	(주) **박영사**
	서울특별시 금천구 가산디지털2로 53, 210호(가산동, 한라시그마밸리)
	등록 1959. 3. 11. 제300-1959-1호(倫)
전 화	02)733-6771
f a x	02)736-4818
e-mail	pys@pybook.co.kr
homepage	www.pybook.co.kr
ISBN	979-11-303-1584-3 94320
	979-11-303-1624-6 (세트)

정 가   22,000원